新版 キリシタン伝説百話

谷　真介

梟ふくろう社

新版　キリシタン伝説百話・目次

Ⅱ　弾圧時代

〔慶長十八年（一六一三年）～寛永十八年（一六四一年）〕　123

〝昭和のキリシタン伝説〟

新版　キリシタン伝説百話

キリシタン伝説略史

わが国におけるキリシタン伝説に興味を持ちはじめたのは、昭和五十二年（一九七七年）の春に、女子パウロ会から刊行したジュニア向けの伝記読み物『フランシスコ・ザビエル』の取材をはじめた時からである。

この時から九年後の春までかかって、わが国へのキリスト教の渡来から幕末・明治の禁教令撤廃、信教の自由に至るまでのキリシタンの歴史を、人物や事件に焦点をあてながら七冊のジュニア向けノンフィクション読み物として刊行した。ほぼ年ごとに一冊という刊行ペースであったが、それぞれのテーマの取材地に出かけたり、その地の関連史資料などを調べたりしているうちに、これまであまり顧みられなかったわが国のキリシタンの伝説に興味を抱くようになった。

最初のころは、キリシタン物語の取材で訪ねた土地で耳にした話などを取材ノートの片隅に書き取っておいたり、取材地で購《あがな》った郷土史誌その他の史資料などに載っている話などをメモしておいた。夥しい無名の殉教者たちの話なども、伝説蒐集への関心が高まるまでは、そのプロセスはほとんど同じようなものだと看過していた。さほどの興味はなかったのだが、やがて同じような殉教譚にも、それぞれの土地・風土に培われ、育まれた庶民の伝説としての枝葉や花が咲いていて、むしろ興をそそられるようになっていった。

例えば、本文Ⅱの《弾圧時代》に収めた、「66 お禄人様」（以下、小見出しの上の数字は各伝説の番号を示す）、「67 お六人様」、「68 聖母のかご」および「65 昇天石」などは、長崎県平戸島の根獅子の浜に伝わる殉教者の伝説である。これらの伝説の舞台は、小さな美しい浜である。その白砂の浜は殉教者たちの刑場であったため、いくつかの殉教者たちの話が時代とともに語りつがれている間に混淆して一つになり、さらにまた分かれて昇華され、いまに語りつがれるようになったものである。ちょうど多くの根を持った一本の樹木のように、幹からさらに枝分れをして、それぞれ心に残る伝説の花を咲かせているといった風情である。

こうして集まった伝説の数は、数年を経るうちに百編を越えるものになっていた。話の内容は、奇瑞、奇蹟譚、殉教譚をはじめ、限りなく事実に近い事蹟の伝説、摩訶不思議、奇想天外、荒唐無稽なキリシタン魔術、妖術譚まで、多種多彩である。それらの伝説を改めて読み返しているうちに、当然のことながら、伝説のなかに聖書物語やキリシタン教義の仮託や訛伝があったり、わが国の昔話、伝説そっくりの枠組みや摂取、習合などが見られることに気づいて、なお興をそそられるようになっていった。

その代表的なものとしては、長崎県外海《そとめ》地方や五島、生月島などに潜伏していたキリシタンたちの間にひそかに口伝され、伝承されていたキリシタン神話、「キリスト教的民話」（片岡弥吉氏）ともいえる『天地始之事』である。

『天地始之事』は、いくつかの異書が発見されているが、そのなかから長崎取材中に単話としても聞いたことがある「99 海に沈んだ島」、「100 雪の三夕丸屋」、「106 キリシタン黙示録」の三話を本書に収めた。こうした話は、徳川幕府による二百六十年におよぶ異常とも思えるすさまじい弾圧・禁教下に、本来の信仰形態や正しい教義が変容をよぎなくされ、何代にもわたって口伝で伝承されていくうちに土俗的なものへと変化していったものである。これを、「政治、社会、宗教などの異常な環境条件が、いかに人間の思想や信仰まで異常化させるかということの事例」(『日本庶民生活史料集成』⑱の解説、三一書房)と指摘する片岡氏の言葉を忘れることはできない。

こうした話のわが国の伝説などへの仮託については、例えば「99 海に沈んだ島」の〝海没島伝説〟に、顕著に現われている。わが国の各地に伝わる類話伝説との関連については「海に沈んだ島」の末尾に付した「注」に記したが、これらの〝海没島伝説〟は、さらに時代を遡って、『今昔物語集』巻十の「嫗の毎日見し卒都婆血を付けたる語《こと》第三十六」、あるいは『宇治拾遺物語』第三十話「唐卒都婆血つく事」など、中国から伝えられたとみられる〝石像の血伝説〟へとつながりをみせている。また、「52 一度に咲いたソバの花」の話も、伝説紹介の後の「注」に記したように、平戸、長崎、天草などにも類話が残され、前記『天地始之事』の「雪の三夕丸屋」のエピソードとつながっている。そしてこの話は、さらにわが国各地にひろく伝播している弘法大師の〝跡かくし伝説〟と、著しい類似をもみせている。

以上のような興味にひかれつつ、ここに百数話のキリシタン伝説をまとめてみた。伝説理解の一助として、時代的背景、関連事項、ほかの伝説との類似点などを話の後の「注」に記したが、もとより本書は伝説を比較考究するものではなく、各地の庶民たちの間で育まれてきたわが国のキリシタン伝説を紹介する伝説集である。伝説の配列はわが国のキリシタンの歴史を、おおよそ次に記すような《許教時代》、《弾圧時代》、《禁教時代》の三期に区分けし、話の内容からそれぞれの時代にまとめた。

Ⅰ《許教時代》は、天文十八年（一五四九年）のザビエルによるキリスト教伝来から、慶長十八年（一六一三年）の江戸幕府による禁教令の発布ころまでである。

キリスト教伝来当時のわが国は、応仁の乱後の荒廃期であった。各地の豪族たちが天下の覇権をめざして鎬《しのぎ》を削り、人心も倦んで、

「只天下ハ破レバ破ヨ。世間ハ滅バ滅ヨ。人ハトモアレ我身サヘ富貴ナラバ。他ヨリ一段瑩羹《えいこう》様ニ振舞ント成行ケリ」

と、『応仁記』に記されている時代であった。仏僧たちの腐敗もひどく、江戸時代に流布された排耶蘇を目的として書かれた『吉利支丹物語』にさえ、

「日本のしゅつけ衆は、……だんな（旦那）をへつらひ、みやうり（名利）にふけり、ぢうよく（重欲）をかまへ、じひ（慈悲）なくけんどん（慳貪）にして、……がくもん（学問）うと（疎）くして、ぶつぽう（仏法）をとへば、ぞくじん（俗人）にはるかにおとれり」

と、記されているほどであった。こうした時代に、フランシスコ・ザビエルによってわが国にキリスト教がもたらされたのであった。

そのザビエルは来日する十五年前（一五三四年）、イグナチオ・ロヨラら七名の同志とともに、パリ郊外のモンマルトルの丘の聖堂で、清貧、貞潔を誓い、やがて教外世界への積極

的な布教をめざすイエズス会を創立する。そして「より大いなる神《デウス》の栄光のために」、マラッカの地で知った日本人逃亡者、鹿児島のヤジローを道案内にわが国へやって来るのである。

鹿児島に上陸したザビエルは、山口を中心に二年二カ月ほど滞在して日本を後にしたが、「これまで自分が知った異教の国民のなかで、日本人に比べ得るものがあるとは考えられない」、「この国にくる宣教師は高い学識を要する」と、本部に後続の宣教師の派遣を求め、日本への本格的な布教がはじまる。そして天下統一の先陣についた信長の保護、貿易によってもたらされる大きな利益を得ようとする領主などの好意、あるいは真摯に宣教師たちの説教に耳をかたむけ、神の教えに帰依する大村純忠、高山飛騨守・右近親子ら〝キリシタン大名〟たちの熱意によって、わが国に根をおろしたキリスト教は、時には天竺インドからきた仏教の一派と思われながらも、九州、西国、五畿内、都へと順調な発展を見せていく。ザビエルが布教を開始した年には山口を中心にわずか百五十名ほどだった信者の数は、四十年後の天正十八年（一五九〇年）には二十五万から三十万に達しようとしていた。

しかし、応仁の乱後の各地方の一般の人々の暮らしぶりは凄惨、悲惨極わまりないものであった。当時文化の中心をなしていたといわれる周防、山口などにおいては人々は顧みられることなく無視され、食料不足と飢餓にあえいでいた。宣教師フロイスは各地で布教をつづけている同志たちの報告（日本報告）を基にまとめた浩瀚な『日本史』（松田毅一他訳、中央公論社）のなかで、山口の町におけるそうした庶民たちの実態を、次のように記している。

「男も女も痩せ衰え、眼が窪み、色艶を失って黄色い顔で扶助者もなく嘆きながら彷徨していた。地上に見られるものといえば死の光景と死を思わすものばかりであった。男も女も子供たちも絶えず山中をめぐり、激しい飢餓を和らげようとして草の根を探したり掘ったりしていた。だが幾人かはもうひどく衰弱していて、草を引き抜くと同時に霊魂も肉体を離れて、そこで絶命するものも見受けられた」

「町全体に悲しく恐るべき静けさが漂っていた。かつての人々の雑踏はなく、ただ飢餓で死んでいく人たちの呻きや叫び声や嘆息が聞こえてくるのみであった。朝方家を出て最初に出くわすのは、街路のここかしこに横たわっている死者であった」

堕胎、捨て児なども多く、やがて「伴天連たちは子どもをさらって食べている」といった話や風評が、キリスト教を排斥しようとする仏教徒、異教徒のなかから喧伝されてくる。「26 盲目のキリシタン、ダミアン」などにみられるような話、出来事が生まれてくる。

こうしたなか、弘治元年（一五五五年）、ポルトガルの貿易商人であったルイス・アルメイダが自ら私財を投じて、大分府内の地にわが国最初の綜合病院と捨て児たちの救済のための養育所を開設する。

アルメイダは施設に雌牛二頭を飼って、幼児たちの栄養補給のために牛乳を与え、病弱者には一般に忌避されていた牛肉を用いた料理などを食べさせた。貿易商人になる前に医学を修めていたアルメイダは、自ら外科治療などにあたって、わが国にはじめて西洋医学を伝え、その後継者育成にも力をそそいだ。アルメイダはやがて召命を受けてイエズス会に入会、宣教師として各地を布教しながら弱者への医療、福祉活動をつづけた。こうしたなかから、身分の隔りのない隣人愛に基づく信者たちによる貧窮者、病者、老人、孤児たちの救済、支援、相互扶助などを目的とした信仰共同体の組講（コンフラリア）が生まれ、永禄二年（一五五九年）までに、府内に「ミゼリコルジア（慈悲）の組」が組織されている。組講信者の心得、信仰箇条などを記した教理書『ドチリナ・キリシタン』（公教要理）には、次のような十四箇条が示されている。

一、飢えたる者に食を与える。
二、渇したる者に飲み物を飲ませる。
三、裸の者に衣類を与える。
四、病人をいたわり見舞う。
五、旅人に宿を貸す。
六、囚人の身元引受人になる。
七、無縁の死骸を納骨する。
八、人に良き意見を加える。
九、無知なる人に道理を教える。
十、悲しみの者をなだめる。
十一、折檻すべき者を折檻する。
十二、恥辱を堪忍する。
十三、隣人のいたらぬ事を赦す。
十四、自身に仇をなす者と臨終時の人のために神に祈る。

こうした弱者救済の組講などの活動、また仏寺による教育の弊害を避けるため、各地の教会に教理教育を主とした初等学校が設けられたりして、天正八年（一五八〇年）ころには、西日本だけでその数は二百を数え、キリシタン庶民の子弟たちが多く入学した。

当時キリスト教は貧乏人の宗門といわれ、キリシタンの一大拠点だった豊後地方では、伝来以来二十年の間に武士の入信はただ一人という有様だったという。それは「教会の行なった救貧、孤児、寡婦の救済などの社会事業が、実力闘争の中の落伍者に文字通りの恩恵《ガラサ》を与えたからに違いないが、そうした現実的救済だけでなく、全世界的価値以上に一個のアニマ（霊魂）に価値を見出すキリスト教の人間観そのものが、封建的重圧に喘ぐ彼らにとって、まさに福音であり、精神的、倫理的解放を与えたからにほかならない」（海老沢有道「キリシタン庶民の倫理」、『講座日本思想史講座』三、雄山閣）という。そして信者の数も、年ごとに増えていった。

この間、時代は信長から天下の実権を握った秀吉へと移っていたが、その秀吉もキリシタンにはすこぶる好意的であった。天正十四年（一五八六年）五月、完成間近い大坂城に宣教師の一行が訪れた時は、自ら先頭に立ってガイド役をつとめ、財宝蔵、武器蔵、金糸で飾られた寝台のある寝所、持ち運びのできる組立て式の黄金の茶室などを見せたと、通訳をつとめたフロイスは『日本史』に記している。その折、秀吉は宣教師たちに、

「ただ、デウス（神）の教えとかいう宗教をひろめるために、なんの利益を得るというわけでもないのに、このような遠い日本にやってきて、久しく滞在している宣教師たちの心栄えは立派である」

と、ほめたたえたり、

「妻を何人も持ってはいかんという〝教え〟さえなければ、予もいつでもキリシタンになろ

う」

と、いったりするほどであった。

ところが、それから一年後の天正十五年夏、九州を平定した秀吉は博多の筥崎《はこざき》で、これまでの好意的な態度を突然ひるがえし、

「伴天連儀、日本之地にはおかせられ間敷候間、今日より廿日之間に用意仕り、帰国すべく候」

というはげしい言葉の見える〝伴天連追放令〟を出すのである。

この追放令には、日本は神国であるからキリシタン国より邪法を伝えるのは太《はなは》だけしからん。門徒にしたものたちを使って神社仏閣を打ち破るのは前代未聞であるなどと記されているが、「日本全国の高貴な人たちが皆この迫害を怪しみ、パードレ（宣教師）たちに同情した」とフロイスがいう追放令の布告を、秀吉は何故この期に出したのだろうか。秀吉はのちになって、

「パードレたちを追放したのは、多数の大身たちをその教えにひき入れ、日本において反乱を起すおそれがあるからで、このことはだれも気づかなかった。自分だけがそれを見ぬいていた」

と、いったという（オルガンチーノ神父の書簡、フロイス『日本史』）。

風聞では、朝鮮への侵略を前に秀吉が宣教師たちに巨大な南蛮船の購入を申し入れたが、それがうやむやになっていたこと、高山右近らの〝キリシタン軍団〟が九州の戦場で十字架の旗のもと、「血を分けた兄弟以上の団結」をみせて、天下統一の足場を固めていた秀吉に

不安を与えたことなどがある。また秀吉の〝美女狩り〟に、キリシタン女性たちが応じなかったことなどともうわさとして語られているが、その真意はいまもって不詳である。この追放令は、伴天連（神父）たちの国外追放を命じてはいるが、大身、大名、給人などが信者となるには公儀の許可を必要とするが、小禄のもの一般庶民などは自由であるなど、キリスト教の信仰禁止についての明示はない。

　この追放令で、キリスト教の布教に熱心だったキリシタン大名高山右近は信仰をまもって野に下り、秀吉は教会領となっていた長崎を没収して天領とした。追放を宣告された伴天連たちの一部は平戸に集まったが、ほかの神父たちは好意を示していた大名たちの領内に潜んで、あらしのおさまるのを待った。結局この追放令は有名無実のようになり、秀吉も結果的にはその後の布教活動を黙認している。

　秀吉の時代を含む《許教時代》には、さらに土佐の浦戸に漂着したスペイン船サン・フェリッペ号事件、それがもたらしたわが国最初の大量殉教者を出した〝二十六聖人の殉教〟（「21　二十六聖人殉教奇譚」の注、参照）などが起こったが、それでもなお、布教は順調であった。天正十八年（一五九〇年）に三十万に達しようとしていた信者の数はさらに増大し、慶長十年（一六〇五年）の七十万から七十五万人という《許教時代》のピークに迫ろうとしていた。（当時のわが国の人口は、およそ千二百万から千八百万人ほどだったろうといわれるから、七十余万人という数は決して少ない数ではないだろう）。そして、南蛮風俗が大流行し、大名たちのなかにもポルトガル人のカルサン（短袴）をはくものまで現われた。あのキリシタン嫌いで有名な加藤清正でさえ、南蛮風の衣服を着ていたという。秀吉は観桜会には諸大名たちに南蛮服を着けさせて出席させた。秀吉も「みずからの禁令にもかかわらず、ロザリオとポルトガル服に身をつつみ、京都聚楽第を散策していた」(A・M・ジャネイラ『南蛮文化渡来記』松尾多希子訳、サイマル出版会)という。

都や長崎では若者たちがそうした衣装を身につけ、信者でもないのに首からロザリオをさげたり、腰に十字架をさげたりして、覚えたばかりの聖歌を口ずさみながら颯爽と街中を歩く姿が流行した。彼等を目にしたある宣教師は、「日本人なのか、ポルトガル人なのか、容易に区別がつかないほど」だと、書簡のなかに書いている。ポルトガル語もまた氾濫し、「パン」「テンプラ」「ジバン」「ボタン」といった単語が日本語に混入した。九州では長崎を中心にその語数は四千語にも達し、大半は廃語になってしまったが、それらのうち三分の一近くが衣服、食品に関係のある言葉であったという。まさに昨今の外国語の混入を思わせる現象であったろう。

こうした《許教時代》に生まれた伝説は、宣教色の濃い教義譚、奇瑞譚、精神的・医療的な救済譚、堅信などの功徳がこめられた奇蹟譚が多く、そこに一つの特色を持った〝キリシタン伝説〟が人口に膾炙《かいしゃ》していたといえる。

なお、キリシタンの殉教譚について、わが国キリシタン史上もっとも著名な棄教者であるハビアン不干斎は、その著『破提宇子』のなかで、次のような長崎でのエピソードを伝えている。

「……邪法をひろめる伴天連を殺されても、奇蹟も瑞相も見ないのである。ただしこの七、八年前のことであろうか、ある人が話されたのを承る〈と〉、長崎で伴天連を殺されたところ、うずくまっていた伴天連たち、または門徒どもは、さては奇蹟もあるはずだと思い、内々心うきうきしていたのに、長谷川左兵衛藤広、御代官として長崎にあり、かの連中が子供子供していることをよく知っていたので、彼らをだまそうと、子供のもてあそぶ紙鳶《たこ》とかいうものをこしらえ、その上に蠟燭をとぼし、夜にはいってから糸を引き、風に乗せて稲佐（山）というところから長崎の上に掲げたところ、伴天連の門徒の者も、さて、あれを見よ、言わぬことか、白雲一むれたなびいて天から光明の下り給うことを、と騒ぎ合ったのに、左兵衛は微笑し、知らぬ顔でおられたけれども、次第にこのことが知られて行ったので、〈伴天連たちは〉だまされたことを残念には思いながらも泣き寝入りになったと聞いている。このようなことをマルチル（殉教）の奇蹟というべきか〈どうかは〉知らぬ。〈その他に〉別に珍しいことは見たことも聞いたこともない」（海老沢有道訳『南蛮寺興廃記・邪教大意・妙貞問答・破提宇子』所収、東洋文庫）

棄教者ハビアンはキリシタンの殉教奇瑞・奇蹟譚などは、別に見たことも聞いたこともないといっている。なお因みに記せば、ハビアン不干斎は僧侶の身からキリシタンの洗礼を受け、イエズス会に入会して「日本人による護教書中、最も優れた」といわれる『妙貞問答』を著わしたのちイエズス会を脱会、親しくなった修道女と京都の教会から出奔、博多に逃れたのち、今度は時の将軍徳川秀忠に献上するため激しい反キリシタン書『破提宇子』を著わすという数奇な生涯を送っている。

Ⅱ **《弾圧時代》**は、慶長十八年（一六一三年）の江戸幕府による禁教令の布告から、天草・島原の乱を経て幕府がポルトガル、スペインと断交し、オランダのみの貿易を許すようになる寛永十八年（一六四一年）ころまでである。

慶長十八年の江戸幕府の禁教令は、家康が政治顧問として重用していた〝黒衣の宰相〟京都南禅寺金地院の以心崇伝に、書かせたものである。伝説的に記せば、崇伝はこの禁教令を、「夜明け一番鶏の声に筆を起し、一瀉千里《いっしゃせんり》、日の出前までに一気に書きあげた」というものである。

文中には、

「日本は元これ神国なり……、吉利支丹の徒党、たまたま日本に来たり、ただに商船を渡して資財を通じ、みだりに邪法を弘めて正宗をまどわし、以て域中の政号を改め、己が有となさんと欲す。これ大禍の萌《きざし》なり。制せずんばあるべからず」

といった、いかめしい言葉がみられる（「73　三世鏡」の注、参照）。

この禁教令によって、わが国に滞在していた外国人宣教師や信仰の堅い高山右近らは、長崎に集められてルソン、マカオなどへ追放される。また都、大坂などにいた公家など当時の〝知識人キリシタン〟たち数十名は青森の外ヶ浜へ流刑になっている。

この期のキリシタン伝説は、棄教を肯んじえない信者たちの殉教譚が、多くみられる。さらに天草・島原の乱、天草四郎にまつわる伝説も多数にのぼっている。しかし、島原半島の南端に伝わるキリシタンの怪力伊之助伝説など、おおらかで愉しい話も生まれている。

ところで、この時代のキリシタン取り締りに辣腕を振い出すのが、三代将軍家光に重用された〝キリシタン奉行〟井上筑後守政重である。

井上筑後守は若いころキリシタン大名のひとり蒲生氏郷につかえたことのあるキリシタン

であったが、慶長十八年の禁教令で棄教したといわれている。筑後守が初代宗門改になったのは天草・島原の乱が終息した三年後の寛永十七年（一六四〇年）六月のことで、この時から幕府の全国的な潜伏キリシタンの摘発が一層の激しさを増していく。宗門改は耶蘇教の萌芽を禁絶せしめるために設けられた役名で、のち二人制となる（『徳川禁令考』）。

江戸幕府のキリシタン取り締りは、「家康より秀忠が、秀忠よりは家光がさらに厳しかった」（徳富蘇峰）という。それは、生きながらの火あぶり、海中に逆さに吊るす溺殺、算木責め、硫黄熱湯責め、竹鋸切り、俵につめて火をつける蓑踊《みのおど》りなど、次つぎと考え出される残酷きわまりない拷問の数々が証明している。キリシタン嫌いで有名だったという三代将軍家光は、キリシタンの根絶をめざしたが、しかしその家光の目にかなった筑後守は、信者たちに崇拝される殉教者をつくるよりは背教者をつくることを考え、キリシタン屋敷（「55キリシタンの幽霊船」、「72朝妻桜」の注、参照）などをつくって、棄教しない宣教師たちを死ぬまで拘置したりした。筑後守が後任の北条安房守に言い残したといわれる覚書き『契利斯督記』（『続々群書類従』第十二所収、同完成会）には、取り調べのテクニックが次のように記されている。

「穿鑿《せんさく》ノ時初日調ヲ聞クコトアリ、二、三日モ申ス事バカリヲ聞キ、ソノノチ聞キ届ケ候テヨリ、不審ヲカケ然ルベキ由ヲ聞ク」

「嗷問《ごうもん》（拷問のこと）ヲ頼リニイタシ好ム事悪ク候。奉行骨ヲ折リ候トモ、切々穿鑿イタシ、細カニ口書キヲ申シ付ケ、色々思案イタシ、手を廻ハシサグリ尋ネルコト然ルベキ由。或イハ宗門ヲカクシ、又ハ類門白状イタサザル時、センタツキルトキ嗷問仕ベキ事」

「嗷問ムツカシク存ジ、キツクイタシ候ヘバ相果テ申シ候、マタ病者ニマカリナリ、嗷問マカリナラザル体ニナリ申シ候由、トカク嗷問イタシ候コトハ、死ザルヤウニツカマツルベキ由。上意ニ候」

「嗷問ツヨク申シ付ケタルバカリニテモ白状仕ラズ候由。又ヨハク候ヘバ、ナホモッテ白状仕ラズ候。ヨク科人ノ心ヲ考ヘテイタスベキ由。久シク嗷問仕ルモノハ、木馬ヨク候事。ツヨク嗷問イタシ候ヘバ、科人クタビレ、重ネテ嗷問ナシガタキ事コレアリ、又ハツヨキ科人ヲツヨクイタシ、コラヘラレ、重ネテイタスベキ様コレナキ事アリ。ヨク心配遠慮アルベキ事」

こうして、どうしても棄教しないものは最後の手段として、逆さの穴吊しにする。転宗・棄教したものは誓詞をとった上で釈放されるが、以後本人が死亡してもその係累が絶えるまで、あるいは七代にわたって監視される（「98 おかしな癖」の注、参照）。なお、同覚書きによれば、明暦四年（一六五八年）までの幕府の調査でキリシタン宗徒が発見されなかったのは、大隈、日向、志摩、甲斐、伯耆《ほうき》、丹後、安房、隠岐のわずか八カ国であったという。

制度上の取り締りとしては、訴人の褒賞制度（「62 偽キリシタンの企み」参照）、キリシタンでなく檀徒であることを檀那寺に証明させる寺請制度の強化、踏絵（「95 雲仙哀話」の注、参照）の年中行事化、および五人組制度などがあげられる。死者が出た時も、そのすじの役人の検死を待たなければ寺へ埋葬はできない。キリシタンの嫌疑のあるものの場合は、江戸表にまでうかがいを立てなければならない。東北地方の山間の地などでは死骸は塩漬けにされたまま一ヵ月以上も置かれてから、埋葬されることもあった。このため会津などでは、「キリシタンの墓は塩がふく」といい伝えられていた。しかし、これらの制度も、もちろん完璧なものではなかった。

例えば、寺請制度では寺院の財政難から、ワイロを取って寺請けを黙認することもあったようで、尾張などでは藩内の全住職に、「宗門改めに便乗して、わいろをとってはならぬと警告」したという（『南知多町史』）。

また五人組制度は、五戸を単位とした隣保組織のことだが、どのようなものであったかは、例えば『長崎オランダ商館の日記』（村上直次郎訳、岩波書店）の一六四三年（寛永二十年）三月十六日の条に、次のような記述がみえる。

「また我らの江戸在府中、長崎でキリシタンの装飾品を持っていた者数名が発見されて死刑に処せられたことを聞いた。そのうち一人はキリシタンではなく、彼らの保証人となったために殺された。従前は五軒が一組となり、そのうち一軒でキリシタンが発見された際、各戸の夫婦及び男子は皆死刑になり、女子たちは除外された。その後五軒のうちからキリシタンが一人出た時は各戸一人は死罪、他の四人は五十日間の重禁錮になった。今は各人がキリシタンでないという保証人を立て、若しキリシタンであることが判れば、保証人も共に死刑になる。また家屋の所有者は、借家人がキリシタンでないことを保証する人なしには貸してはならず、若し違反すれば保証人の代りに死刑にされる」

一見、がんじがらめのすきのない監視制度のように見えるが、この制度も結果において、次のように意外な事象を生むのである。

幕末、慶応三年（一八六七年）に至って摘発された〝浦上四番崩れ〟として知られる長崎浦上村のように、三千名を越える全村民がほとんど潜伏キリシタンである場合などは、こうした監視制度が逆に信仰を強固にする格好な隠れ蓑となったのである。寺請制度の強化で表面的には仏教徒を装い潜伏キリシタンとなった信者たちは、こうして信仰をまもり、保ちつづけて永い禁教下の時代を生きていく。

しかしほとんど口伝による何代にもわたる信仰継承のうちに、キリスト教の正しい教義、典礼などに訛伝が生じ、前記『天地始之事』などの「キリスト教的民話」も生まれ、土俗的な信仰なども混入して混成宗教化《シンクレティズム》していく。「63 だんじく様」、「64 ベアトス様」、「97 ジュト様」、「102 オンアルジ様」などはいずれも殉教者たちの伝説であり、殉教者たちは新たな信仰の対象となって、その土地の神として崇められていく。民間信仰、土着神の誕生である。

ところで、ザビエルによるわが国の開教から明治初期に至るまで、キリスト教、キリスト教徒に対する呼称として、「切支丹」「吉利支丹」の文字が一般的に宛てられているが、これらの宛字もこの期になると、キリスト教は邪宗、邪教という烙印を押され、禁教、弾圧が強められていくなかで、「鬼利支丹」「鬼理思丹」「鬼里死貧」、あるいは「切死丹」「幾利死弾」「吃利死丹」など、排耶書や文書に鬼や死の文字が宛てられるようになる。そのほか「是頭《ぜず》鬼利死屠《きりしと》」、「伝憂子《でうす》」なども記される。寛文年間（一六六一年〜七二年）に著わされた浅井了意の反キリシタン教訓書『鬼利至端破却論伝』などには、了意が僧籍にあったためか、「キリシタン」だけで二十種を越える禍《まが》々しい宛字が使われている。「吉利支丹」が「切支丹」に変わったのは、綱吉が五代将軍に就いた時（延宝八年、一六八〇年）からで、「吉」の字を使うのは畏れ多いことからだといわれている。元禄年間（一六八八年～一七〇三年）に市井でつくられた句に、「きりきりと文字あらたまる切死丹」というのがある。

こうしたきびしい弾圧時代を経て、明治の禁教令廃止、信教の自由、潜伏キリシタンたちの教会への復帰までが、Ⅲの《禁教令時代》である。

Ⅲ《禁教時代》 寛永十六年（一六三九年）、幕府は重ねてキリシタンの禁制を布告し、ポルトガルと断交する。翌寛永十七年六月、長崎に入港してきたポルトガル船を襲って焼き打ち、乗員六十一名を殺害し、九州諸大名に遠見番所の設置を命じている。そして時代を経るにしたがってキリシタンは潜伏し、少なくとも表面的、社会的にはわが国からキリシタンは一掃されたことになる。

キリシタンの存在は〝幻〟で、ほとんど世間からは忘れ去られていくことになる。天草・島原の乱（寛永十四～十五年、一六三七～三八年）からも数十年が過ぎると、奉行所の役人たちの世代の交代もおこなわれて、キリシタンのことをまったく知らないものたちが増えてくる。

一例をあげれば、宝永五年（一七〇八年）九州の屋久島に潜入した〝最後の潜入伴天連〟といわれるシドッチ神父を取り調べた長崎奉行所の役人たちは、同神父が所持していた聖祭具の名称、キリスト像、マリア像などについてまったく知ることはなく、ほとんど戸惑いをみせていることが、新井白石『西洋紀聞』の附録にうかがえる。

しかし、この時代になると、歴史の表面から姿を消したといっても、信者たちは根絶されたわけではない。平戸島に置かれていたオランダ商館を長崎の出島に移して鎖国が完成した

寛永十八年（一六四一年）以降をみても、

大村の郡崩れ（明暦三年、一六五七年）
尾張・美濃の摘発（寛文四年、一六六四年）
尾張・美濃の摘発（寛文七年、一六六七年）
長崎浦上一番崩れ（寛政二年、一七九〇年）
天草崩れ（文化二年、一八〇五年）
浦上二番崩れ（天保十三年、一八四二年）
浦上三番崩れ（安政三年、一八五六年）
浦上四番崩れ（慶応三年、一八六七年）
五島久賀島の摘発（慶応四年、一八六八年）

などの、大きなキリシタン摘発事件が起こっている。

こうした禁教下潜伏キリシタンの摘発には、一村数十名から浦上四番崩れのような三千名を越える信者が発見されて、幕府を驚かせている。

なお、因みに記せば、「大村の郡崩れ」は、一農夫の言動があやしまれて発覚の端緒となり、六百八名の潜伏キリシタンが牢につながれたが、そのうち四百十一名が斬首、牢内病死七十八名、永牢二十名などとなっている。永牢のもののうち、千寄郷のちよは十一歳で入牢、七十歳で牢死。その弟千松は十歳で入牢、七十四歳で病死するまで、姉弟ともに六十年を越える拘禁生活を強いられ、信仰をまもり通して牢内でほぼ一生を終えている。放虎原で斬罪された百三十一名の殉教者は、首と胴は五百メートル離れた二つの場所（首塚と胴塚）に埋められた。首と胴を一緒にしておくと、「キリシタンは妖術で首と胴体をつなげて、彼らを生き返らせる」ことを恐れたためとか、「夜になると首と胴がつながって幽霊になって出る」といって、遺体を分けて別々に埋葬したという。また、「尾張・美濃の摘発」では二千名ほどが捕われ、そのほとんどは試し斬りのための濮物《ためしもの》として、足軽頭以上の藩士に渡されたという（「69 ねずみの昇天」の注、参照）。

潜伏したキリシタンのうち、長崎浦上のキリシタンや、禁教下摘発をまぬがれた生月島や外海地方のキリシタンたちは、教理《ドチリイナ》などをひそかにまもりつづけていたが、口承されて伝えられていくうちに変容されていく。時代が下るにつれて、巷間伝えられている荒唐無稽なキリシタン魔術、妖術などの風評のなかから、多分に興味を衒《てら》った多くの摩訶不思議なキリシタン伝説が生まれてくる。それらの伝説に大きな影響を与えたのは、元禄年間ころから流布されはじめた史実を無視した通俗読み物『南蛮寺興廃記』などで、次の部分などに如実に現われている。

「こうした時（信長が足利義昭を奉じて入洛した頃）に九州肥前の領主竜造寺高重の領地、長崎の港に南蛮船が一隻入港した。この船に奇妙な姿の人が一人乗り込んでいた。その人の丈《たけ》は九尺余り、胴にくらべ頭は小さく、顔面は赤くて、眼は丸く、鼻高々として、側を見る時には肩をゆすりあげる。口は大きく耳にまで及び、歯は馬の歯のように雪よりも白い。爪は熊の手足に似ている〈という有様〉。髪は鼠色であって、年のころは五十ばかりとも見えた」

「二人のバテレンは悦びのあまり、内殿で〈彼らに〉ひそかに奇術を教えたところ、この三人は流木に棹をさすように〈たちまち〉法術を伝受して、手拭いを馬と見せ、塵を空に投げて鳥とし、枯木に花を咲かせ、石ころを宝珠としたり、空中に坐り、地中に隠れ、〈あるいは〉俄かに黒雲を出したり、雨雪を降らしたりするなどの術を会得しないものはなかった」（前出『南蛮寺興廃記・邪教大意・妙貞問答・破提宇子』）。

「バテレン」とはポルトガル語Padre、神父、司祭の意で、多くは「伴天連」の漢字が宛てられているが、排耶蘇物語などには、「破天連」の文字が宛てられ、「其身自由自在にして虚空に登るに、天にも寄らず、地にも不レ附、雨をふらし風を起す、奇術を得たる故に破天連といふ」（『切支丹宗門来朝記』）などと、あやしい奇術師、妖術師にされている。

このような排耶蘇物語の流布などによって、姿を消した切支丹たちの〝幻のキリシタン像〟が新たに生まれ、伝播されていく。

東北地方の山間地帯に伝承されているキリシタン伝説にはこうした話が多く、「84 魔法を見せる手代」、「81 キリシタン武士の幻術」、「82 天にいってきた男」、「75 矢野のお婆さん」などであり、また四国高知の山間に伝わる「85 キリシタン長左衛門」、「86 バテレン幸次」などの伝説がこれにあたる。島原の「37 怪力キリシタン伊之助物語」、秋田の「83 六郷の文之」などの話は、その地に伝承されている異能の持ち主の話とほとんど同じであり、不思議なこと、あやしいことはキリシタン伴天連の魔術の業とされ、さらに荒唐無稽なキリシタン妖怪奇譚が生産されていくのである。

ところで、宮城県本吉には、次のような興味深い実話が伝えられている（東北地方の鉱山などに潜入したキリシタンと鉱山法の特権などについては、「76 十字の化け石」の注、参照）。

「今から三百年も大昔の、寛永年間のことだが……物好きにも、芳賀家（宮城県本吉郡本吉町）のでいの間（奥座敷）をのぞき込んだ隣家の老爺が、恐るべきものを見てしまった。『ギャッ』と一声、驚愕の叫びをあげ、老爺は、忽ちその場に悶絶してしまった。

老爺が見た『座敷わらし』――それは、身の丈が恐しく高い、六尺余りの大男だったのである。世によくいう『大入道』だったら、それほど驚きもしまい。その妖怪は異様な黒マントのような外被をまとっていた。頭にはチョンマゲが乗っていたが、髪の色は見たこともない金色をしていたのだ。しかも、顔色は恐しく悪く、ローソクのよう。顔には同じく金色の無精ひげが生え眼窩《がんか》は深くくぼんでいた。人の気配を知った『座敷わらし』は、もの憂げに眼を開き、外部に視線を移したようだが、その眼の色は深い海の色をしていた。やがて身を起した『座敷わらし』の姿は、座敷の秋の日だまりの中から、煙のように消え果てていた。……

悶絶した老爺は、数日ねこんでしまったが、その後、心がおさまるにつれ、『わしは、南蛮には〝魔法使い〟というのが居る、と聞いたことがある。若し魔法使いがこの世にいるとすれば、わしの見た、あれがそうではあるまいか……』と人に語ったと言うことである」（紫桃正隆『仙台領キリシタン秘話・衰滅篇』仙台宝文堂）。

禁教時代東北に潜伏した南蛮の伴天連に違いない。隣家の老爺は、ほんの少しその正体を見たのであろう。この後から「芳賀屋敷には大男の座敷わらしが出る」などの噂が人びとの口の端にのぼるようになったという。キリシタン、ことに外国からやってきていた宣教師などは、こうして妖怪たちの仲間に加えられ、キリシタンはその手下どもということになっていくのである（この伴天連というのは、禁教下東北地方に潜伏し、大籠を拠点に布教、司牧をつづけていたフランシスコ会奥州布教長フランシスコ・バラハス神父だとされる。同神父は寛永十六年、一六三九年十二月仙台で捕われ、翌年江戸芝の札ノ辻で火刑、殉教している）。また、江戸時代の旅人菅江真澄が秋田の仙北で村びとから聞いた真昼岳にすむ「太キ鳥足の赤キ大人」という「あやしのもの」の正体も、山に僣伏した伴天連の姿であろうか（「94　真昼岳と由松」とその注参照）。

ともあれ、弾圧時代から禁教時代に新たに様変わりをはじめたキリシタン伝説――、キリシタンの魔・妖術譚は人びとの間にかなり浸透して、幕末・明治の禁教令撤廃までつづくのである。幕末に来日したイギリスの外交官アーネスト・サトウでさえ、「かつて私は、ある日本人から『切支丹《キリシタン》』の教義をきかせてくれと頼まれたが、この男は、切支丹に帰依すれば自分の留守に女房が何をしているか、わかるようになるものと信じていたのだ」と、書いている（坂田精一訳『一外交官の見た明治維新』岩波文庫）。

しかし、「浦上四番崩れ」の流謫（〝旅〟）で、長州萩にむかう潜伏キリシタンたちの一行が縄をうたれながら唐津領内の街道を通った時、沿道に見物に出たものたちは、

「あら、切支丹も人間よ。目もあれば鼻もあり、口もある」

と、いったという。

言葉には侮蔑の響きがあったろうが、しかし彼等は、これまで〝幻〟の存在、〝異人〟〝妖怪の一味〟であったキリシタンたちの真の姿を見て、安堵もし、キリシタンもまた、自分たちと同じ人間であることを、実見したのであった。江戸幕府のかたくなな禁教、排耶蘇政策

によって生まれ、いわば意図的に増幅されていった非現実、超現実的なキリシタン魔術・妖術譚の終焉である（「86 バテレン幸次」の注に紹介したキリシタン高木仙右衛門の役人に対する返答も参照）。

以上、わが国のキリシタンの歴史を大きく三期に分けて、その時代の特色を記してみたが、伝説もまた、それぞれの時代色がうかがえて、趣がある。冒頭にも記したように、本書はわが国の各地で育まれたキリシタンの伝説を紹介する伝説集である。伝説の末尾に付した「注」と合わせ、いくらかでもキリシタン時代への関心と興味が持たれれば望外の喜びである。

I 許教時代

〔天文十八年（一五四九年）～慶長十八年（一六一三年）〕

1 聖師の奇蹟（鹿児島）

日本にキリスト教を伝えるため、フランシスコ・ザビエルが薩摩国・鹿児島に上陸して間もないころのことである。

鹿児島の町に裕福な暮らしをしている男がいて、一人娘をたいへん可愛がっていた。ところが、その娘が病いにかかって死んでしまったので、男は娘のなきがらを前にして嘆き悲しみ、身も心も砕けんばかりに、あらゆる神仏に祈禱した。しかし、死んだ娘はついに生き返らなかった。

男は失望して、神仏を罵り、恨むまでになっていた。

娘を奪われた男の嘆きがあまりにも大きいので、キリシタン宗に改宗したばかりの近所の信者の一人が、男を訪ねてこういった。

「いま、この鹿児島の町に異国からフランシスコ・ザビエルという尊いお坊さんがきておられる。顔かたちは、わしらと違っておるが、そのお坊さんにお祈りを頼めば、天主はかならず受けて、娘さんを生き返らせてくださるだろう。早くいって、お願いするとよい」

死んだ娘の父親は話を聞いて、早速その信者とザビエルのところへ出かけていった。そして、

「もし、死んだ娘のいのちを蘇らせてくださるならば、自分のいのちを捧げます。そして、キリシタン宗を信じます」

と、涙を流しながら訴えた。

ザビエルはこの父親の悲嘆を哀れんで、同行者の若い修道士にむかって、死んだ娘のために祈りを捧げるよう命じると、自分も奥の部屋に引きこもって、膝をついて祈りを捧げた。かなりの時がたって、ザビエルは奥の部屋から出てくると、死んだ娘の父親にむかって、

「あなたの娘さんは、健康になっております。さあ、元気を出しなさい。そのように嘆く必要は、もうありません」

というだけで、それ以外のことは、なにもいわなかった。

男は、心のなかでつぶやいた。「――娘のなきがらのそばへいって、祈ってくれるものと思ったが、家まで出向くのが面倒だから、このようなことをいってるに違いない。やはり、きても無駄であった」

死んだ娘の父親は、落胆しながら家へ帰っていったが、その途中で、むこうから自分の家の家僕たちが喜びながら走ってくるのに出会った。

「お前たちは、なにをそんなに騒いでおるのだ」

男がしかりつけると、家僕の一人が、

「旦那さま。お喜びください。姫さまはいま、息を吹き返しました。元気に生き返りました」

と、いうのであった。

男が驚いて家へ走ると、なんと、今朝死んだはずの娘が家の前に立っていて、男を迎えてくれたのだ。

男は生き返った娘の姿を見て我を忘れ、涙を流して喜んだ。そして自分の留守に、いったいだれがお前のいのちを救ってくれたのか、どんなことが起こったのかとたずねた。

すると娘は、

「わたしが最後の息を吐いたとたん、ぞっとするような形相をした鬼が二人やってきて、わたしを地獄へ引きつれていきました。そして火の池のなかへ、わたしを投げ込もうとした時、まぶしい光のなかから尊い二人の方が現われて、わたしを鬼の手から奪い取り、離れた魂をからだに還らせてくださったので、たちまち元のように元気を取り戻したのです」

と、はなした。

男は娘の奇妙な話を聞くと、いのちを救ってくれた二人とは、先ほどお祈りをしてくれた異国からきたお坊さんと同伴の修道士に違いないと思い、娘をつれてすぐにザビエルのところへいった。

すると生き返った娘は、二人の顔をまぶしそうに見て、

「わたしを地獄の鬼の手から救ってくださったのは、たしかにこの方たちです」

といって、ザビエルの前に平伏した。父親の男も、感謝をこめて平伏した。

ザビエルは微笑をたたえながら、二人をいたわり、

「このご慈悲をくださったのは、われらの父イエス・キリストと天主デウス（神）のお力です」

と、キリシタン宗の教えを説いて、信仰をすすめた。

この父と娘は、ザビエルに願ってしばらく教えを受けたのち、洗礼を受けてキリシタン宗の信者になった。一家親族も聖師ザビエルの霊験を目のあたりにして、その後みな洗礼を受けて熱心なキリシタンになったという話である。

〔注〕この奇蹟譚は、フランシスコ・ザビエルがわが国でおこなったといわれるいくつかの奇蹟のうちの最初のものと伝えられるもっとも有名な奇蹟譚であり、グラッセ『日本西教史』（太政官本局翻訳係訳、太陽堂）、ロドリゲス『日本教会史』（池上岑夫他訳、岩波書店）、茂野幽考『南日本切支丹史』（国書刊行会）などに紹介されている。聖書との関連では、『マルコ福音書』（五・三五〜四二）に、ほぼ同様の話「ヤイロの娘」がある。
「そう話しているうちに、会堂の司の家から人々が来て、『お嬢さまは亡くなられました。もうこの先生をわずらわす必要はありますまい』と言ったが、イエスにその言葉が聞こえたので、会堂の司に『恐れることはない。ただ信ぜよ』と言われた。そしてイエスはペトロ、ヤコボの兄弟ヨハネのほかは供についてくるのを許されなかった。彼らは会堂の司の家に着いた。イエスは多くの人が泣いたり叫んだり大騒ぎしているのをごらんになり、中に入り、『何を泣き騒いでいるのか。子どもは死んだのではない。眠っているのだ』と言われた。人々は彼をあざ笑った。イエスはその人たちをみな外に出し、両親と自分の供だけを連れて、子どものいるところに入り、子どもの手をとり、『タリタ・クム』と言われた。それは『娘よ、私は命じる。起きよ』という意味である。すると娘は起きて歩き出し

た」

死者蘇生の奇蹟譚は、パジェス『日本切支丹宗門史』（吉田小五郎訳、岩波文庫）、一六〇五年の章にも、木から落ちて死んだ女児が蘇生した次のような九州での話が報告されている。ある女の子が木から落ちて二十四時間身動きしなかった。その子の母親は熱心に祈りつづけた。すると、幼いイエスを胸に抱いた聖母が、じぶんの子と同じくらいの幼い女の子を連れて部屋に入ってきた。その少女が金色の盆《プラート・ドール》を下におろすと、聖母と少女は部屋を出ていった。すると間もなく死んでいた女の子が、「お母さん。あれ、あれ」と叫んで、生き返ったという。

なお、ザビエル来日（一五四九年八月十五日、和暦天文十八年七月二十二日）前、すでにわが国のある地方にキリシタンの伝承譚が生まれていたことが、ザビエルの書簡（一五四九年六月二十二日付、マラッカよりヨーロッパのイエズス会会員宛）に、次のように記されている。

「さらに幾人かのポルトガル商人が日本のあるところで〔体験したことを〕私に書いてよこしました。その領主は、土地の人たちが悪魔が住んでいると言って、誰も住もうとしない空き家にポルトガル人を宿泊させることを命じました。その家に彼らが泊まってからのこと、彼らの衣服が引っ張られるのを感じて、誰の仕業かといぶかり、あたりを見まわしましたが、何も見えないので、いったい何であったのかと恐ろしくなりました。そしてある夜のこと、ポルトガル人の一人の若者に幻が現われたので、彼は大声をあげはじめました。ポルトガル人は〔幻が現われたとは知らず〕何であろうかと思って武器を取って駆けつけました。若者にはなぜ大声をはりあげたのかと尋ねますと、幻を見てたいへん驚いたので、大声をあげたのだと言いました。そしてその若者は、その家のまわりに十字架をたくさん立てました。土地の人びとは大声をあげたその夜のことを尋ねましたので、若者が〔幻に〕驚かされたのだと答えました。それで、そこの領主はその家に悪魔が住んでいたことを打ち明けました。〔領主が〕悪魔を外へ追い出す方法を〔ポルトガル人に〕尋ねましたので、十字架の印よりもよい方法はないと言いました。そしてポルトガル人がその家の中と外に十字架を立ててからは、土地の人びとは同じことを行うようになり、その地方すべてに十字架を立てました」（河野純徳訳『フランシスコ・ザビエル全書簡』、平凡社）

なお、ザビエル来日までに、南蛮船の来航が伝えられているのは、次の通りである。


一四一二年（応永十九年）、南蛮船大風に遭って若狭の小浜に漂着。

一五三〇年（享禄三年）、ポルトガル船交易のため豊後に来航。

一五四二年（天文十一年）、ポルトガル船豊後に漂着。

一五四三年（天文十二年）、ポルトガル人、中国のジャンク船に乗って種子島に漂着。

一五四四年（天文十三年）、スペイン人ペロ・ディエスの乗った南蛮船豊後に来航。

一五四六年（天文十五年）、ジョルジュ・アルヴァレスの船の他、三隻のポルトガル交易船が薩摩・豊後に来航。

一五四九年（天文十八年）、イエズス会士フランシスコ・ザビエル布教のため鹿児島に来航。


これらのうち、今日史料的に確認されているのは、一五四三年、一五四六年の来航である。前後四度日本を訪れ、種子島に鉄砲を伝えたとされるポルトガル商人メンデス・ピントは

『放浪記』（邦訳『東洋遍歴記』岡村多希子訳、東洋文庫）のなかでこの期間に二度の渡来を記している。しかしピントの自著は「潤色が多い小説もどきの記録」とされている。なお、一五四六年に来航したアルヴァレスは日本布教を目前にしたザビエルから依頼されて『日本報告』を書いている。この報告書は来日経験をもつヨーロッパ人が書いた事実上最初の日本見聞記といわれているが、同報告に前記ザビエルの書簡に見える〝十字架伝説〟の話は記されていない（アルヴァレスの「日本報告」は雑誌「日本歴史」第三六八号に岸野久氏の訳、紹介がある）。

2 見るなの人形（愛知・一宮）

むかし、一宮（愛知県）のある家に伴天連（南蛮の宣教師、神父）がやってきて、なにげない世間話をしていたが、そのうちに、

「用事を思い出しました。ちょっと隣りの村まで行ってきますから、この風呂敷包みを預ってくださらぬか。だが、けっしてなかを見てはなりません」

そういい置いて、伴天連は隣り村へ出かけていった。

ところが、それっきり、二日たっても三日たっても、伴天連は戻ってこなかった。

見てはならぬといわれれば、見たくなるのが人情である。家の主人《あるじ》が、そっと風呂敷包み

を開けてみると、木の箱がはいっていた。

「はて。なにがはいってるんだべな」

主人が木箱を両手にとって、そっとゆすってみると、「ことり」と音がした。主人はますます好奇心にかられ、ひもをといて木のふたを開いてみた。

すると、なかに異国の人形がはいっていた。

「なんじゃい。こんなものか。たいそうなことをいうから、どんな高価なものがはいってるのかと思ったよ」

主人は苦笑をもらしながら木箱を閉じ、丁重に包みを結んで、また押入れのなかにいれておいた。

と、次の日に伴天連が現われた。

「遅くなってすみませぬ。大切な包みを預っていただいて、感謝いたします。ところで、なかは見なかったでしょうね」

家の主人は、あわてたように、右手を顔の前ではげしく打ち振ったが、伴天連は主人の前で包みを開くと、

「この家の主人は、見たかい？　見なかったかな」

と、人形にむかってたずねた。

するとふしぎなことに、木箱のなかの人形は頬を桃色に染めて、美しい声で、

「見た。見ました」

と、返事をした。

主人がびっくりしてのけぞると、伴天連は人形のはいった木箱のふたを閉じながら、

「うそをいっても、わたしたちには、すぐ分かります。キリシタンの教えは、ありがたい教えです」

そういって、立ち去っていったという話である。

〔注〕昔話や伝説のモチーフの一つに、「見てはならぬ」といったものを見てしまうという《タブーの侵犯》がある。福岡の大島に伝わる「55 キリシタンの幽霊船」もその一話である。昔話では良く知られた「浦島太郎」の玉手箱、「見るなの座敷」など、タブーを犯したことによって不幸を招くという結末が多い。聖書との関連では、タブーを犯した話として、振り返ったため塩の柱と化したロトの話（『創世記』一九・一六～二六）がある。キリスト教の伝説では、跣足《せんぞく》カルメル修道会を創設したアビラの聖テレジアの「聴罪師になりたかった話」が知られている。テレジアは女性が告解を聞く聴罪師になれないことを不満に思い、神に不平をいうと、神は天使を遣わして、ひとつの箱をテレジアに預ける。箱のなかには大切なものが入っているが、三日経ったら取りに来るという。好奇心の強いテレジアは一日、二日とがまんするが、三日目が来ると、どうしても箱の中身が知りたくて、細目にふたを開くと、なかから鳩が飛び立っていく。「その好奇心こそ、女性が聴罪師になれない理由」だと、天使はテレジアに告げたという。

なお、「見るなの人形」の類話が、東北にある。

〝寛政の三奇人〟の一人として知られる高山彦九郎は寛政二年（一七九〇年）六月、江戸を

発って東北への旅に出、その紀行『北行日記』を遺しているが、青森、八戸、花輪、盛岡と下ってくる旅の途次、秋田・岩手の境にある駒ヶ岳の麓で、次のような話を書きとめている。

「駒が岳の辺りへ一昨年怪しき旅客来り人家へ立寄りていへるは、後ト の里へ忘れ物せり取り戻して帰へるべし、此の包みを爰《ここ》へ預り玉はれと乞ふ。封印し玉へ預るべしといへば内の方に封印有りとて置て出て数日待て共帰へらず、開らき見るに鏡有り移し（ママ）見れば馬面に見ゆ、一郷の人を呼びて見するに皆ナしかり。行て二十日斗《ばかり》にして旅客帰へり来りて彼れ是遅延に及べり大に世話せしとて包を改めていへるは、そなた衆開らき見つると覚ゆ、隠す事勿《なか》れ隠しては為めにならぬとおびやかされて改めて実を以て明しける皆ナ禅宗の故也。禅家は黄泉地下にては馬になるといひて己れが邪法（切支丹）に引入れ、是れよりして雲務（霧）の内に隠れ或はすゞの内に入り空中を馳せ或は銭と見ゆるも数日にして見るに木をきざみて作りたるものにてぞありける、是れ面白き事に思ふて悉く此の邪法に傾く」

包みのなかにはいっていた鏡とは、来日した伴天連たちが秘蔵しているといわれた〝三世鏡〟であろう。詳しくは「73 三世鏡」およびその注参照。

3　雨乞い（熊本・天草）

むかし、天草のある島で、雨が少しも降らないので、農家の人たちが困りはてていた。そして島のお宮や山の上に集まって、雨乞いの祈りや儀式を何度もやったが、雨はいっこうに降らなかった。

するとひとりが、

「雨が降らないのは、島にいるキリシタンたちが祈らないからだ。キリシタンたちが邪魔をしておるのじゃ」

と、いい出して、役人に訴えた。しかし、キリシタンたちは山へはいかなかった。

「われわれも雨が降らないで困っておるが、山に登らなくても、教会堂のなかで、天の神様に雨を乞うことができる」

といって、教会堂のなかにはいり、雨乞いのミサを捧げて出てきた。すると、物凄い雨が降ってきたので、一同はずぶ濡れになって、それぞれの家へ戻っていったという話である。

〔注〕わが国では雨乞いのとき、鳴神、竜王、竜宮、水神、毘沙門など水に関係のある神に祈願する。五島の潜伏キリシタンのあいだでは、「三《さん》ふらんしすこ」（聖フランシスコ）を〈雨の御役〉という守護聖人に定め、慈雨など神への取りつぎを祈禱していた。天草には天草四郎にまつわる雨乞い伝承がある（「38 天草・島原の乱と天草四郎」参照）。

なお、因みに記せば、キリスト教会（カトリック）における「雷よけ」「雨乞い」の守護聖人は、女性の聖スコラスティカ（四八〇～五四七年）である。彼女は兄の、現存するヨーロッパ最古の修道会といわれるベネディクト会の創立者（ヌルシアの）聖ベネディクトゥスの双生の妹。聖ベネディクトゥスは年に一度、妹のいる修道院を訪れ、ともに霊的な問題を語り合うのを楽しみにしていたという。ウォラギネの『黄金伝説』（前田敬作他訳、人文書院）には、次のような聖スコラティカの〈雨乞い聖人〉の由来話が紹介されている。

「あるとき、聖ベネディクトゥスは、妹を訪ねた。ふたりが食卓についたとき、妹は、今夜は泊っていってほしいとたのんだ。兄は、それを承知しなかった。すると、妹は、顔を両手にうずめて、兄が願いをきいてくれますようにと神に祈った。彼女が顔をあげたとき、ものすごい雷鳴と稲妻とともに篠つく雨が降りはじめ、聖ベネディクトゥスは、一歩も外へ出られなくなった。それまでは晴天だったのだから、彼女が涙の雨で天から豪雨をもたらし、天気を変えてしまったのである。聖ベネディクトゥスは、たいへん悲しんで、『妹よ、神があなたをお赦しになりますように。いったい、なんということをしたのですか』と言った。彼女は答えた。『わたしがお願いしたのに、あなたは聞こうとしてくださいませんでしたので、主にお願いしましたら、主がお願いをかなえてくださったのです。ですから、お帰りになれるものなら、お帰りになってごらんなさい』こうして、ふたりは、その夜はいっしょにすごし、敬虔な会話のうちに一夜をあかした」

守護聖人といえば、カトリック教会では次のような守護聖人がよく知られている。聖クリストファ（旅、交通安全）、聖イヴォ・エロリ（法律家）、聖サレジオ（文筆、出版業）、聖カミロ（病者、看護人）。わが国にキリスト教を伝えた聖ザビエルは、日本の守護聖人である。

4　二つの道（大分）

むかし、豊後の国（大分県）のある村に、齢八十になる善良な老人が住んでいた。

この老人は年を経てから耶蘇教に帰依したのだが、一生懸命祈りのことばを覚えようとしても、どうしても覚えが悪く、悲嘆にくれていた。ことに家人や親戚のものたちが声を和し、心をひとつにして祈っている時などはなおのこと、やりきれない気持ちになってしまうのであった。

こんな老人を、悪魔が黙って見過すことはない。悪魔はさっそく異教徒の知人の姿をかりて現われ、

「祈りのことばも知らなければ、いくら魂を救われたいと思っても救われるわけがないではないか」

と、善良な老人に吹き込んだ。

老人はますます悩み、心を痛めた。そしてある夜、家族のものたちが寝静まるのを待って壁に貼った聖画の前に座ると、真暗闇のなかで素直な気持ちで神に訴えた。

「天主よ、わたしはどのように努めても、みなのように祈りのことばを覚えることができません。どのようにしたら、覚えることができるのでしょう。それをわたしに教えてください。

もし、手だてがないとおっしゃるのなら、わたしは救われないことになります。そしたら、わたしは元の宗門に戻りますから、許しをお与えください」

老人は、心の内をそう語ると、しばらく合掌したまま目を閉じて祈っていた。

すると、左手に道はばの広い道がはっきりと見えてきた。その道を目でたどっていくと、やがて道は魑魅魍魎《ちみもうりょう》のうごめく、怖しい絶壁へ落ちこんでいた。

老人はまばたきをして、また目を閉じた。

するとこんどは、右手の方向に真新しい一本の細い道が現われた。その細いいばらの長い道を、どこまでも目でたどっていくと、やがて道はさんぜんと輝く美しい宮殿に行きついた。

老人は驚いて、目を開いた。夜更けで、しかもなんの灯もないのに、家のなかは明るく輝き、聖画も家人たちの寝姿も、昼間のようにはっきりと見えた。そして、どこからともなく神々しい声が聞こえ、

「お祈りを覚えられなくとも、神《デウス》の教えを正しくまもり、辛抱強く耐えておるならば、無事にかの宮殿へはいることができる。嘆き悲しむことなかれ」

そう、告げる声を聞いたという。

このことがあってから、老人はすっかり心の安らぎを得て、ますます信仰を強めていったという話である。

5　聖母の恩寵（長崎・島原）

むかし、キリシタンが栄えていたころの話である。

九州島原の有馬の村に、信仰の篤い老婆が住んでいた。

老婆には一人の孫娘がいて、たいへん可愛がっていたが、その娘が病いで死にかかっていた。

近所の人たちも心配をして、老婆の家に集まっては、

「天主さまの思し召しなら、また病いを直し、お婆と娘を喜ばしてくだされ」

と、熱心に娘のために祈っていた。

娘も篤いキリシタンであったので、枕元に聖母の像を置いて、みずからも病い平癒を祈っていたが、ある時、枕元に置いてあるちいさな聖母の像が、ひとりでとことこ歩き出し、寝ている娘の胸の上にのぼった。

すると、病気の苦しみも、まるで海の潮が引くように消えていった。

娘は、朝元気にめざめた時のように、床の上に起きあがったが、その時、聖母の像はもう枕元に戻っていた。

ところが、聖母は枕元に戻る時に、あわてて足元につまずいたのか、ごろんと倒れて、ゆ

れていた。娘がもとのようになおすと、聖母はまた、いつものようにやさしく娘にほほえみかけていた。

　娘が元気になった姿を見て、老婆はびっくりした。心配をしていた近所の人たちも、話を聞いて大変喜んで、娘の家へやってきた。

　翌日には、もう外へ出て歩けるようになっていたので、老婆は娘を連れて、近所の人たちといっしょに島原の御堂《みどう》へお礼参りにいった。そして、パードレに聖母の恩寵を伝えた。心配をしていたパードレも大いに喜んで、この話をヨーロッパの信者たちにも伝えたという話である。

6　老人にとりついた悪魔天狗（大分）

　むかし、豊後の国（大分県）のある村に、ひとり住まいをつづけている七十を過ぎた老人がいた。縁者のものたちはみな耶蘇教の信者であったが、この老人だけは異教徒で、いくらすすめてもキリシタンにはならなかった。

　ある時、この老人が病いの床に臥した。縁者のものたちは集まって、いまこそ老人がじぶんにもっとも適したものを知るに必要な機会であり、その年齢でもあると考えて、老人の宗旨と主《しゅ》の教え（イエス・キリストの教え）と、どちらが正しいか見分けるよう説得をした。

すると老人は、すぐに同意をしたので、縁者のキリシタンたちは神学校の青年を枕頭に呼んで、わかりやすく主の教えを説いてもらうことにした。

老人は青年にじぶんの希望を述べて、仲間である十四名の異教徒を家に呼び、二日にわたってゆっくり説教を聞いたところ、老人も仲間たちも、みな満足そうに神学校の青年の話に耳を傾けた。

ところが、主キリストの受難に説教がすすんだ時のことである。老人が突然ふとんをけとばし、顔ばかりか、全身までうちふるわせて、怒りはじめたのだ。そしてふとんの上に起きあがると、気がふれたように支離滅裂なことを口走り、手がつけられないような騒ぎになった。

そこへ、ひとりのキリシタンが駈けつけて老人を押えつけ、片手にアニュス・デイ（神の羔《こひつじ》、キリストの呼称。羔の姿を小さな臘円盤に押印したもの）を無理やり握らせたところ、老人は、

「だれかが、わしの掌に穴をあけようとしておる。払いのけてくれ！」

と、叫び出したので、キリシタンたちは老人に悪魔がとりついたことを知った。

そこで説教をしていた青年が、祈禱書のなかから聖イグナチオ（ロヨラ。イエズス会の創立者）の画像を取り出して、力ずくで老人の額に押しつけながら、

「老人にとりついたのは、だれか。お前はなんのために来たのか」

と、神《デウス》と聖イグナチオの名において問うたところ、

「わしは、この近くにある寺に住む天狗である。この老人をキリシタンにさせないために来

た。苦しい。苦しい。すぐ立ち去るから、額に押しているものを離してくれ」

という声が聞こえた。

青年が聖人の画像を老人の額から離すと、老人はやっと静かに眠りはじめた。

縁者のキリシタンたちが老人を見守りながら静かに祈っていると、やがて老人は目を覚して、周囲の人たちになにがあったのかをたずねた。

ことの一部始終を聞かされて、老人はすっかり赤面していたが、この出来事は十四名の仲間の異教徒たちも見ていたことであった。老人にとりついた悪魔天狗のうめくような告白も、確かに聞いたことだったので、青年の説教がすべて終わったあと、十四名の異教徒たちはすっかり感動し、老人とともにすすんで洗礼を受け、耶蘇教の信者になったという話である。

7　木のなかから現われた十字架（長崎・小浜）

天正十七年（一五八九年）の十二月二十四日、ちょうど神《デウス》の御子降誕の日の前日のことであった。

九州島原の小浜の郷《さと》に住むリアンという洗礼名を持ったキリシタンが、息子のミゲルに降誕祭のためのたきぎを採っておくように、いいつけた。

息子のミゲルは、庭の片隅にある一本の木のところへいった。

幹のまわりが一抱えほどの、トゲだらけのそのタラの木はもう老木で、枯れかけていた。ミゲルは遠方の雑木林へいくより、この木をたきぎにすることにして、根元から切り倒し、木を輪切りにしはじめたが、日が暮れはじめたので仕事をやめ、翌朝輪切りにした幹を、斧でさらにこまかくしようとした。そして、その一つを真二つに割ったところ、木のなかから、十字架が現われた。

　木の幹は白いのに、十字架の部分は赤黒い色をしていた。ミゲルは驚いて、斧で割ったもう一方の木を見たが、その木片の方には、いがたのようにへこんだ十字架の型がついていた。

　ミゲルは二つの木片を抱えて、家のなかへかけこみ、父親に見せた。

　父親のリアンもびっくりしたが、やがてこの話は近所に伝わり、信心深いキリシタンたちがミゲルの家に集まってきて、十字架を礼拝した。だれもが驚くのは、まわりの木が白いのに、なかに浮きあがった十字架は、赤黒い聖十字架の木独得の色をしていることであった。

　リアンとミゲルの親子は、この十字架を教会へ持っていった。教会のパードレは二つの木切れを絹の布に包んで、上司のいる有馬の教会に持っていった。そこで聖遺物入れのなかにいれて、信者たちに拝観させることにした。

　切り倒した木のなかから十字架が現われたという出来事は、奇瑞としてたちまち世間にひろがっていった。遠方からもたくさんのキリシタンたちがやってきた。陸路ばかりではなく、山口や京の都からも、船を仕立てて海路はるばる有馬の教会に拝観に訪れる人たちもいた。なかには、小浜のミゲルの家にまでやってきて、ミゲルが切り倒した残りの木片や、その木の根株まで掘り起こして切り取る有様で、間もなくタラの木は跡形もなくなってしまった。

この出来事を、さらにふしぎなことにしたのは、有馬のキリシタン領主プロタジオ・有馬晴信が見た夢の話であった。

晴信は、この奇瑞を六ヵ月も前に予言していたというのだ。

六ヵ月前のある夜のこと、晴信は天から遣わされたという二人の人物が、自分のところにやってきた夢を見た。二人の天からの使者は、晴信に信心に欠けるところがあると叱った。そしてミサに与《あずか》ることを怠らず、教会に通って告白し、司祭から与えられる勧告に従うよう諭したあと、

「間もなく領地内に、人間の手で作られたものでない、イエスの印《しるし》が現われるであろう。そのなかにこそ、すべての宝がある。大切にするがよい」

といって、天からの二人の使者は消えていった。

晴信は翌朝目を覚すと、すぐに城下のパードレに、この夢の話を伝えていたというのだった。

自領から十字架が現われたことを知ると、晴信はさっそく教会に出向き、安置されている樹木のなかから出てきた十字架をうやうやしく拝観し、信心を取り戻したが、十字架が現われた残りの木片や木の枝、根株などを持ち帰ったキリシタンたちには、その後大いなる神の恵みがあったという。長い間重病の夫を抱えていたあるキリシタンの妻は、木片を粉末にして飲ませたところ、夫の病いは回復の兆しを見せ、ほどなく全快したという話である。

〔注〕この話はフロイスの『日本史』に紹介されている話である。樹木のなかから十字架が現

われたという出来事は長崎に多く、奇瑞譚としてキリシタン文書にいくつか報告されている。本話を除くその出現地を、以下年代順に記すと、長崎福田（文禄元年、一五九二年）、長崎大村（慶長十六年、一六一一年）、長崎町（慶長十七年、一六一二年）、長崎浦上（慶長十八年、一六一三年）、長崎大村（寛永三年、一六二六年）などで、最後の大村の樹種不詳を除くと、出現樹はすべて柿の木である。

一六二〇年に長崎で死去したイエズス会の宣教師マノエル・バレトが、ローマ字で綴った「不思議にも日本に出現したクルスの小物語」（土井忠生訳、「国語国文」昭和二十七年九月号所収）は、フロイスと同様、本書に紹介した小浜の十字架出現の顚末を記したものであるが、そのなかでバレトはこの出来事を「ゼズス（イエス）のおん奇特」として捉え、十四項目にわたって以下のような理由を述べている。

①、クルスの色、御主ゼズスのかかり給いしサンタ・クルスの色に少しも違わざること。
②、斧にて打破りたれど、上下左右高低ありと雖《いえど》も、クルスの通りばかり直なること。
③、この木はいいぬだらとて、外には荒けなき茨満ちたること。これ難儀に貴きことあると異ならず。
④、現われたるその日は、ゼズスの御誕生日なること。
⑤、クルスの謂われを日本に弘め始めてより四十年目に相当たること。この数はエスクリツラ（聖書）に様々の子細によって貴きなり。
⑥、二ヵ月の以前に御告げを申し給うこと。
⑦、石ばかりの中にただ一本、人の往来の道のほとりに生じたることは、カルバリヨの山

に似たること。
⑧、当宗の災難の砌《みぎり》、クルスのおん旗を受け給いて、御人数に頼母敷《たのもしき》を持たせらるること。
⑨、ゼンチョ（異教徒）もゆさい（ローマ字原文 yusay で意味不明）の為に正月には門戸に立つる木より現わし給うこと。
⑩、如何《いか》にも如何にも白き木の中心に鮮やかに見え給うこと。
⑪、ただ十文字ばかりにてもなく、上に額を打ち給うこと。
⑫、寸法の墨金《すみかね》を当てたる如く恰好の見事なること。
⑬、如何にも不細工なる野老に伐られ給うこと。
⑭、デウス（神）のプロビデンシャ（神意）の不思議さの両方に見え給うように割らせ給うこと、是也。

第五項の四十という数については、四旬節の四十日をはじめ、旧約聖書のノアの洪水の日数、イスラエルの民が荒れ野をさすらった年数、イエスが断食した日数などの象徴的意味がある。また第六項のクルス出現時の御告げをバルトは二ヵ月前としているが、フロイスの『日本史』では六ヵ月前の領主有馬晴信の夢になっている。さらに第九項の「正月には門戸に立つる木」は、九州地方に行われていた「元旦に門の上に茨のあるたらの木を置いて悪魔の禍を防ぐ」という習俗を指している。なおフロイスは『日本史』のなかで、この奇瑞について十二項にわたる添え書きをつけ、茨でおおわれたいぬだらの木をイエスの聖冠の象徴としている（聖書との関連では、『マタイ福音書』二七・二七～三〇、『マルコ福音書』一五・一六～一九、『ヨハネ福音書』一九・三～五）。

また、フロイス『九州侯遣欧使節行記』（岡本良知訳、東洋堂）に、一五八四年少年使節がスペインのトレドの大司教座聖堂を訪れた時、小礼拝堂で同様の聖品を観たことが記されている。

「最も豪華なる装飾器類《オルナメントス》の〔蔵められたる〕大なる函の中には、長さ三・四パルモ（一パルモは約二十センチメートル）、幅一パルモ程の棒《ママ》ありて、其の中には、一の十字架と主キリスト受難時の数多き御姿あり。嘗《かつ》て或るユダヤ人丸の儘《まま》の一本を焚《たか》むとて、之を薪に作らんとしたることあり。其のために非常に骨を折りたれども割りきれざりき。（されば遂に神《デウス》を罵りたるとき、主はあらたかなる御力によりて、此のユダヤ人の迷ひに対し著しき奇蹟を行はんと望み給へり。かくしてかの木は自ら二つに割れ、而《し》かも前述の如く其の一片には描かれたる如き十字架とキリスト受難のパッソが現れたるなりき」。（——一九八一年六月、天正少年使節の取材のためトレドの大司教座聖堂を訪ねた折、筆者はフロイスのこの記述のことを尋ねてみたが、残念ながら一切不明であった）。

わが国の小浜の郷その他で発見された十字架の話と、著しい類似点があることが注目されるが、こうして発見された十字架は、むろん聖なるものとして信者たちから崇められるが、十字架が出現した樹木もまた尊ばれ、宣教・布教にも力を発揮した。

「熱病に患り候ある女、数年前小浜にて見出され候クルスの木の粉を飲み申候而、忽ち治癒仕候のみならず、従前はヒイデス（信仰）少しく弱く御座候処非常に強くまた堅く相成申候……」（『一六〇四年度、イエズス会年報』）と、宣教師も書き残している。なお、中国東北部、朝鮮半島、日本列島、アムール・サハリン方面に分布するタラノキは、落葉小高木で、乾かした樹皮を煎じた液汁は糖尿病、腎臓病に効用があり、葉を煎じた液汁は健胃剤になるという。

樹木のなかから聖遺物などが出現したという話は、わが国の仏教伝説などにも多く見られる。千葉県茂原市郊外にある古刹笠森寺に伝わる縁起では、「明治四十年（一九〇七年）のこと、境内の樹齢千年を越えるという楠の大樹を切ろうとして鋸を引いたところ、ジャリと刃がかんだので、穴を掘ってみると、幹のなかから小さな十一面観音像が出てきた。像の額には鋸を引いた時の傷跡が三筋、痛々しくついていた」という。

また奥州二本松の農夫の家の門前にある榎の古木のなかからは、「鬚髪《しゅはつ》通体掌中の筋まで分明にして、さながら生きたる人のごとし」という人像が出てきた話。山樵が山奥で切った木のなかから見事な硯《すずり》が出てきたという話が江戸時代の『黒甜瑣語』に記されている。さらに、江戸時代、ある剣術師が屋敷の庭にある三抱えほどの樅の木を切ったところ、なかから仔猫が三匹出てきたという話もある（『其昔話』）。中国では紀元前七三九年、旧街道脇に立っていた梓の大木を切ったところ、なかから黒牛がとび出してきたという話が『捜神記』にある。

このほか、わが国では木に神霊が宿る話が古くから伝えられており、その木を切り倒したりすると幸、不幸を招くといった話が多く残っている。東洋では柿の木は瑞木とされ、「木中有文字、多是柿木」ともいわれ、柿の木に経文などの文字が現われることが知られている（これらの柿の木については、「キリシタンの奇蹟」、『岡田章雄著作集』①所収、思文閣出版などを参照）。

『竹取物語』のかぐや姫は竹のなかから誕生したが、セレベス（スラヴェシ）のトラジニ族には、〈木のなかの墓地〉の習俗がいまに伝えられている。この奇習は、歯が生える前に死んだ子は、白い樹液の出る森の大木の幹を刳《えぐ》って木のなかに埋葬する。薄命だった嬰児は木の乳によって、その樹木とともに永遠の生を生きつづけるという。

8 南蛮武士・山科羅久呂左衛門勝成（滋賀）

レオと受礼名を授けられた戦国大名の英傑蒲生氏郷の家臣のひとりに、兵法、天文、地理など諸学の奥義をきわめたイタリア人ロルテスなる南蛮武士がいたという。

ロルテスは天正のはじめころ、あるものからの紹介でキリシタン大名氏郷に召し抱えを願い出て許され、名を山科羅久呂左衛門勝成と改めて、大砲鉄砲その他種々の武器製造と攻城野戦に抜群の功を樹てたという。

天正十二年（一五八四年）の小牧の役の時、氏郷は秀吉方について伊勢の佐久間甚九郎の居城を攻めたが、この時五番首をとったのは、この南蛮武士であった。

氏郷が美濃利井の城を攻めた時も、羅久呂左衛門は城中からの夜討ちに備え、陣営からはるか後方の小山に大砲を引きあげ、城の本丸めがけて弾丸を撃ち込んだので敵兵は狼狽、やがて利井の城は落城したという。

ところが、この城攻めのわずか七日後、天正十二年五月十三日、羅久呂左衛門は主君の氏郷から命じられてローマへ遣わされ、勘定方主附岩上伝右衛門ほか十一名とともに、あわただしく鹿島立ちした。この渡欧は、鉄砲、武器の買入れが目的であったが、氏郷はローマ法皇に黄金百枚を贈り、法皇からは教書一巻が贈られた。そして一行はかの地で「鉄砲三十挺を購い求めて、無事帰国した。帰国は二年半後の天正十四年十一月二十一日。氏郷は大いに喜び、羅久呂左衛門はその恩賞として五百石を加増されたという。

彼は天正十五年の秀吉の島津征伐にも、加わった。

この時は秀吉の鉄砲奉行として九州に出陣。五頭の馬に大砲を挽かせて巌石城下に築いてあった塁を次つぎと打ち破り、片っ端から城壁を打ちこわして城内に攻め入ると、こんどは鉄の棒をふりまわして、近づく敵兵どもをなぎ倒すという弁慶もどきの活躍をみせたので、秀吉はじめ居並ぶ関白の家臣たちは、「蒲生の鬼武者」と羅久呂左衛門を讃えたという。

秀吉の小田原攻めの時も、また大活躍をした。南蛮から買い込んできた新たな大砲を馬に挽かせて前線へかけつけ、砲弾を撃ち込んでは城内になだれ込み、水車のように鉄棒をふりまわして、寄ってくる敵兵をことごとく打ち殺した。この戦功によって、羅久呂左衛門はさらに二百石を加増されたが、このこわいもの知らずの怪力南蛮武士のその後や最期については、一切不明であるという話である。

〔注〕ロルテスというイタリア人については、改名後の山科羅久呂左衛門勝成と同様、この伝説のほかはほとんど不詳である。この南蛮武士のことが、もし史料の上で確認されれば、わ

が国における最初の西欧の志願傭兵ということになるだろう。

それはともかく、氏郷は天正十二年（一五八四年）から同十八年に及ぶわずか七年の間に、四度にわたって使節をローマに遣わしたということが、内山強『会津のキリシタン』（自家版）などに記されている。第一回目の派遣使節のなかに羅久呂左衛門の名が見えるが、全四度の使節派遣の模様は、おおよそ次のようである。
一、天正十二年六月、蒲生氏郷その臣山科勝成、岩上伝右衛門等十二名を聘使《へいし》として羅馬《ローマ》に遣わし、黄金百枚を法皇に贈る。法皇之に教書一部を酬《むく》ゆ。使節は小銃三十挺を購いて帰る。
二、天正十四年十一月、氏郷家士竹村知勝を羅馬に遣わし、判金千枚、陶器五品を法皇に贈る。法皇之に教書三部を酬ゆ。この時、使節は大砲一門を購って帰国（小田原攻めの時、羅久呂左衛門が用いた大砲がこの時のものであるという）。
三、天正十六年十一月、氏郷はまたその異母弟貞秀を羅馬に遣わし、判金千枚、器具八品を贈る。法皇之に明鏡一面、宝石一個を酬ゆ。
四、天正十八年、氏郷またその家士町野友重に手書を添えて羅馬に遣わし、判金三千枚を法皇に贈る。法皇使者の帰るに付して、金冠を酬ゆ。かつ答書を与う。
この時の法皇の答書は、次の通りである。

「万里ヲ遠シトセズシテ、屢《しばし》バ使節ヲ辱ウシ、厚ク汝ガ富愛ニ感ズ、是ニ由リテ金冠ヲ与へ、以テ天帝ノ忠臣汝ガ益《ますま》ス信仰ヲ確クシテ忠勤ヲ竭《つく》スベキコトヲ表彰ス」

わが国のキリシタン時代におけるローマ法皇への使節派遣は、九州のキリシタン大名たちによる、いわゆる〈天正少年遣欧使節〉（天正十年～同十八年）と、伊達政宗が派遣した支倉常長の〈慶長遣欧使節〉（慶長十八年～元和八年）があるが、四度に及ぶ氏郷の遣欧使節については、それらを裏付ける史料文献は現在まで発見されていない。しかも天正、慶長使節とも往復八年余を費すという困難な派遣に対して、氏郷の場合は第一回目の羅久呂左衛門の往復二年半を含め、七年余りの間に四度の派遣が行われていて、当時としては不可能な派遣と思われる。また四度の使節団とも双方の贈り物などが仔細に記されているが、これら氏郷のローマへの使節派遣、羅久呂左衛門の縦横無尽の活躍も目下のところまったくの幻、架空の出来事とみられる。

9　悪魔つき（大分）

豊後のキリシタン領主フランシスコ・大友宗麟の家臣で、身分の高いある武士の妻が、悪魔にとりつかれて、大変苦しんだことがあった。

その妻は、急に家から飛び出して隣近所をかけまわるかと思うと、突然おそろしい叫び声をあげたりしていた。そして口ぐせのように、

「わたしがキリシタンになれば、きっと治る」

と、いっていたという。

キリシタンになるには、キリスト教の勉強をして、パードレから洗礼を授からねばならない。信者の一人がこの妻の話を聞いて、府内にいたコスメ・デ・トーレスという南蛮のパードレに伝え、悪魔つきをなおしてくれるよう頼んだ。

パードレは、すぐに悪魔つきの武士の妻のところへ出かけていった。そしてその妻をキリシタンの治療所にいれて、看護の婦女をつけた。

しばらく施療をつづけているうちに、武士の妻もすっかり落ちつきを取り戻してきたので、パードレはキリスト教の勉強をはじめた。すると理解も早く、「この世の万物を創りたもうた神《デウス》を敬い、尊ぶこと」、「みだらな行いをしてはならない」、「人にいつわりごとをいってはならない」といった《神の掟《おきて》》を理解し、早く洗礼を授けてほしいと、いい出した。そこでパードレは日を選んで、武士の妻に洗礼を授けることにしたのだった。

受洗の日には、教会にたくさんの信者たちがお祝いに集まってきた。

悪魔にとりつかれて、長い間苦しんできたその悪夢の日々から解放されて、晴れやかになれる日がきたのだ。

洗礼を授かる武士の妻は、落ちつき払って洗礼の儀式を受けていた。普通の人と少しも変わらずに、神妙な態度であったが、聖水が頭にかかると、突然暴れ出した。見るもおそろしい形相になって、髪を振り乱しながらわめき出したのだ。

パードレは周囲にいた信者たちに、武士の妻を取り押えさせて、どうにか洗礼の式を終えることができた。

すると、武士の妻はすっかり静かになり、魂が抜けたような表情をしていた。聖水が頭にかかった時、とりついていた悪魔は最後のあがきを見せて、武士の妻の体から離れていったのだろう。武士の妻はそれっきり、二度と悪魔に苦しめられることはなかったという話である。

〔注〕《神の掟》――、キリシタン要理書『どちりいなきりしたん』（天正十九年、一五九一年版）の第七「でうす（神）の御掟の十のまんだめんとす」（「まんだめんとす」は戒律）には、次のように記されている。

第一　御一体のでうすを敬い貴び奉るべし。
第二　貴き御名にかけて、むなしき誓いすべからず。
第三　どみんご（主日）祝日を勤め、守るべし。
第四　汝の父母に孝行すべし。
第五　人を殺すべからず。
第六　邪淫を犯すべからず。
第七　偸盗《ちゅうとう》すべからず。
第八　人に讒言《ざんげん》を喀《か》くべからず。
第九　他の妻を恋すべからず。
第十　他の宝をみだりに望むべからず。
右此十ヵ条は、ただ二ヵ条に極まる也。
　一には、ただ御一体のでうすを万事にこえて、御大切に敬い奉るべし。二には、我身のごとく、ぽろしも（隣人）を思えと云事是也。

10 十字架を切り倒した罰（長崎・有馬）

むかし、キリシタンが栄えていた頃の話である。肥前の国（長崎県）有馬の海辺にある共同墓地に、大きな木の十字架が立っていた。

漁に出て帰ってくるキリシタンの漁師たちは、海上からその立派な十字架をみつめ、じぶんの胸に十字をきって、神《デウス》に漁の無事を感謝していた。

ある時、二人の背教者が、

「こんな枯れ木を拝んで、なんになる。馬鹿げたことじゃ」

といって、十字架を切り倒してしまった。そして一本ずつ木片を担いで家に持ち帰ると、お互いに水桶をつくって、残りをたきぎにして燃やしてしまったのだ。

その日の夕方のことである。一人の男の妻が、出来上ったばかりの四角い桶に水をそそいで足を洗おうとしたところ、たちまち神罰を受けた。水を汲もうとして、井戸に落ちて溺れ死んでしまったのだ。もう一人の男の妻も、数日後、まったく同じように井戸にはまって、溺れ死んでしまった。

妻たちが相ついで変死しても、男たちは神の裁きに気がつかなかった。数日すると、こんどは男たちの両手や両足に腫物が出来、一人の男は間もなくそれが化膿して、死んでしまった。

このころになって、残った男は、ようやくじぶんたちが犯した罪に気がついた。そして不自由なからだをおして、村の天主堂に通いはじめ、神に救いを求めた。

しかしいくら救いを求めても、神は沈黙をしていた。神は男が行ったことを、じぶん自身の口から、はっきりと司祭を通じて告白できるまで、男をけっして赦さなかったという話である。

〔注〕類話として、「24　十字架の罰」参照。

11　羅漢寺の怪異（大分・本耶馬渓）

豊後のキリシタン大名、フランシスコ・大友宗麟は、北九州六ヵ国を支配したが、宗麟が軍勢を率いて近隣の地へ進撃している時のことである。

神社仏閣が目にとまると、宗麟は部下に命じてそれを打ち壊し、焼き払っていた。仏教・神道はキリシタンにとっては邪教だったからだが、景勝の地耶馬渓まで軍を進めて一休みすると、むこうの岩山の頂きに寺の建物が眺められた。

「あれは、何と申す寺か。誰ぞ調べてまいれ」

宗麟が近習のものに命じて馬をとばさせると、村人にでも尋ねたのか、ほどなくそのものが引き返してきた。

「殿、あれは羅漢寺と申す古刹とのことでございます」

それを聞くと、宗麟はすぐにその寺を焼き払うよう部下たちに命じた。

宗麟の兵たちは、先を争うようにけわしい山道を登っていったが、とつぜん山頂から妖しい光が射したので怖れをなし、山門を前にして、それ以上一歩も前へ進めなくなってしまった。

「なにをぐずぐずしておる。一番先にあの山門を打ち破ったものには、褒美をとらせるぞ」

馬でかけ登ってきた宗麟は、おびえる兵たちにいったが、じぶんも山門を包む妖しい光に不気味さを感じていた。

しかし、キリシタンの棟梁が、ひるんではならない。宗麟は激怒して、近習のひとり坂部左近を呼びつけた。

左近は宗麟お気に入りの若武者のひとりで、領内随一の火縄の名手であった。

「いずれ、古狐か古狸がしっぽを出すであろう。左近、射ってみよ」

左近は宗麟に命じられて鉄砲を構えると、山門の扉の真中に狙いをつけて、静かに火縄の引き金を引こうとした。

その時である。

妖しい光が、一段とさまざまな光に輝き、その光が山門ばかりか、寺のある山頂全体を被い包んだのだ。引き金を引こうとした左近も、宗麟も兵たちも、その異様な光に目を射られて、一人残らず地に倒れた。

宗麟は閉じられたままの山門を前に、兵を引いて山を降りたが、領内にあったすべての寺社が打ち壊され、焼き払われたなかで、耶馬渓の山頂にある古刹、大化元年（六四五年）建立の羅漢寺のみが残ったのは、境内にある五百体の羅漢が宗麟たちに、いっせいに怒りの目をむけたからだという話である。

〔注〕羅漢寺がキリシタン大名大友宗麟によって打ち壊しをまぬがれたという伝説には、もう一話あり、「羅漢寺の山門の前に、この時どこからともなく竜のような大蛇がやってきてとぐろを巻き、宗麟たちを寺のなかへいれなかった」という。

なお、キリシタン大名たちが自領内の寺社や仏像、仏具などを強制的、暴力的に打ち壊したという話は広く伝えられている。天正十三年（一五八五年）秋、キリシタン大名高山右近が高槻から明石へ移封された時、明石の僧侶たちが秀吉に保護を訴えたが、秀吉は言下に「自領内で領主がどんな政治を行おうと、それは勝手である。坊主どもの仏像など、たきぎにしてしまえ」といったという。宗麟や小西行長らにはいくつかの寺社破壊の話（「22　大豆のできぬわけ」参照）が伝えられているが、右近には強制的、暴力的な打ち壊しの話は殆ど伝えられていない。高槻などには自領の寺社に対する領主右近の安堵状や寺領保護の文書が残されているという（海老沢有道『高山右近』吉川弘文館）。

12 聖水の効用（長崎・平戸）

肥前の国（長崎県）平戸島で、ある時農夫たちが共同で野良仕事をしている間に、一人の男の持ち物がなくなったことがあった。

農夫たちは、みな十字架を信仰しているキリシタンだったので、集まって話し合いをした。

「だれが盗んだか、見たものはいないし、お互いにだれがあやしいと疑うことはよくない。こういう時は、十字架の柄《え》から小片をとって水にいれ、その清めた水（聖水）を飲めば、神《デウス》は聖なる十字架の功徳によって、罪のないものを示してくださるということじゃ」

年をとった農夫が、そういった。

そこで一同は、次つぎと十字架の木片で清めた水を飲み、わが身の潔白を明らかにしていった。

ところが、そのうちの一人の男のお腹が急に水腫病のように、ふくれ出したのだ。

キリシタンの言い伝えは、こうしてすぐに明らかな効用を示したので、農夫は隠しおおすことができなくなった。そして、みなの前で正直に盗みをしたことを告白し、神と仲間たちに赦しを請うたという話である。

〔注〕フロイスの『日本史』には、堺の町で病床にある幼い孫娘の受洗時の注水に猛反対する老婆の話が記されている。孫姫の頭に注がれた聖水を、熱心な仏教徒の老婆は「不浄な水」といって唾棄し、「不浄な水はそれと同じ程度の汚水で洗い落とすほかない」と尿が入った容器を手にして、孫娘の頭を洗い直したという。異教徒たちの間では、尿などには当時妖術を破る道教的な呪いの威力があると信じられていた。

「聖水」は正しくは司祭（神父）によって祝別された水で、洗礼、信者たちへの祝福などに用いられる。また病魔、悪魔払いなどにも用いられていた。

キリシタン大名有馬晴信は、ある時高熱を発し、そのために苦しんでいた。周囲のものたちはすぐ医者を呼び、薬を調合させたが、晴信は服用せず、近習のものに教会へ行って神父に願い出、少量の聖水をもらい受けるよう命じた。

やがて聖水が届けられると、晴信は首にかけている十字架をはずし、聖水に浸して十字を切り、その聖水を飲んだ。すると熱は次第に下りはじめ、ほどなく平常に戻り、その後ふたたび熱に襲われることはなかったという。

聖書との関連としては、『ヨハネ福音書』（四・一三〜一四）のイエスの次の言葉が想起される。「この水（井戸）を飲む者はだれでも渇く。しかし、わたしが与える水を飲む者は決して渇かない。わたしが与える水はその人の内で泉となり、永遠に至る水がわき出る」。また同福音書（七・三七〜三八）。

旧約聖書『荒野の書』（民数記五・一一〜二八）には、不貞の疑いを受けたユダヤの女性と聖水の効用の話が記されている。不貞の疑いを受けた女は祭司の前に連れ出される。祭司は器に聖水を入れ、神の幕屋の下の土を混ぜて女に飲ませる。女が貞操をまもっていれば、この水を飲んでも害を受けないが、もし身を汚していれば水はにがく、腹が膨れて民のなかでのろいの的となるという。「25 サン・ジュアン様」の注も参照。

13 咲かない花（山口）

むかし、長門のある村に、わずかばかりの畑を耕して暮らしている正直な老夫婦が住んでいた。

ある日のこと、二人が家のわきにある畑へ出かけていくと、道に南蛮の坊さんが倒れていた。

「あれ、あれ。こんなところで、いかがしましたか？」

おじいさんがのぞきこむと、顔はまっ赤で、すごい熱であった。

「これは、たいへんじゃ。おばばよ、手をかせや」

おじいさんはあわてていうと、背の高い南蛮の坊さんを二人で抱えるようにしながら、家へ運んで看病した。

そのかいあってか、南蛮の坊さんは四、五日もすると、すっかり元気を回復した。そして、持っていた布袋のなかから、いかにも大切そうにしている小さな紙包みを取り出した。

「親切ノオ礼、コノ花ノタネ、サシアゲマス」

そういって、おじいさんの掌に、ひとつまみの花の種子をのせた。まっ黒な、鉄の粉つぶのような種子であった。

「ほほう、花のタネですか。このタネから、どんな花が咲くのですかな？」

おじいさんが問うと、南蛮の坊さんは、

「小サナ、カワイイ花、咲キマス。ワタシノ国、タクサン咲キマス。カワイガッテ下サイ」

そういって、元気に老夫婦の家を後にした。

おじいさんとおばあさんは、早速その種子をじぶんの畑の隅にまき、朝夕水をやって丹精していると、やがて種子は芽を出し、桃色や白、青や黄色などの小さな花が咲き出した。

「おじいさん。かわいい花ですね」

「まったくじゃ。きれいじゃのう」

いままで見たことのない可憐な花を見ていると、心がなごんでくる。おじいさんもおばあさんも、毎日その花をみつめて、まるで宝物をもらったように喜んでいた。
二、三年が過ぎると、小さな花はびっくりするほどふえて、老夫婦の畑の隅は、美しい花園のようになっていた。
このめずらしい南蛮の可愛い花のうわさは、いつか殿様の耳にもはいり、ある時、花好きな殿様がやってきて、たいそう愛《め》でていった。

すると、その直後から、花を盗むものたちが出てきたのである。

花盗人の話を耳にした殿様は、警護のものを老夫婦のところへ送って見張りをつけ、花をとることを禁じたが、それでも深夜こっそり盗むものがいるので、ある日殿様は、この花をほしがっているものたちを城内に集めた。そして、集まってきた十四、五名のものたちに、その花のものだといって鉄の粉つぶほどの種子を数つぶずつ与え、花が咲いたら、その鉢を持って城に見せにくるようにいった。みごと小さなきれいな花を咲かせたものには褒美をとらせるというので、集まったものたちは張り切って帰っていった。

花の種子は老夫婦にも手渡されたが、やがて夏になると、殿様から種子をもらったものたちは、鉢に可愛らしい花を咲かせて、いそいそと城へ出かけていった。

城内に集まったものたちは、じぶんたちが咲かせた花の自慢話にも花を咲かせて、うれしそうだったが、たった一人、花はおろか、葉も芽も出ていない鉢を抱えて、不安そうな顔をしながら城へやってきたものがあった。あの老農夫だった。

老農夫は、殿様からもらった種子を腐らせてしまったと、おそるおそる申し出た。

すると殿様は、にっこりとうなずいて、老農夫の正直な心をほめたたえ、反対に花を咲かせてきたほかのものたちにむかって、

「その方たちは、みな予をたぶらかそうとするのか。予が手渡したのは、南蛮の花のタネではない。タネとそっくりな鉄の粉じゃ。鉄の粉が芽を出して、そのような花を咲かせるとは聞いたこともない。この花盗人たちめが――」

と怒って、花を咲かせて浮きうきしているものたちを縛りあげてしまった。

可愛らしい南蛮の小さな花の種子というのは、まつばぼたんの種子で、この時はじめてわが国にまつばぼたんが伝えられたという話である。

〔注〕この伝説は、広島県出身のシスターから、「戦前、子どもの頃、祖母から聞いた話」として教えられたもの。まつばぼたんの原産地は、ヨーロッパではなく南米のブラジルで、わが国に渡来したのは徳川時代の末期、『天保度後蛮船来草木銘書』（安政六年、群芳軒著）に、「スベリヒユ一種、桜咲、本紅黄紫三種あり」と記してあるのが、マツバボタンであるという」（日野巌『植物歳時記』法政大学出版局）。

14　貧者の十字架（長崎・大村）

むかし、長崎県の大村の郷に、信心深いキリシタンがいた。

このキリシタンは、たいへん貧しかったので聖像ひとつ購うこともできず、紙に墨で描いた十字架をぼろ屋のなかの板壁に貼りつけて、朝夕その前で祈っていた。

ある日のこと、一日の仕事を終えた男が、いつものように紙に描いた十字架の前にひざまずいて、夕べの祈りをしているうちに、いつか日が暮れてしまった。

男がなおも動かずに、闇のなかで祈りつづけていると、壁に貼ってある紙のなかの十字架の上に、突然ひとつの大きな星が現われた。星は美しく輝きながら、ゆっくりと十字架のまわりをまわり出したのだ。

男はびっくりして家からとび出すと、近所の家々をまわって、このふしぎを知らせた。近所の人たちも驚いて、すぐ男の家に集まってきた。

日が暮れるといつも真暗闇になっている男の家から光がもれ、家が光のなかにぼんやり浮かびあがっていた。家のなかにはいると、壁に貼ってある十字架のまわりを、星が強い光を放ちながらまわっていた。

近所の人たちはおそれおののき、みなひざまずいて祈りはじめた。

この出来事があってから、村の人たちの信仰はますます篤くなり、やがて男の家のかたわらに、小さな御堂が建てられた。そして墨で描かれた男の家の紙の十字架をここへ移し、聖なるものとして御堂の祭壇に安置したという話である。

15 戦場の降誕祭《クリスマス》（大阪・堺）

永禄九年（一五六六年）の降誕祭《ナタル》（クリスマス）が近づいてきたころ、堺の町では松永久秀と三好三人衆の軍勢とが敵対して、一触即発の情況にあったという。

双方の軍勢の兵たちのなかには多くのキリシタンがいて、ともに降誕祭を祝うのを楽しみにしていた。どちらのキリシタンの兵がいい出したのかは分らないが、「降誕祭は休戦にしよう」という話になった。

「自分たちは敵味方になっているが、デウスを崇める心は同じである。われわれは同じ領主の家臣たちのように、本当はどれほど仲が良いか、それを異教徒たちに見せてやろうじゃないか」

ということに、なったという。

双方にいた七十名ばかりのキリシタン兵たちはパードレの住む教会では狭いので、町にある住民たちの会合所の大広間を借りて、早速祝事にふさわしい飾りつけをした。そして降誕祭の夜に司祭を迎え、祝いのミサに与った。心を悔い改めて御子の生誕を祝い、司祭の説教に静かに耳を傾けて聖歌を歌い、聖体を拝領してミサを終えると、みな清々しい気持ちで帰路についた。

彼らは翌日の正午には、礼装に身を整えて再び会合所に集まった。各々の家から持参した料理をみなで食し、御子のこと、デウスのことを語り、聖歌を歌って歓談し、なんのトラブルもなく和やかで楽しい午後を過した。会合所に押しかけてきた異教徒たちは、その光景を驚きの眼で見ていた。そして夕方になると、キリシタン兵たちはそれぞれ敵味方に分れ、自分たちの陣営に戻って、また戦さの準備に取りかかったという話である。

16 碧眼のマリア観音（静岡・駿河）

甲州武田氏の出城の一つであった駿河の持舟城は、天正七年（一五七九年）家康に攻められて落城したが、城主の向井正重に正興という弟がいた。

ある時、正興は安倍川のほとりに、人目をさけて隠れ住んでいる母娘に出会った。

この母娘はキリシタンであった。碧眼の娘は、なんでも南蛮人との間にできたとかいう子で、母娘は生国を追われて、あちこち移り住んでいるということであった。

正興は、この母娘を気の毒に思い、面倒を見るようになったが、そのうちに娘の可憐さ、純情さに心をひかれて、自らも信仰の道にはいるようになった。そして娘をモデルに、石を刻み、マリアの像をつくりあげた。

母娘にとって心安らぐ日がつづいたが、やがて正興は家康に攻め込まれ、兄の正重とともに城を枕に討死した。正興に助けられて幸せな日々を送っていた母娘は、落城とともにどこかへ姿を消したが、碧眼の娘をモデルに正興が刻んだマリア像は残り、《マリア観音》と呼ばれて、のちの世にも人びとに崇められたという話である。

〔注〕この《マリア観音》像については、本書初版刊行後、『用宗町誌』執筆にあたって調査さ

れた若尾俊平氏から、『用宗町誌』（用宗町誌編集委員会編、昭和四十六年八月刊）所収の同氏の調査記録「用宗の民俗」の抜き刷りコピーを恵贈された。そのなかに、次の文がある。

「用宗村、俗には持舟と云ふ。城山在り。……村の右二町程行き、浅間の社在り。是より城山へのぼる道在り。五町ほど登り、山の巓に松在り。下に石碑在り。おもてに観音の像を彫立て、裏に向井氏の事跡をしるせり。四代の孫、兵庫介政興とあり」（「駿河めぐり」寛政九年八月十日、『静岡市史史料』一所収）。

さらに、この《マリア観音》の土地の民間信仰について、「子安観音として、安産の仏ともされている。以前には、奥の院の前の台座に乗った球形の石があって、これをまたぐと子供が授かるとか、安産になるとか言われた」という。また、百日咳を治す仏とも信じられ、「子供が百日咳にかかると、奥の院に下げてある猿を借りていってその子の腰に下げさせ、毎朝母親なり家人なりが観音の方にむかってお参りをすると、効験があったといい、この信仰はかなり強いものがあった」と、伝えられている。

17　光る十字架（熊本・八代）

慶長三年（一五九八年）四月二十五日、聖マルコの祝日の朝のことであった。

肥後の国（熊本県）八代の城下に住む一人のキリシタン少年が墓地にいって、じぶんの家の墓の十字架の下で祈っていると、突然十字架のまわりがきらきら光り出した。

びっくりした少年は、このことをみんなに知らせようと、近くにいる子どもたちのところへ走ったが、その子たちの家の墓の十字架も、みな同じように輝いていた。そこで墓地におまいりにきた子どもたちは家にもどり、親たちに知らせたので、話はたちまち町じゅうにひろまり、大勢のキリシタンたちが墓地へやってきた。

光を発した十字架は、まだ光を失わずに、墓地のあちこちで輝いていた。が、後からやってきた大人たちには、光は見えなかった。

信仰の篤いものたちは、ひざまずいて祈った。そして悔悛の祈りを一心に唱えると、ようやく輝く十字架を見ることができた。

このふしぎな出来事は、一日で終ることはなかった。何日もつづき、三ヵ月の間昼夜のへだたりなくつづいたので、信仰の薄弱なものたちは、信心を強くした。また多くの未信者たちが洗礼を請うようになった。この神の業《わざ》によって、八代では二万五千名にものぼる人たちが洗礼を受けて、キリシタンになったという話である。

18　天までとどく悪魔の影と牛（大分・由布）

むかし、豊後の国（大分県）の由布に住むキリシタン農夫が、夜になって大切に飼っている牛の様子を見にいこうと戸外へ出ると、目の前に大きな男の影のようなものが立っていた。

農夫はびっくりして、持っていた灯を男の足元に照らし、そこからおそるおそる見上げていくと、黒い影は軒下から屋根の上へと、どこまでも延びていき、庭の大樹さえ越えて、天まで達していた。

農夫は急にふるえ出したが、すぐに十字を切ってイエスの御名を唱え、自らを励ましながら、男の影に抱きついていった。

すると、影は霧のように消えてしまった。

「これは、なにかの前兆に違いない」

そう思った農夫が、いそいで牛小屋へいってみると、農夫が大切にしていた牛が死んでいた。

悪魔が信心深い農夫をねたんで、飼い牛を殺したのだったが、農夫が教会のパードレから授かった聖水をその牛の頭にかけたところ、牛は間もなく息を吹き返した。そして以前にも増して、農夫のためによく働いてくれたという話である。

〔注〕「聖水」については、「12　聖水の効用」の注参照。
この話に出てくる悪魔（妖怪）は、柳田国男の『遠野物語・拾遺』一七〇、一七一、一七二の話などをはじめ、わが国の各地に伝わる妖怪譚によく登場する「ノリコシ」「ミアゲニュウドウ」「ニュウドウボウズ」などと同類の妖怪のようで、その特性をよく備えている。

《妖怪事典》ともいうべき同氏の『妖怪名彙』によって、その妖怪たちの特性を記すと、次のようである。

「ノリコシ」＝影法師のようなもので、最初は目の前に小さな坊主頭で現われるが、はっきりせぬのでよく見ようとすると、そのたびにめきめきと大きくなり、屋根を乗り越して行く。下へ下へと見おろして行けばよい。

「ノビアガリ」＝伸び上がり、見るほど高くなって行くという化け物。川獺《かわうそ》が化けるのだという。地上一尺ぐらいの処を蹴るとよいといい、また目をそらすと見えなくなるともいう。

「ミアゲニュウドウ」＝東京などの子供が見越し入道というのも同じもの。佐渡では多く夜中に小坂路を登って行く時に出る。始めは小坊主のような形で行く手に立ち塞がり、おやと思って見上げると高くなり、後には後へ仰向けに倒れる。これに気づいたときは「見上げ入道見こした」という呪文を唱え、前に打伏せば消え去るという。

「ニュウドウボウズ」＝入道坊主、見越し入道のことである。三河の作手村でかつてこれを見たという話がある。始めは三尺足らずの小坊主、近づくにつれて七八尺一丈にもなる。先ずこちらから見て居たぞと声を掛ければよし、向こうからいわれると死ぬという。

19 聖母の御絵のふしぎ（熊本・天草）

いまから四百年ほど前、天草の志岐という村に、信仰の篤い一人のキリシタンが住んでいた。この人は、書台に聖母の御絵を飾って、朝な夕な静かにお祈りをしていた。

ところがある日、留守をしている時に火事が起こり、不幸にも家が焼けてしまった。かやぶきの粗末な家だったので、持ちもの全部が灰になってしまった。

男性は落胆したが、天主や聖母に祈って、またせっせと働いて家を建てる決心をした。そして、焼けた家のあとを片づけようとした。

すると、驚いたことに、灰のなかから聖母の御絵が出てきた。紙に描かれた絵でありながら、少しも傷まず、焼けこげたところさえ、どこにもなかった。聖母はいつもの通り、男にやさしくほほえみかけていたという話である。

20　墓のなかの鈴の音（熊本・天草）

むかし、天草の大江村に、平左衛門という農夫がいた。

平左衛門は熱心なキリシタンであった。村にはじめて耶蘇教が伝えられた時、真っ先に信者になって、朝夕クルスに祈っていた。村人たちにも天主の教えを説いて、アニマ（霊魂）が救われるように、仏教からの転宗をすすめていた。しかし、なかなかキリシタンになるというものはなく、信者はいっこうに増えなかった。

ある時、村の寄り合いがあって終わったあと、平左衛門は村人たちにいった。

「わしは生きたまま墓のなかに入ってな、鈴を鳴らす。その鈴の音が聞こえなくなったら、わしを掘り出してくれろ。きっとふしぎなことが起こっておるから」

と、おかしなことをいい出した。

まわりのものたちは、びっくりした。

「平左衛門どん。墓のなかに生き埋めになって、どうする。お前はなにを考えておるのじゃ。正気でそんなことをいっておるのか」

隣りにいた村人が怪訝な顔をすると、平左衛門は真顔で、

「実はな、十日ほど前の晩に、ふしぎな夢を見たんじゃ」

と、その話をしはじめた。

「夢枕に、尊い天主さまが立たれてな。わしにいうのじゃ。キリシタンを信心してさえおれば、人間は土のなかにはいっても、死なない。平左衛門、お前は墓のなかにはいって、土のなかから鈴を振って、その音を集まった村人たちに聞かせるがよい。その鈴の音を聞いたものは、みな天主の子になるということじゃった」

話を聞いているものたちは、あきれた顔をしていた。

「そんなばかげた話はあるか。おかしな夢をみて、ほんとうに墓のなかなどに入って、埋められてみろ。一晩のうちに死んでしまうわ」

「いや、いや、わしは死んでもかまわんのじゃ。とにかくわしは明後日《あさって》の夕刻、墓のなかへ入ることにした。そのかわり、みんなで鈴の音を聞いてくれ。そしてな、鈴の音が聞こえなくなったら、墓を掘り返して、わしを土のなかから出してみてくれろ」

「平左衛門どん。それはほんとうのことか」

「うそに、こんなことはいえるものか。決心はとうについておる」

平左衛門のその一言で、村のものたちは黙ってしまった。

次の日、平左衛門は大江村の平屋の峠に住む墓掘り人の家へいき、じぶんの墓を掘ってもらうことにした。

「墓の深さは、ふつうの倍の深さにしてくれぬか。どんなに深くとも、鈴の音は聞こえるだろうから」

平左衛門はそう注文を出して、十二尺もの深い墓を掘ってもらうことにし、じぶんが入る棺桶をも頼んできた。

キリシタンの平左衛門が生きたまま墓に入るという話は、たちまち大江の村じゅうにひろがった。隣り村までも伝わって、どこもその話でもちきりだった。

やがて平左衛門は、

「明日申《さる》の刻（午後四時ごろ）」

と、ふれまで出して、じぶんが墓に埋まる時刻を村じゅうに告げたので、翌日の午後になると、隣り村はおろか、下天草の村々からも大勢の見物人たちがやってきた。

そのころには、杉の板で作られた真新しい棺桶までが、墓場に運ばれてきた。

やがて日は西の海に傾き、申の刻が近づいてきた。ところが肝心の平左衛門の姿がどこにも見えないので、見物に集まったものたちが騒ぎ出したのだ。

「生きたまま墓のなかにはいるなんて、だれが聞いても、ばかげた話だ。わしらはだまされたんじゃ」

「急にこわくなってよ、どこかへ逃げ出してしまったのかも知れんぞ」

日ごろまじめな平左衛門のことを知らない他村のものたちが、そんなことをいい出すと、村のものが、

「平左衛門は、うそをつくような男ではない。きっとくる」

と、いいわけのようなことをいう始末だった。

それでも姿が見えないので、村のものたちも、とうとうあせりを感じはじめた。

「やっぱり、平左衛門はいのちが惜しくなったんじゃ。こんなことになるんなら、わしらがとめた時、やめておけばよかったんじゃ」

「あいつは負け惜しみの強い男だから、ぬきさしならぬことになるんじゃ。こうなったら、村の恥じゃ。みんなで平左衛門を見つけて、首に縄をつけてでも、引っぱってくるんじゃ」

と、怒り出すものたちも出てきた。

「その男を、早くここへ連れてこい。おれたちは仕事をやめて、五里の道をわざわざここまでやってきたんじゃ。人をたぶらかすのも、ほどほどにしろ。なにが、天主さまじゃ。なにがキリシタンじゃ」

「そうじゃ。そんなに墓のなかに入りたいなら、わしらがその男をぶっ殺して、じぶんで作った墓に埋めてやるわ」

騒ぎは、ますます大きくなっていった。なかには、とぼとぼ道を帰っていくものもいたが、その時、木立ちの間道から二人の男につきそわれて、平左衛門がやってくるのが見えた。

平左衛門は、白いさらしの衣を着ていた。首からは大きな十字架をさげ、手に鈴を持っていた。そして、ゆっくりゆっくり歩いて墓穴の前に立ったが、さすがに顔色はなく、緊張していた。あたりは、静まり返っていた。たくさんの見物人たちは、息を殺して平左衛門をみつめていた。

「ようこそ、お集まりなされた。わたしはいま、天の神《デウス》のお告げによって、この墓のなかにはいっていきまする。そしてこの鈴を振りつづけますので、よくその音を聞いてくだされ。鈴の音が聞こえなくなった時、わたしが天に、神《デウス》に召されたしるしでございます」

平左衛門はそういうと、手に持った鈴を一振り鳴らした。鈴の音は澄んだ音色をたててひろがり、あたりの静けさのなかへ消えていった。

平左衛門は、集まった人たちをひとりひとり見まわすと、改まった口調で、またつづけた。

「キリシタンの教えは、弱いもののための教えです。たとえこの世で苦しもうと、天国では身分の高いものも、われわれ百姓や漁師も、みな同じです。この世は地獄です。みなさまもキリシタンの尊い教えにはいって、天国への道を登りなされ。わたしは一足先に行って、待っております」

そう語り終えると、平左衛門はかたわらに用意されていた棺桶のなかに、足をいれた。

「ちょっ、ちょっと待った、平左どん。聞きたいことがあるんじゃ」

棺桶のそばに寄ってきて、村の男がいった。

「年貢は高くて、いくら働いても、ちっとも楽ができねえ。楽しみもねえ。この世は地獄ということは分るがよ、天国とはどんなところなんだな」

「お寺なら、極楽というものです。違うところは、どんな貧乏人でも、たとえ罪を犯したものでもよ、天国へ行けるということじゃ。キリシタンには、地獄というものがありません。死んだ先に地獄がないことは、ありがたいことじゃ。死んだあとも釜ゆでにされて苦しめられたり、鬼にせっかんされたりしては、魂も救われんからのう。天国とは、なんの苦しみもない、楽しいよかところです」

もう、だいぶ時が過ぎていた。平左衛門は男にそう語ると、さわやかな表情で棺桶のなかへ入っていった。

「さあ、ふたをして、釘を打ってくだされ。太い丈夫な釘をな」

供をしてきた二人に命じて、棺桶のふたに釘を打たせると、棺桶は十文字に荒縄でくくられ、深い暗い墓穴へ降ろされていった。

平左衛門の振る鈴の音が、聞こえはじめた。その音は、土を埋めてしまっても、地の底からかすかに聞こえていた。

「……わしは、六十七になるがのう。こんなことは、この年になるまで聞いたことも、見たこともない。しかし地獄がねえとは、キリシタンの教えちゅうもんは、ありがてえものだのう……」

集まったものたちは、そんなことをいいながら、家路についていた。

翌朝、村のものたちが平左衛門の墓に行くと、地の底から鈴の音が聞こえていた。

次の日になっても、鈴の音は聞こえていた。

五日が過ぎても、やはり地の底から鈴の音が聞こえていた。

こうなると、また評判になって、あちこちの村々からたくさんの人たちがやってくるようになった。鈴の音は日に日に弱くなっていったが、なんと一と月近くになっても鳴りやまなかった。

「この音は、鈴の音ではねえ。耳鳴りか、地鳴りでねえか」

「いや、いや、たしかに鈴の音じゃ。しかし、平左衛門は水も飲まねえし、なにも食わねえのに、まだ生きておるんじゃ」

村のものたちは耳を地に押しつけて、かわるがわる地の底から這いのぼってくる、かすかな鈴の音を確かめていた。

ところがある朝、墓へいってみると、地鳴りのように聞こえていた鈴の音が、まったく聞こえなくなっていた。

「きのうの夕刻には、聞こえておったが……」

「平左衛門はとうとう死んじまったんじゃ」

村のものたちが日を数えてみると、その日は平左衛門がじぶんの墓に入って埋められてから、四十日目だった。

「鈴の音が聞こえなくなったら、墓を掘ってくれといっておった。掘り返してみるか」

「平左衛門は天国へ行くといっておったが、本当に天国へ行けたのかのう」

「平左衛門の遺言じゃ。とにかく墓を掘ってみるべえ」

集まった村のものたちは、口々に想い思いのことをいっていたが、墓にはいった当の本人がいい残して行ったことなので、みんなで墓を掘り返してみることにした。

　やがて、深い穴の底から、棺桶が見えてきた。四十日もの間、飲まず食わずで生きていられるものだろうか。村のものたちは、平左衛門のやつれ切った死顔を思い浮かべて、神妙な顔をしていた。

　ところが、引きあげられた棺桶は、まるで空のように軽かった。

「平左衛門は、もう骨と皮だけになってしまったのかいな」

「なにをいう。きのうまでは、ちゃんと生きて、鈴を鳴らしておったんじゃ。早く、ふたをとってみろや」

　まわりがまた騒々しくなって、棺桶のふたを開けると、なかにはただ一つ、鈴がころがっているだけだった。平左衛門の姿は、どこにもなかった。

「こんなふしぎなことが、世の中にあるものかのう」

「ほんとじゃ。どういうことなんじゃ……」

「いったい、平左衛門はどこへ消えたんじゃろう……」

　村のものたちは、空の棺桶をみつめて、呆然としていた。

　平左衛門の姿が墓のなかから消えてなくなったことは、村から天草の島々にひろがっていった。

「キリシタンの教えには、地獄はねえと。天国というところは、苦しみのねえ、それは楽しいよか《いい》ところじゃと」

　平左衛門の一件があってから、キリシタンに入信するものたちが増えはじめ、それから天草にキリシタンが栄えたという話である。

〔注〕生きながら墓のなかへ鈴を持って入ったというキリシタンの話は、「102 オンアルジ様」との類似がみられる。どちらも天草大江に伝わる話だが、オンアルジ様は南蛮の宣教師であるところがこの話と違っている。遺体が墓のなかから消えるというくだりは、イエスの復活になぞらえたものだろうか。また類話としては「59 与七郎と道満塚」を参照。

なお、こうした話の類話は、「入定塚」、「行人塚」などわが国の仏教伝説にも多く、例えば馬琴の『兎園小説』のなかに、「土中の石櫃から鈴の音と読経の声」という、次のような信濃の奇譚が紹介されている。

文化十四年（一八一七年）の秋のこと。信濃の国伊奈郡平井手村にある一本の大きな欅の木が、さしたる風雨でもないのに急に倒れてしまった。村びとたちが驚いて駈けつけてみると、根の掘れた穴底に石櫃が見え、そのなかから、かすかな鈴の音と読経の声が洩れ聞こえてきたという。石櫃の上には息抜きの穴が三つ四つあいていたが、櫃は二重になっており、内側から閉じられているとみえて、どうしても開かない。村びとの一人が土に埋れた石櫃の上に刻まれた文字をみつけて読んでみると、百五十年ほど前の年号が記されていた。古老にたずねると、「むかし天竜海喜法印という山伏がいて、生きながら土定したというい い伝えを聞いたことがある」、その櫃ではないかという。

開くことのできない石櫃はそのままにされ、その上に仮屋がつくられると、あちこちから参詣の人たちがやってくるようになったが、その後も石櫃のなかから鈴の音と読経の声が洩れ聞こえていたという。

また、東京都練馬区の春日町には、仏教の信心深い老婆が鉦《かね》を持って土中に埋めた桶に入ったという伝説――「耳塚」が伝えられている。耳の悪い人が土中から聞こえる鉦の音を聞いたり、塚の花立ての筒にたまった水で耳を洗ったりすると、耳の病いや難聴が治るといわれていたという。

21 二十六聖人殉教奇譚（長崎）

慶長元年（一五九六年）十二月、秀吉の命によって長崎西坂の丘にある刑場で磔刑に処せられた二十六人の殉教者は、こんにち「二十六聖人の殉教者」として知られている。二十六人の殉教者のなかには六名の外国人宣教師、十二歳から十四歳までの三人の少年たちも含まれていた。これらのキリシタンたちは、京都や大坂の施療院や教会で捕えられ、陸路を延々長崎まで連行されて処刑されたのだった。

殉教者たちの死骸は、磔にされたまま一と月以上も曝されていた。

ところが、ふしぎなことに、その殉教者のなかにいた南蛮の伴天連が、お供に少年の殉教者一人を連れて、たびたび刑場の近くにあるキリシタン寺（教会）へ出かけ、だれもいない時に、ミサを献《たて》ていたという。

たまたま、それを見た南蛮人が、

「おかしなこともある」

と、刑場へいってみると、はたして二人の遺骸だけが消えていた。番人の役人にたずねてみると、その役人は、「あの二人は、どういうわけか、時どき消えたり現われたりする」

と、答えたという話である。

〔注〕二十六聖人の殉教事件は、年号改元四ヵ月前の文禄五年（一五九六年）八月、一隻のスペイン船が土佐の浦戸に漂着したことに端を発している。スペインの豪華商船サン・フェリッペ号は、フィリピンのルソンからメキシコのアカプルコにむかう途中、嵐に遭遇。航行不能となって、土佐の浦戸沖に漂流してきたのだった。土佐の国守長曽我部元親はこれを捕獲、浦戸港まで曳航して擱坐《かくざ》させた。漂着した船舶は、その土地の領主の所有に帰するという古くからの日本の習慣（「廻船式目」第一条）にもとづいて、元親はサン・フェリッペ号に満載されていた積荷を没収するために陸揚げし、大坂へ注進した。秀吉は積荷にすべて封印をして大坂へ送るよう指示をし、奉行の増田右衛門尉長盛を浦戸へ派遣した。長盛は積荷の目録をつくる一方、船員たちの取り調べをおこなった。ところが、不当きわまりない取り扱いに怒った航海長オランディーアが長盛を威嚇するためからか、当時のスペイン王国の世界的覇業を口走った（「スペイン国王はまず宣教師たちを派遣し、土民をキリスト教徒とし、ついで軍隊を送ってその国を征服する」といったという）ことなどから、当時大坂や京都に施療施設をつくって布教活動をしていたフランシスコ会のバプチスタ神父以下四名の外国人宣教師、サ

ン・フェリッペ号に乗船していた宣教師一名の他、施療院、教会にいた日本人信者たちが捕えられ、前記のように長崎へ連行されて処刑されたのである。奉行の石田三成らは処刑に反対したが、秀吉はそれをいれなかったという。

秀吉は天正十五年（一五八七年）夏、九州博多で、「伴天連は二十日以内に国外へ退去せよ」というはげしい伴天連追放令を出していたが、その後スペインのフィリピン総督の使節として来日したバプチスタ神父が滞在を願い出た時、これを許し、宣教活動も黙認していたのだった。

「二十六聖人殉教奇譚」には、近くのキリシタン寺へいってミサを献てていたという南蛮の伴天連と従者の少年が誰であったかは語られていない。長崎西坂の丘の同記念館前には、二十六人の殉教者たちが並んでいる舟越保武作の巨大なブロンズ像がある。像の並び方は殉教時と同じであるという。八番目に立つ修道士ヨハネ・五島と、十一番目に立つバプチスタ神父の間に、背丈が両者の肩にまで届かない少年の像が二体並んでいる。あどけない表情で立っている最年少十二歳のルドビコ・茨木と、十三歳のアントニオである。ルドビコは秀吉の朝鮮侵略（元禄・慶長の役）で、父であるパウロ・茨木、レオン・烏丸らと日本軍に捕われ、強制的に連行されてきて日本で洗礼を受けた朝鮮人であったという。十二歳のルドビコは都の修道院や付設施療院で、神父や病人たちの世話をしていた。また、中国人との混血児であるアントニオは、将来宣教師になるため都の修道院で教育を受けていた。像を見あげながら、伝説に想いをはせていると、バプチスタ神父が、

「さあ、ミサに行くよ」

と、隣りの小さなアントニオに声をかけて、静かに宙を歩んでいく姿が目に浮かんだ。

「二十六聖人」のなかには、祖国を朝鮮にもつと思われるキリシタンが何人かいる。こうした人たちはどのようにして捕われ、連行されてきたのか、当時医師として日本軍に従った豊後・臼杵の安養寺住職慶念は『朝鮮日々記』（北島万治『朝鮮日々記・高麗日記』そしえて）の慶長二年（一五九七年）八月の条に、次のように記している。

「同六日ニ、野も山も、城ハ申におよはす皆々やきたて、人をうちき（打切）り、くさり竹の筒にてくひ（首）をしハ（縛）り、おや（親）ハ子をなげ（歎）き、子ハ親をたづ（尋）ね、あわ（哀）れ成る躰、はしめてミ（見）侍る也。（略）

同八日ニ、かうらい（高麗の）人子共をハから（搦）めとり、おやをはうちき（打切）り、二たひ（度）とみせす。たか（互）ひのなけきハさながら、獄卒のせ（責）め成りと也。

あわれなり、してふうのわかれ（母子相別れること）、是かとよ、おや子のなけき、見るにつけても」

――そして慶念は、次のような光景を目にする。

「同十九日（十一月）ニ、日本よりもよろつ（万）のあき（商）人もき（来）たりしなかに、人あきな（商）いせる物来り、奥陣よりあと（後）につ（付）きある（歩）き、男女老若か（買）い取て、なわ（縄）にてくひ（首）をくゝりあつめ、さきへお（追）ひたて、あゆひ（歩み）候ハねハあとよりつへ（杖）にておつた（追立）て、うちはし（打走）らかすの有様ハ、さながらあはうらせつ（阿防羅刹＝地獄の鬼）の罪人をせ（責）めけるもかくやとおもひ侍る。（中略）かくの如くにかいあつめ、たとへハさる（猿）をくゝりてあるくことくに、牛馬をひかせ荷物をも（持）たせなとして、せむるてい（躰）は、見る目いたハしくてありつる事也。」

こうして連行されてきた人たちは、五万名を越えるといわれる。そしてさらに各地に売られていった多くの人たちのなかから、洗礼を受けてキリスト教に帰依する人たちも、かなりの数にのぼっている。それらの朝鮮人のなかに、数奇な運命をたどって殉教した少年カイオがいる。

日本軍に捕えられた少年カイオは、人買い船に乗せられて日本へ送られてくる途中、対馬沖合で嵐に出会ったが、カイオは難破した船からのがれ、島まで泳ぎついた。そこで再び捕えられ、対馬から博多を経て京都につれていかれた。そしてある寺で働くことになったが、やがて寺を出て、京の町で浮浪生活をしていた時、一人のキリシタンを知り、教会へいって目を開かれる。教会に集う貧しい人たちや、付設の病院で重病患者を看護する人たちと接するうちにカイオは信仰にめざめて受洗、自分も教会の同宿（使用人）となって、病人たちへの献身的な看護に生きる喜びを見出す。

慶長十八年（一六一三年）、江戸幕府が禁教令を発し、翌年高山右近らがマニラ、マカオに追放された時、カイオもマニラに流された。しかし数年後カイオはひそかに九州に潜入し、伝道師となって禁教下の村々を歩き、熱心に布教をつづけていたがついに捕えられ、長崎へ送られて火あぶりの刑に処せられている。なお、日本に連行されてから信仰にめざめた朝鮮の子どもたちのうち、やはり長崎で火あぶりの刑に処せられたヴィンセシオ、女性では家康に仕えていて神津島に流刑になったジュリア・おたあなどが知られている（ジュリア・おたあについては巻末〝昭和のキリシタン伝説〟の「ジュリア・おたあ伝説について」参照）。

22　大豆のできぬわけ（熊本・八代）

肥後の国熊本県八代の氷川の上流では、いかに耕作してみても、どうしても大豆ができないといわれていたところがある。

これは、キリシタン大名小西行長が肥後の領主になった折、領内の寺社の破壊をおこなったからだという。

行長の弟の隼人は、兄行長の命を受けて次つぎと寺社を焼き払い、命令に服さない仏僧たちを虐殺したが、氷川の上流にあった釈迦堂を焼く時、焚き付けがなくて、たくさんの大豆殻を代わりに使って焼き払ったので、それ以来、仏の祟りで周囲の畑には大豆ができないようになったという話である。

〔注〕キリシタン大名小西行長に対する「神仏の祟り」伝説は、同県下益郡豊野村付近にも伝えられている。同地の伝説では、行長は領内の神社仏閣の焼き打ちをした時、糸石にある白木阿蘇神社を胡瓜《きゅうり》、南瓜《かぼちゃ》、エンドウ豆の枯れた蔓で焼いたので、それ以来同地では、これらの作物をつくると罰があたるので、つくらなくなった。これを迷信だといってつくった家で

は、むかしは病名不明の病死者が出たり、南瓜のなかから白ヘビが出たというが、いまはだれも信じていないという話である。

「大豆のできぬわけ」の類話伝説は、諸国を巡錫《じゅんしゃく》した弘法大師の伝説として各地に多く残されている。岩手県と宮城県との県境に近い大籠には、「キリシタンが妖術で柿のタネを金《きん》に変えてしまったので、その祟りで大籠では柿が実らなくなった」という言い伝えがある。

23 不吉な前兆（大阪・堺）

永禄十一年（一五六八年）というと、京都に南蛮寺が建てられ、わが国のキリシタンが栄えはじめたころである。

この年の八月二十四日、泉州（大阪府）堺の住吉神社の社殿が、しばらくの間かなりはげしくゆれ動いた。社殿内はたいした被害もなしにすんだが、社前にある松の木六十六本が根こそぎ倒れてしまった。

神社ではびっくりして、早速このことを京の帝に伝えたところ、正親町《おおぎまち》天皇は、

「『六十六（州《しゅう》）とは、わが国の数である。いかなる前兆か』

と驚いたが、公家たちが識者に問うと、

『これは伴天連がわが国を南蛮へ従えようとする、不吉な前ぶれに違いない』」

と、いったという話である。

24 十字架の罰（長崎・生月）

生月島の館浦に、むかしあるキリシタンの漁師の夫婦が住んでいた。

二人には子どもがなかったので、毎日神に子を授けてほしいと祈っていた。

すると祈りが通じたのか、間もなく妻が産気づいて、いよいよ近いうちに生まれるということになった。漁師の夫はたいへんに喜んで、紙に十字架を描いて壁に貼り、その前に跪《ひざまず》いて、

「どうぞ、わたしらに男の子を授けてくだされ」

と、一生懸命祈願した。

夫の祈りが神にとどいたのだろうか、漁師の妻はやがて玉のような男の子を産んだが、その子は数日も経ないうちに死んでしまった。

漁師は歎き悲しんだ。そのあまりすっかり本心を失って、神をのろった。

「あれほど祈ったのに、子どもを死なせる神さまなど、もう用はない」

漁師の夫は、恐ろしい言葉を吐きながら、小刀で紙に描いた十字架を切り裂いて捨ててしまった。そして教会にもいかず、朝夕の祈りさえしなくなってしまった。

それから一年ほどして、漁師の妻はまた身ごもって、男の子を産んだ。

漁師の夫が、喜んでわが子を見ると、その子は顎がなく、口からだらりと舌がたれさがっていた。よく見ると、小刀で切り取ったようになっていた。

漁師は、一年前のことを思い出して、身をふるわせた。

これは紙に描いた十字架を切り裂いた罰に違いないと思いいたった漁師は、心を静めて、また紙に十字を描いた。そしてその前に跪《ひざまず》いて、一生懸命神に赦しを乞うた。

しかし、二度目の子どもも、最初の子と同じように、生まれて間もなく死んでしまった。

ところが、漁師はもう神をうらまなかった。それればかりか、まったく心を入れかえて、わずかな生しか受けなかった二人のわが子をいとおしみ、その霊のために神に祈り、村の人たちも驚くほど熱心に信心にはげむようになったという話である。

25 サン・ジュアン様（長崎・生月）

秀吉が九州の博多の筥崎《はこざき》で、

「伴天連は日本におかぬ。二十日以内に出ていけ」

という激烈な《伴天連追放令》を出してから、これまで南蛮貿易で富を得ようとして宣教師たちに好意を見せていた領主のなかには、領内の布教を禁じるものたちも出てきた。

一時は全島殆どがキリシタンであったという生月島は、平戸侯松浦氏の所領となっていたが、領主の松浦氏もこの時から、領内のキリスト教を禁じるようになった。

生月島は、それまで籠手田左衛門尉が島司となって治めていた。その左衛門尉は熱心なキリシタンであったが、秀吉の伴天連追放令が出ると、所領も地位も一切を投げ棄てて、六百名ほどの信者とともに島を去り、長崎へ移っていった。左衛門尉に代わって、生月島を治めることになったその後の島司たちは、キリシタン嫌いとなった領主松浦氏の命を受けて、幾度となくはげしい弾圧を行っていた。

もっともひどい弾圧は、慶長八年（一六〇三年）で、この年の六月、島のキリシタンの指導者といわれていたジョアン・次郎右衛門が捕われた時である。

次郎右衛門は平戸島との間にある岩ばかりの小島、中江ノ島に送られて処刑されることになった（中江ノ島は潮が満ちると、死骸をどこかへ運び去ってくれるので、処置に手数がかからないため、多くのキリシタンたちはここへ運ばれて処刑されたという）。

次郎右衛門が島に送られると、役人は彼に仏教の小さなお札を見せながら、いった。

「さあ、これをのめ。そしてキリシタンをやめれば、いのちは助けてやるぞ」

棄教をすすめられると、次郎右衛門は首を横にふり、きっぱりと断わって天の一角をみつめ、

「天国《パライソ》は、ここからそう遠くない」

といいながら、処刑されていった。

中江ノ島のことを、だれいうことなく《サン・ジュアン様》と呼ぶようになったのは、こ

の時からだといわれる。

生月島の潜伏キリシタンたちはこの島を聖地と崇め、洗礼に使う聖水は、必ずこの島の岩の間から湧く水を用いた。どんなに旱《ひでり》のはげしい年であっても、島の岩の割れ目に棒を差し込んでオラショ（祈り）を唱えると、冷たい水が一滴一滴落ちてくる。その水をためて持ち帰るのだという。病魔を祓うためにも、この水は使われていた。

また、生月島では月の明るい晩などは、浜辺にキリシタンたちが集まって、次郎右衛門をはじめ多くの島の殉教者たちを偲んで、唄を歌った。その唄は、

前は泉水、うしろは高き岩なるやなァ
前もうしろも、潮であかするやなァ

この春は桜花かや、散るぢるやなァ
また来る春は、つぼみ開く花であるぞやなァ

まいろうやなァ　まいろうやなァ
パライソ（天国、楽園）の寺に、まいろうやなァ

広い寺と申すぞやなァ
広いせまいは、わが胸にあるぞやなァ

と、いうのだという。

〔注〕この唄の背景については、田北耕也「中江ノ島の霊験とサン・ジュアン様の歌」（『昭和時代の潜伏キリシタン』日本学術振興会）に詳説されている。

洗礼時の聖水については、禁教時代の生月島などでは聖地サン・ジュアン様（中江ノ島のこと）の岩の割け目から採水してきた霊水を聖水として用いていた。聖水はふしぎな水で、その口徳利などに入れておくと、知らぬ間に量がふえているという。聖水はお水瓶に入れ、その口に突き立てたイズッポ（葦の茎などを棒状に束ねたもの）の先から授け役が撒水する。イズッポはポルトガル語（Hisspo＝ヒソプ）の転訛といわれ、芳香で薬効もあるハナハッカの一種だという。ユダヤ人は旧約時代からこのヒソプを清めの儀式に用い、旧約聖書『レビ記』には、「この家の汚れを清めるために、二羽の鳥、杉の枝、緋糸およびヒソプを用意する」（一四の四、四八～五二）とあり、同『詩編』には、「ヒソプの枝でわたしの罪を払ってください／わたしが清くなるように／わたしを洗ってください／雪よりも白くなるように」（五一の九）とある。

新約聖書では、『ルカ福音書』を除く、三福音書のイエスの死の場面に記されている。『ヨハネ福音書』には、次のようにある。「そこには、酸っぱいぶどう酒のいっぱい入った器が置いてあった。兵士たちは、このぶどう酒をたっぷり含ませた海綿をヒソプにつけて、イエスの口もとへ差し出した。イエスは酸っぱいぶどう酒を受けると、『成し遂げられた』と言って、頭を垂れ、霊をお渡しになった」(一九の二九〜三〇。『マルコ福音書』一五の三六〜三七、『マタイ福音書』二七の四八)。

生月島の潜伏キリシタンたちが洗礼時に用いていたイズッポは、旧約時代からの清めの儀式に用いられていたヒソプの用途が殆ど変わらずに伝承されていた。聖水については「12 聖水の効用」の注も参照。

26 盲目のキリシタン、ダミアン(山口)

天正十五年(一五八七年)六月、秀吉が博多で突如《伴天連追放令》を布告してから、山口にいた南蛮の神父たちも一時同地を離れて、平戸へ移っていった。

それから一と月余りが過ぎたある日のこと、
山口の司祭館に、

「伴天連たちが宿泊していた家とは、どんなところか」

と、好奇心にかられてか、異教徒たちが見物にやってきた。三十名ばかりの一団のほとんどは女性だったが、数名男たちの姿もあった。

一団がその家に着いた時、二人のキリシタン農民が司祭館の留守番をしていたが、たまたま山口ではよく知られたダミアンという洗礼名を持つキリシタンも居合わせていた。

ダミアンは、三十歳前後であった。目が不自由だったが、キリスト教の年間の主要な祝日の福音や、大切だといわれる聖書の個所をパードレにラテン語で読んでもらい、三度聞くとすっかり暗記してしまうほどの、ずば抜けた記憶力の持ち主であった。そのうえ才気煥発で、少しばかり気性のはげしいところのある男だった。

一団が司祭館のなかに入ると、女性たちはまず、台所をのぞきにいった。そして嘲笑し、

「あら、人間を焼いた匂いがする。伴天連たちは、ここにいた時、焼いて食べていたに違いない」

といいながら、次に二階を見るため、脇の階段をあがっていった。

一団の後についていたダミアンは、まだ台所に残っていた若い男たちが、立てかけてあった竹の棒をかまどのなかに突っ込んで、その先の匂いを嗅ぎながら、

「人間の肉の匂いがするな」

と、口走った。

その言葉を聞いて、ダミアンは黙っていられなくなった。怒り心頭に発し、踵《きびす》をかえすと、いきなりかまどの前に立っていた男のひとりに襲いかかり、力ずくで押え込んだ。そして男をかまどのなかへ押し込もうと首を抱え込みながら、司祭館の留守居をしているキリシタン仲間の農民にむかって、

「早く火を持ってきてくれ。この男を丸焼きにして、女どもに食べさせ、人間の肉がどれほど美味《うま》いか、分らせてやるんじゃ」

と、大声でいった。

若い男は驚き、ふるえながら悲鳴をあげた。二階へあがっていた女性たちはその声を耳にすると、あわてて階段を降りてきた。

台所の男たちを見ると、女性たちも悲鳴をあげ出した。ダミアンは怒りに燃えた赤い顔をしながら、なお押えつけている男をかまどのなかへ押し込む仕草をしていたが、男が赦してくれるよう哀願し、暴言を取り消して深く詫びるので、離してやった。

女性たちの一団は、ダミアンに押えつけられていた男を気遣いながら、そそくさと司祭館から出ていったという話である。

〔注〕ダミアンは堺の生まれで、琵琶法師だった。山口の町にやってきてから洗礼を受けてキリシタンになったという。日本の歴史をよく知っており、仏教諸宗派にも精通していたので、僧侶たちとたびたび宗論を交わしたが、ことごとく論破して相手を論伏させていたともいう。
ダミアンは説教も得意で、機会があればどこへでも出向いていった。山口の町から神父たちがいなくなってからはキリシタンたちの中心的な支柱となり、「山口では盲人ダミアンが宣教師の不足を補った」と評されるほど活躍をしていた。

ダミアンは、慶長十年（一六〇五年）八月に殉教している。その時は四十五歳前後で、正確な年齢は不詳である。刑場に連行される時、刑吏たちは偽りの用件と地名をダミアンに伝え、馬に乗せてそこへ向かうと見せかけていたが、ダミアンは途中で、「わたしを騙して馬鹿にするな。目が見えなくとも、ここらの道はよく知っておる」と、声をあげていった。そして刑場で斬首される時、ラテン語で覚えたいくつかの祈りを唱えながら、処刑されていったという（チースリク『キリストの証し人』聖母文庫他）。

27　耶蘇教伝来異聞（鹿児島・種子島）

むかし、耶蘇の国のものたちは、日本を攻め取ろうとして数万艘におよぶ軍船を送り、二度も大隅国（鹿児島県）の種子島にやってきたという。ところが、二度とも難風にあって軍船は難破し、わずかなものたちだけが助けられ、助命を受けて帰っていった。

蛮国の主《あるじ》がそのものたちに、日本のことをあれこれ聞いたところ、日本人というのは背が低く、色は黒く、目は吊りあがっている。これは武勇の相で、またそれを好むものたちであるから、攻めても利はない。しかし、日本人たちは合掌して拝むことが好きであるから、手なずけてこちらの宗旨をひろめ、味方をたくさんふやしてから国を奪い取る方が良策であるというのであった。

そこで蛮国の主たちは評議をおこない、天文十二年（一五四三年）、商船一艘を漂着に見せかけて種子島にやったところ、島のものたちはかつての軍船の襲来かと怪しんだが、船中が静かなので、数日もすると、すっかり警戒心を解いてしまった。

やがて、島のものたちも小舟に乗ってやってきて、船のものたちと馴染みになった。耶蘇のものたちは、島のものたちが喜びそうなものや、財宝を与えはじめたが、決して島のものたちに逆らわずにいたので、島のものたちも心安くなり、耶蘇のものたちも、島のなかを歩きまわることを許されるようになった。

耶蘇のものたちは、地頭に鉄砲の射ち方を教え、薬の製法などを伝授したのでことのほか喜ばれ、大いに信用されるようになった。

ちょうどそのころ、和州（大和国）から一人の医師が種子島に渡ってきた。

すると耶蘇たちは、その医師をたぶらかし、南蛮国へ連れていって伴天連に仕立て、ふたたび連れ帰って、密々のうちにその法をひろめはじめた。その後、耶蘇のものたちは、日本各地の津々浦々に漂着と見せかけて船でやってきては、金銀珠宝などを与えて土地のものたちと親しくなり、南蛮伴天連の宗旨をひろめはじめたという話である。

〔注〕この話には蒙古襲来、鉄砲伝来、ザビエルの来日などが混淆している。いずれの話も史書などが述べているものと相違しており、すこぶる荒唐無稽な「キリスト教伝来異聞」となっている。

28　秀吉と幽霊（京都・伏見）

太閤秀吉が伏見の城にいた時のことである。

堺の町からご機嫌伺いにやってきた旧知の商人《あきんど》に、

「近ごろ堺の町に、なんぞ珍事はないか」

と、たずねた。

すると、二人の商人は、

「市橋庄助、嶋田清庵と名乗る二人の南蛮医師が、さきごろ堺にやってきて住みつき、療治をはじめましたが、この医師たちは奇妙な術を行うともっぱらのうわさでございます」

と、いうのであった。

好奇心旺盛な秀吉は、さっそくその医師を伏見に呼びつけて、その術を観覧することにした。

最初の術は、大きな鉢のなかに水をたたえ、紙を菱形にちぎって、水に浮かべた。と、紙片はたちまち魚となって、水中を泳ぎ出した。

その見事な術に、秀吉はじめ近習のものや女房衆たちが感嘆の声をあげると、魚はまた元の紙切れに戻った。

次の術の道具は、こよりであった。懐から一本の観世こよりを取り出して、その端を口で吹くと、こよりはのびて、三尺ほどにもなった。術師が呪文を唱えながらそれを座敷に投げ出すと、こよりはくねくね蛇となって、這い出した。

しかし、この術は女房衆の不興をかったので、術師は口のなかで、また何事か呪文を唱えた。蛇はたちまちこよりになって、術師の懐に戻った。

こんどは、五穀の種子を盆にいれてその上から砂をまくと、間もなく五穀の種子は蟻のように動き出し、芽を出して花が咲き、実をつけた。さらに鶏卵を掌に握って呪文を唱えながら開くと、たちまち卵の殻が割れてひよこがとび出し、見るみるうちに鶏となってときをつくった。

ここで、女房衆のなかから、ぜひ富士の山を出して見せてもらいたいと、所望があった。

「富士の山は大層なるものゆえ、お座敷内には出せませせぬ。お庭に出して見せますので、しばらくお暇を」

二人の術師はそういって書院の外に出、障子を閉じて、また何事か呪文を唱えていたが、そのうちに、

「いざ、ご覧下されたく候……」

と、障子を開いた。

すると、庭に見事な富士の山が出現したので、秀吉をはじめ、上下のもの、女房衆たちもみな驚きの声をあげた。

術師たちが障子を閉じて、ふたたび開くと、こんどは庭に近江湖水の八景が出現していた。

「これは一体、いかなる神仙であろうか」

並いるものたちは感嘆し、ただただ呆れるばかりだった。

秀吉も、

「さて、さて、さて……」

と身を乗り出して、しきりに感心していたが、しばらくすると、

「話には聞くが、予はまだ幽霊というものを見たことがない。どうじゃ、それを出して見せぬか」

と、いった。

すると二人の術師は恐縮して、

「お言葉ですが、幽霊は昼間は出ませぬもの。それでは夜になったら、お見せいたしましょう」

というので、ふしぎな術もひと休み。術師たちは種々の馳走をもてなされて、日の暮れるのを待つことにした。

やがて日が落ちると、術師は座中の燭の明りをすべて消させて、障子を開いた。

庭には、九月十七日の月が、かすかに照っていた。生暖かい風が吹き騒ぎ、雨が通り過ぎ、草木の葉がゆらめきはじめると、植込みの木の間から、怪しげなものが現われた。

それは、白衣の女であった。乱れ髪が青白い顔にかかり、苦しげな表情で杖にすがりついていた。

女房衆も、近習のものたちも、

「これはけしからぬものを。お慰みにもならない」

と思ったが、白衣の女はゆっくりと縁近くまで歩いてきて、立ちどまった。

月の光にすかして、よくよく女の顔を見ると、女は秀吉がまだ木下藤吉郎と名乗っていたころに、召し抱えたことのあるお菊という女であった。

菊女は藤吉郎が出世したのちにもやってきて、宮仕えを願ったが、前に仕えていた時、雑言を吐いて出ていったことがあるので、二度目には召し抱えなかった。菊女はそれを聞いて怒り、怨み言を吐いたので、秀吉が手討ちにしたのだった。

秀吉はびっくりして、

「どうした因縁で、この女を出したのか」

と、不快をあらわにしながら、術師たちを追い出してしまった。そして、

「あのものたちの術は、奇怪千万。あのものたちは、先年予が破却を命じた南蛮寺の残党どもであろう。どこぞに隠れておって、堺に出てきたのであろう。ただちに召し捕えて、詮議してみよ」

そう命じて、二人の術師を追わせて捕えたところ、秀吉のいう通りキリシタンであったので、二人を粟田口において磔の刑に処したという話である。

〔注〕荒唐無稽なこの話は、「実録的排耶御用小説」(海老沢有道)の代表的な一書といわれる『南蛮寺興廃記』その他に語られているものである。『南蛮寺興廃記』は著者、成立年不詳の『切支丹根元記』から、「宝永五年(一七〇八年)以降に改編されたもの」といわれている。

この書にも記されている南蛮妖魔術をはじめとする奇想天外なキリシタンのエピソードのうち、当時すでにどのくらいの話が巷間に流布していたかは不明である。しかし、そこに記されているキリシタン教義のあやしい転訛をはじめ、排耶蘇思想、伴天連の風体、南蛮医療・薬、未来の自分の姿を映すという三世鏡などの話は、江戸時代中期以降に各地で生まれていく数多くのキリシタン妖・奇譚のなかに形をかえて組み込まれ、さらに人目を奪うような不可思議な奇譚を生んで、巷間にひろがっていく。秀吉と菊女の話には江戸番町、播州姫路などで騒がれた皿屋敷の怪談――〃お菊伝説〃などが組み込まれているという説もある。さらに菊女出現のくだりは、果心居士の術として『醍醐随筆』に描かれている松永弾正と病死した妻女の幽霊出現の場面との著しい類似が見られる。二人の南蛮医師（術師）のことについては、『日本キリスト教歴史大事典』（教文館）の「コスモ・シモン伝説」の項参照。

29　ハヘルの術（鹿児島・山川）

龍伯公島津義久（一五三三～一六一一年）が、薩摩の藩主だったころのことである。領内の山川に鮫島円成坊と名乗る山伏がいた。

そのころは、薩摩にも多くの南蛮商人たちがやってきて、山川から喜入のあたりにひろがる浜辺の無用の芦原を借り受けて、住みついていた。南蛮人たちは、二百貫というとほうも

ない高額な礼銀を藩に申し出て、藩の重臣たちを喜ばせたが、島津図書は、

「不意の幸は不計の利だが、不計の幸のあるときは、また不計の禍あり」

といって、この予期しない申し出を断ってしまったという。

そのころは、日本国中にキリシタンの宗旨がひろがっていて、あちこちでキリシタンのふしぎな術などが喧伝されていた。

そこで藩主の龍伯公も、その善し悪しを評議し、山川に住む円成坊という山伏を召し出して、伴天連の教えやふしぎな術を学ばせることにした。

円成坊は薩摩を出て、他国をめぐり、三年後に伴天連の教えと幾つかのふしぎな術を会得して、薩摩に帰ってきた。そして早速、龍伯公の御前に出て、その術を披露した。

円成坊は、「ハヘル」という術を使って、大座敷のなかをたちまち野原にかえたり、地獄と極楽を見せたり、虚空より花吹雪を降らせたりしたので、龍伯公は大いに驚いた。そして円成坊が持ち帰った宗門の書物を焼き棄てさせ、伴天連の教えを禁じてしまった。

ほどなく日本国中がキリシタン禁制になったが、薩摩ではそれよりもひと足早く禁教にしたので、龍伯公には先見の明があったという。「ハヘル」というふしぎな術を披露した円成坊は、実は山伏ではなく、ほんとうは真如露という素姓を匿《かく》したキリシタンで、ハヘルの術の達人であったという話である。

30 聖母の像を抱いて（長崎・有馬）

フランシスコ・ザビエルがキリスト教を伝えてから五、六十年、慶長十年（一六〇五年）には、わが国のキリシタンの数は七十万から七十五万名を数えたという。

そのころ、九州島原半島の有馬の地に、相国寺という寺があった。この寺の住職は大のキリシタン嫌いであった。有馬のものたちが領主以下ほとんど信者になっていても、じぶんだけは最後まで仏教徒でありたいという信念のもとに、寺にいる弟子たちにもキリシタンだけには染まるなと、日ごろからいいつづけていた。

この寺に、春千代という稚児がいた。

春千代は繊細な感情と潑剌《はつらつ》たる才気とを持ち合わせた姿優しい少年で、ある都びとのおとし児といわれていたが、八歳の時に縁あって相国寺に入山、以来十五になるまで、忠実に仏につかえてきた。

ある時、春千代は読経に疲れた頭を休めるため、境内の松林を散策していた。

すると、矢来に結った竹垣を通じて、美しい女の姿が見えた。

若い乙女で、このあたりではついぞ見かけたことのない娘であったが、一目見るなり、春千代の胸はふるえた。春千代はすっかり心を奪われて、寺を抜け出すと、ひそかに娘のあとをつけていった。

「羽衣をつけた天女のように美しい」

春千代はそう思ったが、娘は青い目、茶色の髪をした異国風のもので、透きとおるような白い膚をしていた。そして、なんともいえない甘い香りを、あたりに漂わせていた。

やがて娘は海辺に出て、大きな岩の下をまわった。あとをつけていた春千代も、いそぎ足で追って、岩の下をまわったが、ふしぎなことに、娘の姿はもうどこにもなかった。目の前の巨岩の裾に、白浪がはげしく打ち寄せているだけだった。

春千代は、夢でも見ているのかと思った。しばらくあたりを見まわしていたが、やがて重い足を引きずって、寺へ帰っていった。

相国寺から春千代の姿が消えたのは、それから数日後の夕方のことだった。天女のような異国風の娘の姿を見てから、春千代の心は狂気のように乱れ、もう一度あの美しい娘に会えたなら、たとえ地獄におちても悔いはないとまで、思いつめたのだった。

寺を出た春千代は、娘の姿が消えた海辺の岩の下へ急いだ。

すると途中で、南蛮の伴天連に出会った。春千代は同じ南蛮人であるから、伴天連が娘の住家を知っているかも知れないと思った。そして、じぶんはその娘に恋心を抱き、寺を出てきたことまで話し、もし住家を知っていたら是非教えてほしいと訴えた。

南蛮の伴天連は、春千代の乱れた心と悩みとを察すると、その心を救って、天主の教えに導いてやりたいと思った。

そこで伴天連は、静かに十字を切り、何事か口のなかで祈ると、やさしい声で春千代にいった。

「さあ、わたくしといっしょに、おいでなさい。美しいその娘《ひと》より、もっともっと神々しい聖母《おんはは》を拝みましょう」

春千代は、いわれるままに伴天連に従って、南蛮寺の門をくぐった。そして御堂のなかに歩んで、伴天連と同じように祭壇の前にひざまずいた。

「この方が、処女神聖母瑪利亜《ビルゼンサンタマリア》さまです。あなたの苦しみを、懺悔なさい。あなたは救われます」

春千代は、指さされた祭壇の上を見あげた。銀光まばゆいばかりの十字架のもとに、黒い衣をまとった小さな女の像があった。

春千代がその聖母の像をみつめていると、ふしぎなことに聖母の像がにわかに大きくなり、あの忘れ得ない青い目の娘の姿となって、春千代にほほえみかけたのだ。

その夜、春千代はひそかに南蛮寺にはいり、祭壇に走り寄ると、両手で聖母の像にかじりついた。そして像を抱きかかえながら、御堂から走り出した。

空には、月が輝いていた。

どこを、どう走ったのか分らなかったが、気がつくと、春千代は聖母の像を抱いたまま、海辺の岩の下に立っていた。

「どちらへ、行きましょう」

春千代は、聖母の像に頰ずりをしながら、尋ねた。

聖母の像は無言だったが、春千代にはその表情が海の彼方をみつめたように思われた。春千代は微笑しながらうなずくと、白い素足を血で染めながら岩の上に登り、白浪の打ち寄せる海のなかへ、聖母の像を抱きながら入っていった。

「南無阿弥陀仏」

それが、春千代の最期の言葉であったという。

31 幕府顚覆計画（東京・八王子）

江戸幕府の金山奉行としてその名を馳せた石見守大久保長安は、甲州の一介の猿楽師から武州八王子に三万石を領するまでになった。

その生活ぶりは豪奢をきわめ、『当代記』によれば、支配地に乗り込む時は、「召使いの上郎女房七、八十人、それに従う者二百五十人、その他伝馬人足巳下幾等《いかいくら》という数を知らず。毎度上下かくの如く、偏《ひとえ》に天下の如し……」という豪華さであった。また色を好み、二十四人もいた愛妾たちには、自分に万が一のことがあったら各人に形見として一万両、和漢の織物を与えると約束していて、長安の死後それを聞いた家康も、あきれ返ったという。

当時「日本一の奢《おご》りもの」といわれた長安の蓄財法は、金山からの横領、賄賂取りの巧みさなどにあったらしいが、鉱山経営は金銀の鉱石に水銀を流して抽出するという南蛮のアマルガム法を用い、坑内の湧き水に排水ポンプを使用したことなどで、金銀の産出はそれまでに比べて飛躍的に増大、家康を大いに喜ばせていた。長安はこれらの技術を、ひそかにキリシタンの南蛮人たちから学んだという。

家康の、おぼえめでたい長安だった。ところが、慶長十八年（一六一三年）四月、中風の悪化で長安が死ぬと、とんでもないことが起った。長安の〝隠謀〟が、発覚したというのだ。

武州八王子の自邸を捜査したところ、長安の寝所の床下に、二重の石櫃があった。そのなかに匿《かく》してあった梨子地蒔絵の箱から、極秘の《幕府顚覆計画書》が出てきた。そこには、「日本にキリシタンを弘め、南蛮の軍隊を導き入れ、家康の第六子越後高田の松平忠輝を日本の国王にして自分は関白となる」ということが記されていて、連判状まで出てきたという。

驚いた家康は、「死骸は金の棺に収めて生国である甲州まで運び、国中の僧侶を集めて葬儀をとりおこなえ」と遺書に認《したた》められていたという長安の屍を、安倍川の川原に曝し、私財を没収した。長安の私財は、『当代記』によれば、

「金銀諸国より上がる分、凡そ五千貫余と云々。其の外金銀にて拵へたる道具其の数を知らず、いづれも駿府へ蔵納れ。右の道具、大方の覚え、茶椀、天目、同台、茶具もこれ有り、印籠、香合、茶釜、同風炉、燭台、手水盥、同柄指し、手巾懸け、香盒、鏡台、櫛箱、同櫛、油桶、燭真取り、手箱、しやみせん、きせる、その外女人の道具にかからぬ物共ありとかや、一笑々々。右いづれも金子銀子二通りありけるとなり。前代未聞の次第なり」というものであった。そしてさらに家康は、長安の嫡子をはじめ七人の子すべてに切腹を命じ、主だった三十名の家臣は打首獄門、愛妾たちはことごとく追放したという。

長安のこの《幕府顚覆計画》には、内容に違いはあるが、もう一説ある。

慶長十六年（一六一一年）、オランダの軍船がアフリカの南端喜望峰の近くで、当時敵対していたポルトガルから船を拿捕して船中を調べたところ、長崎に居留するカピタン・モロからポルトガル国王にあてた隠謀の《密書》が出てきた。そこには、

「九州のキリシタンたちが、ポルトガル人と力を合わせて幕府顚覆をはかりたいから、必要なポルトガルの軍船や軍隊を派遣して欲しい。この計画が幸いに成功することを、法皇が天の恵みとして寵幸されんことを期待する」

ということが認められており、首謀者の姓名が記されたところに、佐渡奉行大久保長安の名があったという。

オランダ人はこの《密書》のことを、親しい平戸の藩主松浦肥前守鎮信に伝えた。肥前守は長崎奉行長谷川左兵衛藤広に伝えたので、長崎にいたカピタン・モロはただちに捕えられ、磔木にはりつけられて、生きながら焚殺された。日本側の首謀者大久保石見守は、その時駿府の屋敷にいたが、逮捕寸前に病死した。いや、長安は病死したのではなく、隠謀と不正が露顕したので切腹を申し渡されたという。

《幕府顚覆計画》は、長安の死で頓挫したが、武州八王子の長安の屋敷の寝所下の二重の石櫃のなかにもう一書極秘の文書があった。

こちらの秘密文書は、絵地図入りの難解なもので、長安が隠匿した判金七千枚（時価五百億以上）の埋蔵地点を示したものである。長安はこの莫大な黄金を、幕府顚覆の資金として匿したとも、子孫のために埋蔵したともいわれる。その埋蔵場所というのは、「箱根の仙石原南方数百メートル先の富士山のよく見える所」で、「朝日射す、夕日輝く黒いつつじの花

の咲く木の根元」であるという話である。

〔注〕この話は元禄のころ、巷間に伝わっていたという。カピタン・モロ云々の話は、来日したオランダの医師ケンプェルの『日本誌』に記されている。長安の蓄財の不正に対する家康の処置があまりにも厳しかったこと、長安の生前の豪奢ぶりなどがこの伝説を生んだものであろう。家康の第六子、越前高田五十五万石の松平忠輝が登場する背景には、忠輝が当時キリシタンや外国貿易に深い関心を持っていたこと、忠輝の正室がキリシタンに好意を示して遣欧使節まで送った仙台の伊達政宗の娘五郎八《いろは》姫であったことなどが考えられる。〝暴君〟の異名のあった忠輝は、家康と茶阿局との間に生まれたが、肌色が異様に黒く、その上「眦《まなじり》が逆に裂けている」のを見た家康は、「棄ててしまえ」といったという。また忠輝はのちに将軍秀忠の従士長坂信時を殺害し、大坂夏の陣に参加しなかったことを家康や秀忠から咎められ、改易されて伊勢朝熊へ追放、落髪した。素行の悪さが家康などに気に入られなかったようである。これらのことから、排耶蘇的な風聞伝説へ仮託されたのではなかろうか。

因みに、わが国のキリシタンに関する宝物などの埋蔵伝説とその場所を記すと、次のような話が知られている。

一、天草下島の柱岳の麓にあった三角池、あるいは宇土にある三角池。キリシタン大名小西行長の遺臣で、天草・島原の乱の残党の一人小山田慶信というものが、六キロ近い黄金の十字架、金銀製の燭台二十基、宝石をちりばめた王冠、軍資金の一部の大判小判百億円近いものを埋めたという。

二、天草下島牛深港の沖合にある片島。天草・島原の乱の時、一揆勢の軍資金として、百万両の小判を島の洞窟のなかに隠したという。
三、上天草の樋合《ひあい》島。宣教師が残していった黄金の聖祭具、近隣に住む信者たちが隠し持っていた大量の聖祭具などを、天草四郎が集めて隠したという。
四、長崎港外神ノ島沖合。一六〇九年長崎に入港したポルトガル船マードレ・デ・デウス号は、有馬晴信の軍に襲われて自沈したが、同船には日本イエズス会の布教資金などの黄金百十三キロ、銀九千キロ、交易のための陶磁器数千個などが積まれていた。その一部銀三千三百キロ余りは江戸時代に引き揚げられている。
五、四国剣山の山中。旧約聖書『列王の書・上』に記されたソロモンの秘宝を、新約聖書『ヨハネ黙示録』によって神学者が解読した結果、その秘宝が剣山山中の洞窟のなかに隠されたことが判明したという。
また、《長安の埋蔵金伝説》にある、「朝日射す、夕日輝く……」という詞は、各地に伝わるわが国の埋蔵金伝説の枕詞ともいえるもので、大方の埋蔵金伝説はこの詞をもって、埋蔵金の隠し場が暗示されている。

Ⅱ　弾圧時代

〔慶長十八年（一六一三年）～寛永十八年（一六四一年）〕

32 占い師の予言（京都）

キリスト教がきびしく禁じられ、どうしても改宗しないものたちは、海外に流刑になったり、俵にいれられて河原に積みあげられたり、火をつけて踊らされたり（蓑踊り）していたころのことである。

京の都に住む異教徒たちが、じぶんたちのことをよく占ってくれるという、同じ異教徒の占い師に蓑踊りの話を伝えたところ、占い師は、

「キリシタンを俵につめるという話は、未だかつて聞いたことがない。占いになんと出るか、ひとつ占ってみよう」

といい出して、早速筮竹《ぜいちく》を手にして占ったところ、次のように出たという。

「俵は米のためのものである。米は増えていく種子であるから、いかに彼らキリシタンたちをきびしく取り締まっても、これからもどんどん増えていくと、わしの占いには出た。お上《かみ》もばかなことをするものじゃ」

じぶんたちの信じていた占い師が、とんでもないことをいい出したので、異教徒たちはびっくりした。そしてこの占い師を、都から追い出してしまったという話である。

33　牢中でキリシタンに目覚める（東京）

浅草の癩病院のなかにあった藁囲いの小さな礼拝堂に、奉行所の役人たちが踏み込んだのは、江戸幕府のキリシタン弾圧、迫害がはげしくなり出した慶長十八年（一六一三年）の八月のことだった。

礼拝堂では近くの町々に隠れ住むキリシタンたちが秘かに集まって、ミサに与っているところだった。突然のことで、だれもが呆気《あっけ》にとられたが、狭い堂内では身動きもできない。司祭をはじめ礼拝堂にいたキリシタンたち二十七名はその場で縄をうたれ、伝馬町の牢に引きたてられていった。そして市中引きまわしのうえ、全員鳥越《とりごえ》の刑場で斬首されることになった。

その日の夕方のこと、どうしても借金を返済しないという理由で訴えられた男が、牢に引きたてられてきた。牢のなかには先に捕われてきたキリシタンたちがいて、目を閉じたり、両手を合わせて祈ったり、黙って念禱（黙想）していたり、静かな声で仲間と教義らしい話をしていた。明日になれば、全員が処刑されるというのに、だれもが落ち着きはらっているので、男はふしぎに思った。しばらく様子をうかがっていたが、そのうちにひとりの老人のところへ近寄っていって、尋ねてみた。

男はこれまで、キリスト教がどのような教えを持った宗教なのか、まったく関心を持たなかったが、声をかけた老人から話を聞かされていくうちに、興味を抱きはじめたのだった。それから四日後の朝、役人が来て、キリシタンたちは一人ひとり後手に縛りあげられて、牢から連れ出されていくと、その男も後手に縛られながら、黙ってキリシタンたちの後に従って、牢から出ていった。

男は牢のなかに四日ほど囚《とら》われていたがその間に、キリスト教の信仰に目覚め、自分の行い、罪を深く悔い改めて信者となり、キリシタンとして処刑されていったという話である。

〔注〕キリスト教を禁じ、「彼の宗の寺院破却すべし」と布達して、江戸幕府がまず直轄領内から本格的にキリシタン弾圧をはじめたのは、慶長十七年（一六一二年）三月のことである。

当時江戸の市中にあったフランシスコ会のノートルダム・デュ・ロザリオ聖堂は立ち退きを迫られて破壊されたため、同会の宣教師ソテーロ（神父の叙階はない）は、役人の目の届きにくいと思われた江戸の郊外半里ほど離れた浅草村にある病院の癩病治療所のなかに、藁で囲んだ礼拝堂を秘かにつくり、江戸の町に潜む信者たちのためにミサをたてていた。弾圧があった時、ソテーロもキリシタンたちと一緒に捕われて、死罪を宣告されたが、ソテーロは伊達政宗の仲介ですぐに釈放された。彼は政宗の侍女の病気治療に医師を送ったことから、政宗の知遇を得ていたのだ。ソテーロは釈放後直ちに仙台にむかった。そして、政宗が幕府の許しを受けてすすめていた慶長遣欧使節の一人として翌年九月、月の浦で建造されたサン・ファン・バウチスタ号に正使支倉常長の案内役として乗船、ノビスパン（メキシコ）のアカプルコにむかった。その後常長とともにスペイン、イタリアで国王、ローマ教皇に謁見、再び禁教下の日本に潜入し、寛永元年（一六二四年）七月、大村放虎原《ほうこばる》で殉教した。ソテーロは日本語に堪能だったという。

ソテーロとともに、浅草の礼拝堂で捕われた二十六名のキリシタンたちは三日に分けられて、江戸市中を引きまわしの後、鳥越の刑場で斬首、全員殉教した。伝馬町の牢のなかでキリシタンになった男もともに殉教したが、男についての詳細は不詳である。

34　石になった妻（長崎・島原）

島原の町から千本木を通って雲仙にむかう途中の山奥に、魚洗郷《いわれごう》という集落がある。めずらしい名の由来は、千々石《ちぢわ》の在から魚を売りにくる漁師たちが、ちょうどこのあたりにきて、森のなかに湧き出る清水で魚に活きをつけるため、洗っていたからだという。

むかし、この近くの土黒村に足の不自由な男がいた。

ある時、この村に伴天連がやってきて、男が引きずっている足を治してくれたという。伴天連の治療を心から喜んだ男は、キリスト教が禁じられたにもかかわらず教えを受け、洗礼を受けてキリシタンに帰依した。

ところが間もなく取り締りがはげしくなり、役人たちがやってきて、この男をはじめ、村に潜んでいた何人かのキリシタンを捕えた。キリシタンたちは、雲仙の温泉岳の硫黄の池のなかに投げ込まれるということだった。

男の妻は夫がキリシタンになっていたことを知らなかった。その日は朝から山菜採りに裏の山に入っていて、戻ってきたときは、夫たちはもう縄をうたれて役人たちに引きたてられていった後だった。男の妻は、一目会って、夫に最後の言葉をかけようと、すぐに後を追った。そして魚洗郷までいったが、夫たちはすでに吾妻岳を登っており、処刑地の温泉岳へむかう後姿が遥かに眺められるだけだった。

男の妻は、いつまでも立ちつくして、夫の後姿を見送っていたが、悲歎のあまりそのまま石と化してしまった。夜になると、その石からすすり泣く声がいつも聞こえていたという。

〔注〕別離などで女が哀しみのあまり石に化したという伝説は、例えば沖縄県八重山に伝わる「ヌスク・マーペ」（野底マーペ）の話をはじめ、わが国には多くの類話がある。また石と化したものがすすり泣くといった《夜泣き石》の伝説も多い。キリシタン伝説の類話としては、江戸キリシタン屋敷の「71 八兵衛の夜泣き石」が知られている。（柳田国男「夜啼石の話」、石上堅『石の伝説』雪華社など参照）。

35　元旦の朝に鳴く金の鶏（大阪・高槻）

むかし、摂津の国（大阪府）にある石堂ヶ岡の山頂近くに石室があった。

石室は、その後土砂に埋まってしまったが、毎年正月元旦の明け方になると、石室のあたりの土のなかから、金の鶏が哀しい声を張りあげて鳴きつづけたという。

金の鶏は、この近くに住んでいたキリシタンが持っていたものであった。宗門の取り締りがきびしくなった禁教時代、十字架やロザリオなどと一緒に、石堂ヶ岡の石室の奥に秘かに埋めたものだという話である。

〔注〕摂津の国といえば、キリシタン時代に〝日本の教会の柱〟と讃えられたユスト・高山右近の居城があったところである。右近が領していた高槻は、二万五千名の領民のほとんどがキリシタンで、領内に二十の教会堂が建つほどの繁栄をみせ、〝キリシタン大名高山右近〟の名とともに、ヨーロッパにも知られていた。しかしはげしい弾圧がつづく禁教時代に入ると、信者のほとんどは宗門を離れていった。ところが大正時代になってから、旧摂津領内の旧家の天井裏などから、多くのキリシタン遺物が発見され、〝キリシタンの里〟として、ふたたび脚光を浴びるようになった。「元旦の朝に鳴く金の鶏」の話は、わが国の各地に伝わ

る《金鶏伝説》の類話のひとつである。金鶏伝説には、長者が黄金の塊の代りに金の鶏を鋳《ちゅう》して土中に匿すという埋蔵金伝説、山などその埋蔵地点で金鶏が鳴くという金鶏山伝説、あるいはその鳴き方で吉凶を占う鶏鳴伝説、鶏石伝説などがある。

石堂ヶ岡の金鶏伝説は埋蔵金伝説、金鶏山伝説が混淆した話になっているが、この金鶏伝説がキリシタン伝説として伝えられているのは、金鶏の鳴き声の「哀しい」という表現のなかに、虐げられていた当時のキリシタンたちの苦しみがこめられているからだろうか。

同じ摂津の高槻には、「むかし、正月三日の朝、村に住むものが村を流れる川の近くを通りかかると、川の中にある白い岩の上で、黄金色に輝く鶏の鳴くのが見えた」という話も伝わっている。

直接キリシタンとは関係はないが、千葉県の御宿には、慶長十四年(一六〇九年)の秋、近くの岸和田海岸に嵐のため漂着したスペイン船にまつわる金鶏伝説がある。

フィリピンからメキシコのアカプルコにむかうサン・フランシスコ号には、この時いいんす(黄金)でつくった鶏が積んであった。この黄金の鶏は、まるで生きているように昼夜を告げる仕掛け(時計)になっていて、石の唐櫃のなかに、大切にいれてあった。ところが船が座礁した時、海中にほうり出されて、海底に沈んでしまったという。この話を、救助した船乗りたちから聞いた大多喜城の城主本多忠朝は、その後たびたび大勢の人夫を使って、海底を捜させた。しかし石の唐櫃は海底の砂に埋もれたのか、どうしても見つけることができなかった。いまでも、波風の静かな月の明るい夜には、その鶏の声が海の底から聞こえるという。黄金の鶏について、「その鶏は船上の甲板で飼われていた普通の鶏で、船につながれたまま海底に沈んだ」とも同地ではいうが、南蛮船がもたらした美しい《金鶏伝説》である。

金鶏伝説には関連はないが、青森県下北地方には、次の鶏にまつわる伝承がある。遭難事故の溺死者の捜索には、船に鶏をのせていく。船上の鶏が鳴き出すと、その声によって海底に沈んでいる死体が浮上する。鶏の鳴き声によって、溺死者が成仏するという説があったという（高松敬吉『下北半島の民間信仰』伝統と現代社）。

36　キリシタン仏師又七の話（東京）

元和九年（一六二三年）秋、東海道江戸の入口にあたる芝の札ノ辻で、五十名ものキリシタンが磔の刑に処せられた。芝の札ノ辻は幕府の諸制度令を公示する高札場で、往き交う人々でにぎわう場所であった。

処刑がおこなわれたその日の夜五ツ時分（午後八時ごろ）、刑がおこなわれた脇の道を、ある御家門の飛脚が急ぎ足で通り過ぎようとしていた。

街道の脇には磔柱が並木のように立っており、その柱にはまだ縛られたままの殉教者たちの遺体が晒されていた。

その時、背後から男の声が聞こえた。飛脚は思わず足を止め、振り返った。すると、かたわらに立っている磔柱に縛られている遺体が動いて、

「助けてくれ。わしはこの通り、生きとるのじゃ」

と、はっきりした口調でいうのだった。

磔柱に縛られている男は、磔にされて役人に槍を突きつけられた時気を失ってしまい、役人は死んだと思って槍を突くのをやめてしまったというのだった。

飛脚は周囲に誰もいないことを見届けると、素早く縄を解いてやった。磔柱から降りた男は一言礼をのべると、そのまま闇のなかへ姿を消していった。

いのちを救われた男は、キリシタン仲間たちの頼みをきいて、ひそかにマリア観音などを彫っていた又七という、大工や指物師が住む江戸檜物町の仏師だった。

又七は翌日、霊岸島から渡船で江戸の海を渡り、上総の天神山に身を匿した。そして庵を結ぶと米穀を絶ち、草木の実のみ食するという木喰《もくじき》の行をおこないながら、やがて一心不乱に大きな仏像を彫りはじめた。キリシタン宗を棄てたのか、深く秘すためだったかは不明だが、又七が仏像を彫りはじめたのは、無慚に処刑された多くの仲間たちの霊を慰めるためだったという。

それからいつか、十年の歳月が流れていた。

又七は精魂こめて大日如来、釈迦如来、阿弥陀如来、宝生如来、薬師如来の〝五智如来〟像を彫りあげると、船で江戸へ運び、その仏像を祀る堂宇を建てるため、勧進をはじめた。そして上総の天神山にこもってから十二年目の寛永十二年（一六三五年）、札ノ辻に近い芝高輪の地に帰命山如来寺を創建し、殺されていった仲間たちの霊を供養するため、自分が彫像した五智如来を本尊として安置した。この時から、又七は但空と名のって、自ら如来寺の住職になったという。

如来寺の五智如来像は〝芝の大仏《おおぼとけ》〟といわれ、多くの参詣者が訪れて、江戸名物のひとつにも数えられたという話である。

〔注〕江戸時代の逸話などを集めた『燕石十種』の「事蹟合考巻の五」にも記されているこの「高縄《ママ》の大仏の事」の話には、いくつかの話がある。そのひとつ『江戸名所図絵』の「帰命山如来寺」の項には、五智如来像を彫像し、如来寺を建立したのは木喰但唱上人という仏師で、又七はその弟子であったという。また別話では、諸国を行脚《あんぎゃ》してきた但唱上人が江戸の芝に如来寺を創建し、それから五智如来を彫像した。但唱上人の前身が又七であるという。
この仏師又七の話にある殉教事件は、「処刑者五十名」という数から元和九年十月十三日の〝江戸の大殉教〟である。八月に幕府の三代将軍に就いた家光がキリシタンの根絶をねらっておこなった最初の大弾圧で、家光は江戸に潜伏していた後述の二人の神父が捕われた時、「長崎で二十人の教師が発見されても驚かぬが、江戸で二人の教師を発見するとは捨ておけぬ怪事である。以後探索を厳重にして一人残らず召捕り、処刑せよ」と、烈火の如く怒ったという。

〝江戸の大殉教〟の殉教者には、イエズス会のデ・アンゼリ、フランシスコ会のガルペスの二人の神父、家康の近習だったヨハネ・原主水などがおり、処刑者は江戸市中引き廻しの上、芝札ノ辻で磔刑ではなく、火刑になっている。なお処刑者は五十一名だったが、市中引き廻しの途中、どのような理由か不詳だが一名が除かれている。

家光はこれにつづいて、十一月には女子、子どもなど十八名を含む三十七名を火刑、斬首、磔刑に処している。このなかの十三名はキリシタンではなく、異教徒であった。キリシタンの家族はもちろん、キリシタンに家を貸したもの、同宿者など、キリシタンと関連を持ったものも捕われて、容赦なく処刑されている。摘発の端緒は棄教者（転びキリシタン）、褒賞金目当ての密告が多かった。〝江戸の大殉教〟の密告者は札ノ辻で役人から処刑者の住家と金三十枚が与えられたが、つめかけていた異教徒の群衆から浴びせられる罵声に耐えられず、顔を隠しながら即刻姿をくらましたという。

家光のキリシタン弾圧は、さらに残酷をきわめていった。江戸だけでも、寛永十五年（一六三八年）には、芝口の海岸で二十三名が海中に吊されて溺殺されている。同十七年（一六四〇年）には、鈴ヶ森の海岸で七十余名が頭を下にして柱に縛られ、海中に吊されている。「上潮時には海水が口に入り、顔は血の逆上と塩水とおそろしい苦しみとのために全く歪められ、七、八日後には遂に死んだ」殉教者もいたという（『通航一覧』巻一九四ほか）。

37 怪力キリシタン伊之助物語（長崎・南有馬）

九州島原半島の南有馬は、キリシタンで怪力の持ち主であったという、伊之助にまつわる伝説が多く伝えられている。

南有馬吉川の伊之助原に住んでいた伊之助は、後家さんの息子であった。子どものころの伊之助は体つきも貧弱な上に、たいへんな泣き虫で、よく近所の子どもたちに泣かされて、家に帰ってきた。行く末を心配した母親は、伊之助の手を引いて上夏吉の山の神に出かけ、笹のついたハチク竹で祈願をつづけたところ、そのかいあってか、伊之助は無双の怪力を授かったという。

伊之助の怪力を伝える伝説は、いずれも彼がおとなになってからのものである。

夏吉の後田というところにある二つの大石は、一個の重量が千二百キロほどあるが、伊之助はいつもこの石を、両の袂にいれて歩いていたという。

また、上原の崖の上に、四畳半くらいの笠の形をした大石がある。これは雲仙参りをした帰路、夕立にあった伊之助が笠の代わりに頭にのせ、ここに残していったものであるという。

さらに上原の宮地獄神社には、穴のあいた百キロほどの石が祀られているが、これは伊之助が使っていた根付石であるという。このほか、島原の乱の時に伊之助がホラ貝の代わりに吹き鳴らしたという石貝や、崖の上から幕府側の敵兵に投げつけた大石などの遺物もあって、伊之助の怪力には、ただただあきれるばかりである。

ある時、口之津に住む叔母の家で、新造船の船おろしの祝いがあった。

どうしたわけか、この祝事に招かれなかった伊之助は、すっかり腹を立てた。そして叔母の家へ出かけていくと、たくさんの祝賀客たちの見ている前で、十三反もある大きな新造船を担ぎあげ、それを鳳上岳まで担いでいった。そして鳳上岳のてっぺんから、船を大屋の谷へ投げ落とした。大屋の谷にある小利《おとし》という地名は、これから生まれたという。

怪力の伊之助が船を担いだという話は、ほかにも伝えられている。

ある時、伊之助が妻の里である口之津の早崎にいった帰り道、焚場《たてば》の海岸を通りかかると、漁師たちが火を焚いて、船だて（船を陸にあげて船底を乾燥させる）をしていた。

「ほう。これは、いい船だ。肩に担ぐにちょうどよいな」

足をとめて、船をじろじろ見ながら伊之助が呟くと、漁師たちが腹を立てた。

「なに？　船を肩に担ぐだと？」

「いや、いまのは冗談じゃ。あんまりいい船なんでな、担ぎたくなって、つい口がすべってしまったんじゃ」

伊之助は笑いながら話をそらそうとしたが、漁師たちは聞かなかった。

「船はな、海の上に浮かべるものじゃ。肩に担げるものじゃねえ。それともお前、担ぐといったんだから、担いでみろ」

そこで伊之助は、

「もし、この船を担ぎあげたら、おれにくれるか？」

と、いった。

売り言葉に、買い言葉である。

「おお、やるともさ。早く担いでみろ。担げなかったら、お前を素っぱだかにして、海へほうり込んでやるぞ」

漁師たちは、伊之助に語気荒くいった。

「それほどいうなら、仕方がない。この船は、おらがもらったぞ」

伊之助は腕まくりをすると、軽々とその船を肩の上に担ぎあげて、歩き出した。

漁師たちは驚きあきれ、

「おい、おい。この船を持っていかれると困る。あやまるから、約束はなかったことにしてくれ」

次つぎと伊之助の前へとび出してきて、米つきバッタのように頭をさげた。

ところが、伊之助は知らん顔。その船を海へ投げ込んでしまった。船は舳先を底砂のなかに深く突っ込んで、びくとも動かない。伊之助は、ゆうゆうと家へ帰っていったという。

――無邪気さがあって憎めないこんな伊之助が、いつごろキリシタンになったのかは分らないが、やがて伊之助は、天の四郎（天草四郎）を識るようになる。

ある時、伊之助は同じ島原半島の小浜にある湯治宿に出かけた。

すると、宿には三人の先客があった。

一人は、天狗が履くような一本歯の下駄で海の上を平気で歩くことができるという、天草島の天の四郎。もう一人は、島原三会《みえ》村の農夫で、百発百中の鉄砲の名手の金作。この金作は、十歩先の縄に挿してある針の穴を射抜くほどの腕前で、懸針金作《さげばりのきんさく》と呼ばれていた。もう一人は、口之津村大屋に住む絵の達人〝活き絵の与茂作（山田右衛門作）〟。いずれも近郊に名の知れたキリシタンであった。

伊之助は同宗の三人との出会いを喜び、時のたつのも忘れて酒をくみ交わしていたが、ふと目を外にやると、波の上に三羽の鴨が浮いていた。

すると、懸針金作が、

「酒の肴がないのが淋しい。あの鴨を肴にしようではないか」

と、いい出した。そして持っていた鉄砲で狙いを定めて引き金を引くと、一発の弾が次つぎと当たって、三羽の鴨が水のなかへ首を突っこんだ。それを四郎が海の上を歩いて持ってくると、与茂作が紙の上に素早く描いた庖丁と俎板で、見事に料理をした。

伊之助は、じぶんもなにか業《わざ》を見せなければと思ったが、なにも思いつかない。しばらくすると、金作と四郎、与茂作の三人は風呂に入るため外へ出ていった。伊之助も後につづいて外に出た。

その時、なにを思ったのか、伊之助は湯治宿の建物の角に両手をかけた。そしてきりりと建物を半分ひねってから、風呂場へいった。

やがて風呂から戻ってきた三人は、宿の入口が反対の方角に変わっているので、びっくり仰天。伊之助の怪力にあきれ返った。この四人が意気投合し、重税に苦しむ農民たちを救うために起こしたのが、あの島原の乱であったという。

怪力伊之助は、ムシロ八枚を重ねて作った鎧《よろい》と、牛の羽釜や縄で編んだ八重の兜をかぶって戦いに挑んだので、敵の刀や槍も通らなかった。しかし、ホラ貝代わりの大石貝を吹き鳴らしたり、籠城した原城の石垣の上から大石を投げつけたくらいで、さしたる働きぶりは伝わっていない。

ふたたび伊之助が登場するのは、落城後、敗走兵としてである。

原城から加津佐村野田の陣床田原まで逃れてきた伊之助は、あまりにものどが渇いたので、無我夢中でマス川の湧水を飲んでいた。その時、背後から幕府方の兵に鉄砲で射たれて、落命した。無双の怪力としては、まったくあっけない最期であったが、次のような、その時の詳細を知ると、いたしかたないという気もする。

伊之助は、のどを潤すためにかがみこんだ。身にまとっているものは、槍も通さないほど厚い鎧だったが、裾がめくれあがっていた。その下から尻が見え、ちょうど真中に標的の黒点のような尻の穴が見えていたというから、伊之助はふんどしをしていなかったことになろう。幕府方の兵は、標的の黒点にぴたりと狙いを定めて引き金を引いたので、伊之助もどうにもならなかったという。

〔注〕長崎県島原半島には、伊之助のほかにもう一人、有名な味噌五郎という怪力の持ち主の話が伝えられている。味噌五郎の方は、「右足を肥前の多良岳にかけ、左足を天草にかけて、千々石湾（橘湾）で手を洗った」という、とほうもない大男。小浜には彼の足跡というものが残されている。味噌五郎の伝説と伊之助伝説には混淆がみられ、雲仙参りをした帰路、夕立にあった伊之助が笠代わりにかぶったという上原の笠石は、味噌五郎がかぶった笠とも、腰をかけて休んだ「腰かけ石」だともいわれている。

また、伊之助が小浜の湯治宿で出会ったという懸針金作については、『耶蘇天誅記』、『耶蘇征伐記』などに農夫で鉄砲の名手であったこと、一揆軍が三会村の千本木にあった松倉家の米蔵を襲った時の合戦で、小浜の代官高橋武右衛門を討ったこと、乱後の三月四日捕われて、仲間とともに誅されたことなどが部分的に記されている。天草四郎については、次話「天草・島原の乱と天草四郎」およびその注、山田与茂作については「48　本蓮寺の杉戸の絵」、

「50 与茂作川の水」参照。

38 天草・島原の乱と天草四郎（長崎・島原）

寛永十四年（一六三七年）の夏、肥後の国の阿蘇山が大噴火を起こし、はげしい地鳴りのあと、村々に硫黄まじりの灰の雨が降った。九月になると、朝な夕な連日空が紅く焼け、島原、天草地方の野山には、季節外れの花や山桜が狂い咲いた。

すると、だれかれとなく、ささやきがはじまった。

「これは、ママコス上人の予言通りだぞ。一、二年のうちに、日本国じゅうがキリシタンになる。この冬には疫病がはやり、十字架をいだかないものは、みな亡びて死んでしまうぞ……」

ささやきは大きくなって、村から郷、島から島へとひろがっていった。

ママコス上人というのは、二十四年前の江戸幕府による禁教令で、日本を追われた南蛮伴天連の一人である。彼は口之津の港から船で日本を離れる時、次のようなことをいい残していったという。

「これより二十五年目に、十六歳になる美しい天童が、世に現われる。その天童は習わぬのに諸道をきわめ、ふしぎなしるしをあらわすだろう。天命により、東西の雲をこがし、地には不時の花が咲く。国土は鳴動し、人家草木は焼け滅びる。もろもろの民は頭にクルスをいただき、野山はたちまち白旗がなびき、キリスト教の宗威は異教をのみこみ、民はみな首に九珠のロザリオをつけ、天帝はあまねく万代を救うであろう……」

天草や島原に住むものたちが、伴天連ママコス上人の予言をうわさし合っている折りもおり、天草の大矢野に一人の天童が現われた。

名は大矢野四郎時貞、十六歳。幼時より学問を好み、英智にすぐれ、風貌には天性の気品があった。長崎にいって語学を修め、洗礼を受けて切支丹宗門の信者となり、その宗門名をジェロニモといった。

ジェロニモ・四郎は十二、三歳のおり、長崎滞在中に唐人屋敷の丁稚に雇われていたことがあった。その屋敷に出入りする唐人で、よく人相を見るというものが四郎を垣間見て、

「日本という国は、面白いところだ。あんなすぐれた子に、なぜ丁稚などさせておくのだろう。あの子の志は天下国家にあるが、惜しいかな、運が早いので、事は成就しないだろう」

と、いったという。

両の頬に、疱瘡のあとが残っていたが、風貌に気品が漂い、思わず見惚れるばかりの美少年であった。

その四郎は、やがてキリシタンの世になるといって、その証拠を村のものたちに、いろいろ見せていた。

虚空より鳩を手招いて、じぶんの掌の内に卵を産ませ、それを割って、なかからキリシタンの経文を取り出してみせたり、竹の枝にとまっている雀に、少しも気づかれずにその枝を

手折ってみせたり、天草と有馬の間にある湯島へ渡るのに、まるで野原を行くように海の上を歩いていったという。

またある時、湯島の一農夫が狂女を連れてきて、四郎に治療を乞うた。四郎はうなずいて、狂女の頭に手をのせた。そして何事か口のなかで祈りの言葉を唱えると、狂女はたちまち正気を取り戻したので、湯島のものたちはみな、心を動かされたという。

四郎の出現は、ママコス上人の予言の正しさを、裏づけるものであった。天変地異の怖しさを目のあたりにして、天草や有馬のものたちは、救いを求めて四郎のもとへ集まってきたが、ある時、そのなかに予言を信じない二人の男がいた。

男たちは四郎のもとへ集まるものたちを尻目に、四郎の悪口をささやき合っていた。

――と、たちまち一人の男の口がしびれ出し、もう一人の男は足が曲がって、それっきり伸びなくなってしまった。

二人の男は四郎の前に出て、泣いて許しを乞うた。四郎はおだやかな声で、

「われらの教門は既往をとがめず、先非を悔いて神《デウス》に祈れば、救われざるものはないであろう」

といって、神に祈ると、たちまち二人は治ったので、四郎に従ったという。

こうして、キリシタンの世直しともいわれる乱が起こったのだが、原城に四郎とともに立てこもったのは、老若男女、子どもたちまで合わせて三万七千名。これを討つ幕府軍は十二万五千余名。幕府軍は、

「キリシタンであるなら、たとえ虫でも逃さず」

と、気負い立ってたち向かったが、武器らしい武器をも持たない農民たちの原城籠城を鎮圧するのに、五ヵ月もかかった。

籠城の農民たちは、兵糧攻めにあって城を枕に討死したが、落城の時、四郎は一丈ばかりの高さに築いてある石の壇上に立ち、天にむかってなにやら呪文を唱えた。するとっ、天上から黒雲が降りてきた。四郎はその雲のなかにまぎれこんで、空へ逃れようとしたが、その時どこからともなく白羽の矢が飛んできて、黒雲をけちらしたので、四郎は逃れることができなかった。そしてぼうぜんと立ちつくしていたところを、長岡帯刀という侍が、一槍のもとに四郎を突きとめたという。

しかし、四郎の最期には、もう一説、天草に伝わる話がある。

四郎は石の壇の上で天を仰いで祈ったのち、大切にしていた竜玉を懐から取り出すと、それを沖合に浮いている幕府の軍船めがけて、投げつけた。

すると、にわかに空はかきくもり、どす黒い雲が舞い降りてきたかと思うと、たちまち大暴風となって、雌雄二頭の大竜が現われた。大竜は海に入って海水を攪拌し、二つの巨大な水柱を出現させた。

水柱は幕府の軍船を虚空に巻きあげると、海面にたたきつけて、砕いてしまった。それと同時に、四郎の居所にも火がついて、四郎は燃えさかる炎のなかに姿を消していった。

海中にいた二頭の竜は、原城が陥ちたことを見届けると、まっすぐ東にむかって泳ぎ出した。二頭の竜はともにからだに大傷を負っていて、鮮血で海を染めながら池島まで泳ぎついた。それから島の中腹にある二つの大きなほら穴のなかへ一頭ずつ入って、姿を消したという。

その後、雄の竜の入ったほら穴を雄竜穴、雌の竜が入っていったほら穴を雌竜穴と呼ぶようになった。この二頭の竜は、島原の乱で死んだ四郎の化身で、四郎は最後に竜に姿をかえて池島に逃れ、その洞穴の主《ぬし》になった。四郎のからだが雌雄二頭の竜になったのは、四郎は人間ではなく天人であったからだという。

それ以来、天草に旱ばつがあると、じぶんたちの島の上に黒雲が降りてきて、必ず恵みの雨が降る。天草四郎は、死んでからも天草の貧しいものたちを救ってくれたという話である。

〔注〕寛永十一年（一六三四年）以来、島原・天草地方は年々凶作、飢饉が起こっていた。麦の不作につづいて旱ばつが起こり、盗賊などが横行して、民心が動揺していた。十四年春から は餓死するものも増えてきた。この年は、ことに気候が不順で、朝焼夕焼がことのほか鮮やかで、桜が狂い咲いたりしていた。そして夏には阿蘇山が噴火、その灰が島原・天草地方にも降った。予言を残したママコス上人とは、上津浦にいたマルコス・フェラロ神父であるという。こうした状況のなかで、十月には有家村に各村の庄屋が集まって、公事を議した。「（藩の）お年貢が重い上に、細かく、取り立ても厳しく、かつ急である。苛政の害はどこよりも甚しい」（『耶蘇天誅記』）との意見が出るほどであった。藩主松倉勝家は、天候不順の凶作による領民たちのことなど顧みず、年貢の未納の取りたては一層きびしく、埋葬には穴銭、出産には頭銭、いろり、窓、棚、畳にも、それぞれ炉銭、窓銭、棚銭、畳銭とあらゆるものに税をかけて取りたてるという悪政ぶりであった。滞納者の貧しい母親親子を引き捕え、

川のなかの水籠のなかに閉じ込めたりした。

このころ、南有馬で禁止されていたキリシタンの絵像をかかげ、付近の人たちを集めて礼拝したものがあると、奉行所に訴えるものがあった。中心人物だったものとその家族など十六名が捕われて処刑されたが、藩のこの処置にいきり立った農民たちが、代官を襲って殺害してしまった。また口之津でも、旧信徒が家にかかげていた御絵を引き裂かれたので、代官を殺すという事件が起こった。天候不順による凶作、阿蘇山の噴火などから、旧キリシタンたちは終末伝説にとらわれはじめていた。それを利用して、浪人となっていた旧キリシタン系の武士たちが天草四郎なる少年を担ぎ出し、一揆へと発展していったのが《天草・島原の乱》の発端だという。

藩の悪政に不満を持った近隣の島や村々から集まって、藩の建物などを壊し、原城にたてこもったのは老若男女、子どもに至るまで三万七千名。これを討つ幕府軍は十二万五千余名である。幕府軍はオランダ商館に軍船の出撃まで要請して海上から威嚇したが、原城は落城しなかった。また幕府側は甲賀から忍びの者をつれてきて、城内に忍ばせ、内情を探らせたが、一揆側は天草・島原の方言やキリシタン用語を使うので、なにをいっているのか皆目見当がつかない。忍びの者も役にたたなかったという。しかし一揆側は五ヵ月の籠城で食糧が断たれ、全員討死した。ただ一人の生き残りが、幕府軍と矢文で内通していた絵師の山田右衛門作であったという。

この乱は、禁教前にキリシタンが栄えた土地でもあるので、キリシタン一揆とされるが、内実は藩の悪政による農民一揆である。『徳川実記』にも、「年貢の取り様非道なるより起りたり」とあり、『嶋原天草日記』にも、「領主松倉長門守、苛政を士卒に施し、厚く百姓に収斂す。是をもって、領内の衆庶を措く所なし」と記されている。乱後、幕府はただちに藩主を「宜しからず、農民を苦しめしより、此度の大乱は起りたり」として、斬首。天草の寺沢堅高も領地没収、ほどなく発狂自害している。

しかし、幕府は以後、この乱を「国家を奪おうとしたキリシタンの蜂起」と一般に喧伝し、排教の具としていた。明治新政府も、同様であった。慶応三年（一八六七年）、長崎浦上の地に、こんにち〝浦上四番崩れ〟の名で呼ばれている潜伏キリシタンの摘発事件が起こり、一村ほとんど、三千名がキリシタンであることが判明した時、長崎を視察した九州鎮撫総督参謀井上聞多は、政府に提出する申請書に、次のように記している。

「浦上切支丹ノ儀ハ、元来島原変動之後、余燼之者共民間ニ残リ居リ……。此ノ儘ニ等閑ニ致シ置キ御処置コレ無キ時ハ必ズ右不平ノ者共ガ勝手ニ誅戮致シ候ニ相成リ、第一政府ノ威権モコレ無ク、且ツ再ビ島原一挙ノ所ニ相成リ、終ニ九州争乱ヲ生ジ候様ニ差シ赴キ候ハ必然ノ勢ト存ジ奉リ候。

最早片時モ早ク断然御処置コレ有リ度ク存ジ候。併シ三千人残ラズ死刑モ、余リ惨憺ノ至リ故、主ナル張本人ハ厳刑、其ノ次ハ土地替ヘニテモ仰セツケラレ、平人ト絶交シ上役使役ニテモ御召遣コレ有リ、浦上一村ハ一旦赤土ニ立チ至リ候御見込ミニコレ有リ度ク存ジ奉候」

なお、四郎の最期については、『寛永平塞録』（奎書房）に、次のように記されている。

「歩卒陣佐左衛門なる者（細川家のもの）有り、焔烟を衝いて石塁中に入り、一少年の創を被り、絹衣中に臥し、一女子傍に在り号哭涕泣せるを見る。佐左衛門躍り入りて之を撃ち首を取りて走り出づ。女子起って衣を牽く、長岡佐渡の僕、三宅半右衛門女子を破る。佐左衛門少年の首を提げて細川忠利の前を過ぐ、忠利疾呼して曰く、是時貞（四郎）の首級に非ざる無きを得んや、匆卒擲捨《てきしゃ》すること勿れと。佐左衛門携へて奉行寺本久太郎に詣り、首級を示し、審かに石塁中の光景を説く、衆皆以て時貞と為す。遂に之を信綱（伊豆守松平信綱）に致す。是れより先き少年の首数級、信綱の前に列ねて疑似弁ぜず、則ち熊本捕ふるの時貞の母を召し、吏人命を伝ふ。時貞の母冷笑して吏人に謂つて曰く、児天童なり、豈に戮《りく》に遭はんや、天に升るに非らざれば、則ち呂宋南蛮に在りと。欣然信綱に詣る。信綱少年の首十数を出し、其の一一を検鑒《けんかん》せしむ。時貞の母一一之を擲《なげう》ち、佐左衛門の獲る所に至り、潸然《さんぜん》悲泣して曰く、嗚呼吾が児何ぞ其れ痩せたるや、抑軍事に疲れたるかと。衆万歳を呼ばはる」

原城本丸跡に、四郎の墓というものがあるが、この墓については、次の由来話がある。島原のある農夫は、幼いころたいへん病弱であった。五歳の時、父親が近くに住む祈禱師にみてもらったところ、「家の石垣のなかに、墓石が混っている。それを取り出して祀れば、子どもの病気は治る」と、いわれた。

家に帰って石垣を調べてみると、はたして祈禱師がいったように、墓石が一基あった。消えかけた文字を読みとると、「天草四郎時〇／〇辰二月二十八日　母」と刻んであった。原城落城は寛永十五年戊寅で、庚辰は同十七年である。四郎の母親マルタが愛児の歿年を違えるわけはないだろうから、この墓は、後年ほかのものが建てたのではないか。しかし、農夫は石垣からこの墓石を取り出して供養したことで、病弱の子どもが救われ、その子は以後元気になって八十歳を越えるまで病気ひとつしなかったという。四郎の墓が現在の原城本丸跡に移されたのは、昭和四十年（一九六五年）ごろのことである。

39 四郎異話（愛知・犬山）

天草四郎は、キリシタン大名小西行長の旧家臣益田甚兵衛の子ともいわれているが、天草・島原地方とはまったく異った愛知県の犬山に近い丹羽郡の旧扶桑村に、次のような伝説がある。

寛永八年（一六三一年）、このあたりにキリシタンの一斉摘発があり、熱心な信者の一人であった久三郎という男も、家族やほかのものたちとともに捕われて、火あぶりの刑に処せられた。

久三郎には、当時十歳になる四郎という利発な息子がいた。息子の四郎は焚刑中に、空から舞い降りてきた天狗にさらわれて、西の方へ連れていかれた。それがのち、天草・島原の乱で総大将となった天童ジェロニモ・天草四郎であったという。

四郎は、一揆で殺されたのではなく、落城寸前に燃える原城から脱出し、海上を歩いて南蛮へ逃れたが、それから七年後に帰国して、全国各地に潜むキリシタンを見舞う途次、郷の村にも立ち寄った。その時のことに因んだ、次のような俚謡がいまに残っているという。

月見草咲きやれ
四郎どんが御座った

〔注〕天草四郎の出生について、「四郎は益田甚兵衛の子ではなく、本当は肥後宇土城主でキリシタン大名小西行長の二男」、「豊臣秀頼の御落胤」、さらに「遣欧少年使節の一員としてローマに赴き、帰国後数年して棄教した千々石ミゲルの子」などという伝説も、天草に残っている。

40　御米蔵奉行の謀りごと（熊本・川尻）

天草・島原に一揆が起きた時、一揆勢は食糧を確保するため、あちこちの御米蔵を襲った。熊本の宇土から四里ばかり南に下った川尻の湊にも、夜になったら一揆勢が蔵米を奪いにくると告げるものがあった。

不意のことでもあるので、援軍を乞うこともできず、みなが狼狽していると、蔵奉行の川北九大夫というものが、謀りごとを思いついた。蔵奉行は町のものが持っている火縄をいそいで集めるよう配下の役人たちに命じ、集まった百筋ほどの火縄を、ことごとく短く切った。

そして三、四尺ばかりの竹の棒に結びつけて、海辺数町にそれを立て並べた。

夜になると、はたして一揆勢の舟が沖合に見えたので、立ち並んだ火縄に火をつけた。すると一揆勢には、これが数千人が構える火縄銃の火に見えたのだ。

「あの火を見ろ。川尻はすでに手がまわり、たくさんの鉄砲隊がきておる」

一揆勢はすっかり怖れをなし、舟のへさきを返して去ったので、川尻の御米蔵は難を逃れたという話である。

41 キリシタン鍋ともめん婆さんの話（山形・飯塚）

山形県置賜《おきたま》の飯塚の揚柳寺という寺に、むかし〝キリシタン鍋〟という、ふしぎな鍋があった。外見はまったく普通の大鍋だが、この鍋でぐつぐつ煮物をすると、煮物はなくならずいくらでも料理ができるので、大勢の寄合がある時などはたいへん重宝したという。

このキリシタン鍋、残念なことに百年ほど前飯塚に大火事があった時、寺からなくなってしまったという。

同じ飯塚の村に、むかし処刑されたキリシタンたちを供養するため、一体の地蔵がつくられ、すぐ脇に住む信者の老婆がひそかに世話をしていた。

老婆は朝から糸ひきをしながら、口のなかで糸繰り唄のように祈りを唱えていた。ところが老婆の「アーメン」は、ほかのものには「もーめん」（木綿）と聞こえるので、いつかこの老婆のことを「糸ひきのもめん婆さん」と呼ぶようになったという話である。

〔注〕「キリシタン鍋」の話には、イエスの有名な「パンの奇跡」（『マタイ福音書』一四・一三～二一、他）の投影がうかがえよう。

42「セミの小便」に救われる（熊本・天草）

天草・島原の乱の時の話である。

幕府方の富岡城代三宅藤兵衛が、本渡の合戦で討死したので、配下の兵たちは天草下島の丸木場まで敗走してきた。

ところが、何人かのものたちが、途中で逃げ遅れてしまった。

追ってくる一揆勢は、もうそこまで追ってきていたので、遅れたものたちはどうすることもできなかった。

その時、ふとかたわらを見ると、榎の大木があった。大木の周囲には、幹が見えないほどのつたが巻きついていた。逃げ場を失った藤兵衛の手のものたちは、とっさの思いつきでつたに飛びつくと、よじ登って、生い繁ったつたの葉のなかに潜り込んで身を隠した。

追ってきた一揆の農夫の一人は、まさかと思いながら持っていた長槍で、下からつたの葉のなかを突いてみた。

手応えはなかったが、槍の切っ先がつたの繁みのなかに隠れて、じっとしていた侍の太股に触れたので、侍はびっくり仰天。怖ろしさのあまり思わず失禁、ちびってしまった。その小便が槍をついた男の頭に落ちてきたので、男はあわてて頭をぬぐい、

「セミに小便をひっかけられたわ」

と、苦笑しながら去っていった。おかげで、つたのなかに隠れた侍たちは難を逃れたという話である。

43 天草四郎と恋人（熊本・天草）

天草下島の五和町の田代に、キリシタンの美しい娘がいた。彼女はりりしい四郎の姿をひと目見てから、熱い恋心を抱くまでになった――。いや、四郎の方が見染めたのだともいう。とにかく、二人は互いに恋い慕うようになったが、乱がはじまると四郎は島を離れて、島原に渡り、原城に立てこもってしまった。四郎に思いこがれる娘は、毎日近くの高神尾山の頂きに登って、四郎のいる原城をみつめていたが、やがて城に火がかけられて煙がのぼると、娘は胸に十字をきって天に祈り、鳥になって山頂から原城めざして飛んでいった。

その後、だれいうとなく、高神尾山の頂きを、「嫁立ち」というようになったという話である。

44 山ツバキの咲く崖（熊本・天草）

天草・島原の乱が終息して、まだ間もないころのことである。

天草の下島の畑で、ある老爺と老婆が麦の種子をまいていた。

そこへ、村の方から一人の若い侍が走ってきた。まだ少年らしい色の白い顔立ちをしたその侍は、美しい着物を着て長い太刀を背負っていた。

若い侍は、二人のところへ走ってくると、荒い息を吐きながら、

「お願いです。わたしはいま、役人に追われています。追手の役人たちがここへ来て、わたしのことを尋ねたら、麦をまいている時、ここを通って、むこうの西の崖の方へいったと、ほんとうのことを話してください」

と、いった。

なにをしたのか分からないが、役人に追われているというのに、「尋ねられたら、ほんとうのことをいえ」という。老爺と老婆はふしぎなことをいうものだと思いながら、うなずいた。

若い侍はじぶんでしゃべった通り、西の崖の方へ走っていった。

ほどなく五、六人の役人たちがやってきて、畑仕事をしている老夫婦に、若い侍の行方を尋ねた。

「へい。わしどもが麦の種子をまいておるとき、たしかに、りっぱな着物を着た若いお侍さんが、長い太刀を背中に背負って、やってきました。そしてこの畑を通って、西の崖の方へ走っていきました」

そういって、老爺と老婆がふりかえると、これはいかに。たったいま種子をまいた畑に、青々と麦が生え、もう穂までがのびかけて、風にゆれていた。

追手の役人たちは、

「麦の種子をまいているときといえば、秋のことであろうが……」

といったが、老爺も老婆も、同じことをくり返すばかりであったので、

「秋のことでは、どうしようもない。いまごろこのあたりを調べてもなにもならぬ」

そういって、帰っていった。

老爺たちは、役人にうそをいったのではなかった。かといって、あの若い侍のことを、かばったわけでもなかった。じぶんたちはしていたことを、正直にいっただけだった。

二人はキツネにでもつままれたように、目をぱちくりさせながら、またじぶんたちの畑をふり返った。

「これは、どうしたことじゃ……」

すると、畑はいつの間にか、麦の種子をまいていた元の畑に戻っていて、若い侍が逃げて

いった西の崖にむかって、土の上にくっきりと足跡がつづいていた。

老爺と老婆は、なんのことか分らなくなった。そして、ぼんやり畑のむこうにある崖へ目をやると、さきほどの若い侍が崖の端に立っていて、海にむかって手を合わせ、祈っている姿が見えた。

「あのお侍は、海に身を投げるつもりじゃ。おばば、助けるんじゃ」

老爺はびっくりして走り出したが、そのとき、崖のかげから、いままで見たこともない大きな南蛮の船が現われた。

固唾《かたず》をのむ間に、若い侍は祈りを終え、背中に太刀を背負ったまま、崖の上から身をひるがえした。そして若い侍を乗せた船は、みるみる西の海の沖合へ遠ざかっていった。

「おばばよ。あのお方は、天草四郎さまでござったに違いない」

「道理で、なんともいえぬ気品がおありだった……」

老爺と老婆は、船が去っていった西の海をみつめながら、思わず手を合わせた。

その後、若い侍――天草四郎が、迎えにきた南蛮船へ飛び乗った崖の端に、山ツバキの木が生え、春先になると、それこそ天草のキリシタン娘のような、つつましい、きりりとした可憐な赤い花が咲くようになったという話である。

〔注〕この伝説は、「52　一度に咲いたソバの花」と同類の話である。同話の注参照。

45 尼御前様と十字架（佐賀・東背振）

寛永年間（一六二四～一六四三）のはじめのころの話である。

背振山のふもとにある佐賀藩東背振の小川内という村に、長崎の町からひとりの美しい尼僧がやってきた。

尼僧は神社や人家の軒下などを借りて雨風をしのいでいたが、二、三年後には崩れかけた小屋をみつけ、そこに庵を結んで、周囲の村々を托鉢しながらまわり歩いていた。物や食べ物の喜捨を受けると、それを貧しい子どもや病者に分け与えていた。やさしい心を持ったその尼僧を、誰いうとなく村びとは「尼御前様」と呼んで、敬愛していた。

当時、背振山にある寺院は、藩の絶大な保護を受けて、権勢を誇っていた。たとえ罪人であったとしても、背振山に逃げ込んだものは、奉行所の役人でも勝手に手出しはできなかったという。

十年近く経ってから、尼御前のことが背振山の僧侶たちの耳にも届いたのか、僧侶たちは、「それは異教徒、ご禁制のキリシタン衆ではなかろうか」

と、噂しはじめた。

明暦三年（一六五七年）十一月、大村藩内に潜伏していたキリシタン六百余名が摘発されるという事件（大村の郡崩れ）が持ちあがった。

隣接する佐賀藩でも、きびしい取り締りがはじまるようになってきた。村の庄屋のところにも布令がまわってくると、庄屋は村びとたちに、素姓の知れぬ尼御前とのつき合いを禁じて、物や食事など一切与えてはならぬと告げた。

天涯孤独の身であり、もう十年以上もじぶんたちの身近にいて、隣人のように親しくしていた村びとたちにとっては、ただちに納得できることではなかった。

そこで村びとたちは相談をして、ある夜ひそかに尼御前をかくしたが、取り締りはますますきびしくなり、村びと一人ひとりの宗門人別改めが行われだすと、ついに尼御前も発見されて、奉行所へ連行されてしまったのだ。そして取り調べがはじまったが、何を問われても、尼御前は答えなかった。

腹を立てた役人のひとりが、荒々しい声をあげて、ぼろをまとった襟元に手をかけた。その時、片時も離さずに肌着の下に隠して抱いていた十字架が、役人の目にとまった。尼御前は、ただちに処刑されることになってしまった。

尼御前は日を経ず、ある夜、ひそかに大きな椎の木に逆さに吊されたが、どういうわけか、刑場となったその椎の木は、自藩内にあるものではなく、藩境の川を渡った向かい側――、隣藩筑前の国の川沿いに立つ木であったという。

明治になって、隣藩の炭焼きの樵夫がこの椎の老大木を伐り倒そうと斧を振ったところ、木の幹から血が流れ出してきたので、驚いて伐採をやめてしまった。その後、根元に大きな斧の傷跡が残るこの椎の木は、昭和のはじめころまで、その地に立っていたという話である。

〔注〕「大村の郡崩れ」については、「キリシタン伝説略史」の「Ⅲ、禁教時代」を参照。

46 キリシタンのうらみ（鹿児島・東市来）

天草・島原の乱（寛永十四〜十五年、一六三七〜八年）後、いくらも日が経っていないある日の昼過ぎのことだった。

農夫の風体をした一人の男が、薩摩の国日置郡東市来の旧家へ、助けを求めて逃げ込んできた。

役人たちに追われているキリシタンだという話を聞くと、家のあるじは係わりをおそれて、すぐに家の裏手からその男を追い出した。

しばらくすると、追手の役人たちがやってきたので、家のあるじが男が逃げていった方角を教えると、役人たちはすぐに後を追ったが、男を捕えることができずに、引き返してきた。

そして旧家のあるじと話をしているところへ、お光というその家の使用人が用達《ようたし》を終えて戻ってきた。

お光はあるじと役人たちの話を耳にはさむと、たったいま、近くの崖の上の道で、このあたりでは見かけない農夫らしい風体の男と出会ったというのだ。

役人たちは、ふたたび男を探し求め、崖の上の茂みのなかにひそんでいた男を見つけ、その場で殺害すると、死骸を崖の下の海へ投げ棄てて帰っていった。

それから何日か経った日の、夜ふけのことだった。

家の外から、あるじを呼ぶような声を聞いて、お光は目を覚ました。今ごろ何だろうと思いながら、お光が家の戸を開くと、大きな黒いものの怪《け》が、にゅっと手をのばし、お光の髪の毛を引っつかんだまま、ずるずると大黒崎の崖の上まで引きずっていき、崖の上からお光を突き落としてしまった。お光は、役人に斬り殺されて海に棄てられたキリシタンのうらみをかって、殺されたという話である。

47　南島のキリシタン（沖縄・石垣島）

琉球（沖縄県）の尚豊王（一六二〇～三九年）のころ、八重山の石垣島登野城に、石垣永将というものが宮良の間切（村）の頭職についていた。永将は許教時代、自宅の屋根の上に、航海船の標識旗を高く掲げて南蛮交易をおこない、巨額の富を貯えてからは、村の海岸近くに豪華な邸宅を構えていた。

ところが、弾圧・禁教時代に入った一六二四年、石垣島の富崎に一隻の南蛮船が台風に遭って漂着すると、永将は十数頭の牛を南蛮人たちに進物として贈り、これを機縁に彼らを自宅に招いて、もてなしていた。そして南蛮船に乗っていた伴天連の宣教師からキリシタンの教えを学び、ひそかに洗礼を授かって、琉球で最初のキリシタンになったという。

島の人たちの信望の篤かった永将は、当時もうひとりの実力者石垣親雲上《ペーチン》と島の勢力を争っていたが、このことを知った石垣親雲上は、首里の王府に永将がご禁制のキリシタンになったことを告げたのだ。王府からは早速役人がやってきて、永将を取り調べたところ、本人も認めたので、永将はただちに焚刑にされることになった。海岸につくられた刑場に永将を引き立てていった役人は、永将をさらに苦しめるため、燃えにくい煙の多い薪を使って、永将を燻《いぶ》した。

しかし、すでに南蛮の宣教師からキリシタンの奥義のひとつ——妖術も伝授されていたという永将は、もうもうと立ち昇る煙のなかでその術を使い、見事に姿を消して西表島を越え、さらに西にある与那国島まで逃れていって、同島で一生を終えたという。

役人が燃えにくい煙の出る薪をわざわざ使ったのは永将を苦しめるためではなく、永将に好意を持つ王府の役人たちが永将を救うためであったという話もある。役人は永将が南蛮の妖術を使って姿を消したことにして、永将を与那国島に逃したのだというのだ。それはともかく、永将の家の家紋は四つ巴に十字架を配したものである。この家紋からも、永将が信仰の篤いキリシタンであったことがわかるという話である。

〔注〕南蛮の宣教師というのは、ドミニコ会に属するホアン・デ・ロス・アンデレス・ルエダ神父で、一六二四年夏マニラからスペイン船で禁教下の日本へ向かう途中、石垣島富崎に寄

航したもの。ルエダ神父は船が島を離れた後も、布教のため単身で永将のもとにとどまったが、永将とともに捕われ粟国島へ流され、そこから島替えの途中、海上で処刑されて海中に投棄されたという。また史実では、永将は首里に護送されて取り調べを受け、渡名喜島に流刑になったが、数年後石垣島に戻され、同地で焚刑されたという。

なお、ルエダ神父から洗礼を授けられたのは永将ひとりではなく、一族親戚知己らをも含み、後年そのほとんどのものたちは他島へ流刑になっている。

48 本蓮寺の杉戸の絵（長崎）

〝天下分け目の戦い〟といわれた関ヶ原の役（慶長五年、一六〇〇年）に勝利を収めた徳川家康が江戸に幕府を開いたころの長崎は、五万名ほどの住民のほとんどが信者というキリシタンの町で、朝な夕な、十三の教会から平和なアンジェラスの鐘が鳴り響いていたという。ところが慶長十八年（一六一三年）、家康は全国的な禁教令を出してキリスト教を禁じ、教会やその施設を取り壊しはじめた。

二十六聖人の殉教の地として知られる長崎西坂公園の近くに、そのころ孤児院や病院が付設されていたサン・ジュアン・バプチスタという大きな教会があったが、この教会も火をかけられて取り壊されてしまった。

この時、教会や病院にとどまろうとした信者たちは、役人に捕われて、庭にあった井戸のなかに投げ込まれたという。その教会の跡地に建てられたのが、現在の日蓮宗本蓮寺である。多くのキリシタンたちが投げ込まれたという井戸は、本蓮寺創建当時の建物の本堂から少し離れた庫裡《くり》の前に残されていたが、この井戸の近くの部屋で、その後ふしぎなことが起こりはじめた。

夜寝る時に東向きに寝ても、目が覚めた時には頭と足の向きが反対になっていて、いつの間にか西向きになっているとか、真夜中になると、人びとのざわめきや泣き声が聞こえるというのである。

ある夜、気の強い若い僧侶が小刀を懐にしのばせて、この部屋に寝ることにした。部屋の入口には、老人の姿が描かれた杉戸があった。その絵は島原口之津の山田右衛門作（山田与茂作）という、わが国ではじめて西洋の油絵を描いたキリシタンの絵書きの若いころの作で、《活き絵の達人》といわれるように、生きている老人がそこにいるように見える見事な出来栄えであった。

夜がふけると、なにやら人の足音が聞こえはじめたので、若い僧はふとんの上に起きなおり、小刀をにぎりしめながら、じっと闇のなかを見据えていた。

すると、杉戸に描かれている老人が絵から抜け出して、じぶんの方へ歩いてくるのが見えた。老人は目から青白い異様な光を発しながら、近づいてきて、被いかぶさろうとするので、僧は素早く老人に飛びかかり、一撃のもとにその眼を小刀でくり抜いた。老人は声もあげずに、闇のなかに消えてしまったが、翌朝杉戸の絵を見ると、老人の顔から両の眼がなくなっていた。若い僧はその夜から、何者かにうなされはじめ、数日後に、狂ったようにもだえて死んでしまったという。

杉戸に描かれた眼をくり抜かれた老人の絵は、その後この寺の名物になっていたが、第二次大戦で長崎に原子爆弾が落とされた時、寺の建物とともに焼けてしまった。しかし、キリシタンたちを投げ込んだという井戸の方は、その後ふたをされたまま、いまも本蓮寺の庭内に残っている。

〔注〕この話は長崎の町でよく知られている伝説の一つである。前半の部分に、わが国の伝説によく語られている〝枕返し〟の伝説が仮託されている。この伝説取材で長崎のシスターと本蓮寺に出かけたところ、庭内の井戸には季節の花が供えられていた。豪放磊落《らいらく》な住職の山田完修師は、シスターにむかって、

「キリシタンであろうと、だれであろうと、ここで亡くなった人たちの霊を慰めるのは、住職のつとめですよ。そのうち、キリスト教徒の人たちもここへきて、いっしょに供養しましょう。この井戸の端に十字架でも、マリア様の像でも建ててください」

と、語っていたのが印象深く残っている。

49 人切り川の水（長崎・平戸）

禁教下のある年のこと、稲の害虫が大発生をして、平戸島の農民たちは大難儀をしていた。ところがふしぎなことに、島の西側にある根獅子の村に住む六左衛門貞平と仲間の四人の田んぼだけは、少しも虫の害を受けない。五人の田んぼの稲穂は、すくすくとのびて、黄金色の実をつけるまでになっていた。

村のものたちは、

「どうして六左衛門たちの田んぼの稲だけは、虫がつかんのだろう」

「おかしなこともあるものじゃのう。なにか、しかけでもあるのかのう」

そんなことをいいあって、ふしぎがったり、うらやましがったりしていた。

虫のつかない田んぼの話は、やがて島にいる宗門目付の耳にもはいった。そして六左衛門たち五人が呼び出されて、取り調べを受けることになったのだ。

「その方どもの田んぼだけ、虫がつかぬとはどういうわけじゃ。お前たちはキリシタンで、なんぞおかしな術を使っておるのではあるまいな」

宗門目付にいわれて、六左衛門たちは恐縮し、

「めっそうもございません。わしらは仏教徒でございます」

と答えたが、役人たちは信じようとはしなかった。

「キリシタンがご法度であることは、よく存じておろうな。かくしだてをすると、ためにならぬぞ」

役人たちはなおも詰問したが、六左衛門たちは、

「そのようなことは、ござりませぬ。わっしどもは、みな仏教徒でござります」

といいつづけるので、らちがあかない。

そこで役人たちは、五人にどぶろくを振舞い、酔わせて本当のことを喋らせようと企んだ。はじめのうちは、なおも仏教徒だといいつづけて、首を強く横にふっていた五人だったが、そのうちに、すっかり酔いがまわり出して、とうとうキリシタンであることを白状してしまったのだ。

役人たちは、ただちに五人を縛りあげ、牢につないだ。そして草積峠の北側を流れる小さな川のほとりに連れていって、五人を打ち首にすることにしたのだった。

ところが、田んぼの稲を虫にくわれて困りきっている村のものたちが集まって、五人の田んぼだけが虫もつかずによく稲が育っているのは、なにか手だてがあるのだから、その術をぜひ五人から聞いておきたいと、いい出した。「キリシタンでも、なんでもよい。田んぼの稲さえよく実ってくれればよいのじゃ。年貢のこともあるのだから、お役人たちも、きっとわしらの願いを聞いてくれるだろう」

村のものたちの話は、ひとつにまとまって、

「六左衛門たちのお仕置きを、しばらく見合わせてくだされ」

と、村長《むらおさ》たち代表のものたちが、刑場となる小川のほとりへ走っていった。

しかし、すでに遅く、小川のほとりに着いた時、六左衛門たちは首をはねられた後で、役人たちは血刀を川で洗っていた。

このことがあってから、村のものたちは、名のない小さなその川を、〝人切り川〟と呼ぶようになったが、この人切り川はその後、キリシタンであるかどうか、人を見分けるふしぎな川になった。

――というのは、腹痛を起したキリシタンが、この川の水をすくって飲むと、まるでウソのように腹痛がおさまって楽になるが、キリシタンでないものが少しでもこの川の水を飲むと、たちまちはげしい腹痛を起こしてもがき苦しむというのだ。

「人切川の水は、決して飲んではならんぞ。あの川の水はな、キリシタンの血が混っておる。キリシタンでないものが飲めば、すぐ腹が痛くなる」

口から口へ、村ではそう語りつがれてきたという話である。

50 与茂作川の水（長崎・口之津）

山田与茂作（右衛門作、右衛門左）は、「LOWAD SEIAO SÃCTISSIM SACRAMENTO」（いとも尊き聖体の秘蹟はほめ尊まれたまえ）というポルトガル文字の下に、聖餅《オスチア》と聖杯《カリス》を描き、その両側に礼拝している天使の姿をあしらった四郎の〝陣中旗〟を描いたという画家として、また天草・島原の乱で幕府側に寝返った唯一の生き残りとして知られている。

与茂作は、島原半島の南端にある口之津の大屋に生まれた。十歳になった時、有馬のセミナリオに入り、そこで南蛮宣教師の画家から西洋画の技法を学び、のちにわが国最初の西洋画の画家になったという。与茂作は、「ぼたんの花を写生すると、花弁も葉も露をふくみ」、「人間を描けば、絵のなかから抜けて出る」といわれるほどの絵の達人で、〝活き絵の与茂作〟として、その名は九州じゅうに知れ渡っていたという。

ある時、与茂作はさらに絵の修業を積もうと、江戸にのぼった。

時の将軍家光は、与茂作の評判を聞いて、千代田の城に召し出し、

「その方《ほう》の〝活き絵〟とやらを、予の前で描いてみせよ」

と、いった。

与茂作は、しばらく考えていたが、そのうちに、

「活き絵を描くには、生まれ郷里島原口之津、大屋の家の近くに涌く泉の水を、用いねばなりません」

と、いった。

「うーむ、おもしろい。それでは、その泉の水とやらを早速取り寄せよ」

家光は、有馬の領主のところへ使者を遣わし、口之津大屋の名主に案内させて、大屋の泉から汲んだ水を、江戸表まで運ばせた。与茂作はその水を使って絵を描き出したが、どうにも思うように、気にいった絵が描けない。

「どうじゃ、与茂作。絵は一向にすすまんようじゃが」

　家光がいうと、与茂作は眉をひそめて、

「この水は、長い道中を運ばれてきたため、水が弱って、精気がありません。それでよい絵が描けません」

　というので、家光は、

「与茂作めは、予をたばかりおった。ひきょうな奴め」

　と、たいへん怒ったという。

　それからは、与茂作の絵の評判も落ちてしまった。与茂作は江戸を後にふるさとへ帰ったが、ほどなく天草四郎らが反乱を起こした。与茂作が叛徒側に加わったのは、江戸で家光から不興をかったからだともいう。

　原城に立てこもったキリシタン農民、女、子どもに至る三万七千余名がことごとく殺されたなかで、与茂作がたった一人生き残ったのは、矢文で幕府軍と内通していたからだと伝えられるが、その与茂作は乱後江戸へ送られ、こんどはキリシタンの内情探索に協力させられたという。

　そのころ、江戸の町には放火による火災が、あちこちで起こっていた。そこで、与茂作を江戸に連れてきた〝知恵伊豆〟こと、幕府老中伊豆守松平信綱は、与茂作に火災のおそろしいこと、また放火したものは処刑、さらし首にするなどを、絵に描かせた。江戸には文盲が多かったので絵を描かせたわけだが、そこが信綱の〝知恵伊豆〟たるところ。信綱は与茂作に描かせた絵を、品川、千住、新宿、上野などの盛り場に掲げた。これがわが国における火の用心、防火ポスターのはじまりであるという。

天草・島原の乱で、一旦キリシタンを棄てた与茂作は、晩年にはまた禁教のキリシタンに立ちかえって、ひそかに信仰しながら世を去ったというが、真偽のほどは不明である。

与茂作のふるさと、口之津の大屋の山かげには、いまも与茂作が絵を描いた時に用いたという水の涌き出す泉があり、小川となって流れている。

この小川を、いつしか村のひとたちは、〝与茂作川〟と呼ぶようになった。絵や書を書く時、この小川の水を用いると、りっぱなものが出来上がるという。また与茂作は、近所の子どもたちにクルミの実を拾わせ、その油で絵を描いたという話も口之津には伝えられている。

51　ふしぎな小麦（長崎・口之津）

江戸幕府の禁教令が布告された慶長十八年（一六一三年）の年の暮れ、島原半島の南端、口之津で二十二名のキリシタンが捕われて、十八名が処刑された。そのなかに、日本が朝鮮を侵略した文禄の役で捕われ、日本に連れてこられてキリシタンになったものたちが多くいた。長崎の教会で受洗した四十八歳のミゲール・高麗も、その一人だった。

ミゲールは夜明け前に家を出、数キロの山道を歩いて、隣りの加津佐の教会までミサに与《あずか》りにいくという、敬虔な信者だった。

このミゲールは役人に捕われる少し前、何を思ったのか、じぶんの畑に小麦の種子をまいた。それを見た妻が、

「なぜいまごろ種子をまくのですか。いまは、種子まきの時期ではありません」

というと、ミゲールは、

「これは、私のためではない。お前のためにまいているのだ」

と、こたえた。

その小麦の種子は、ほかの小麦より成長が一と月も長くかかる種類で、雪の降るような寒い時期にまかれたにもかかわらず、やがてミゲールが役人たちに捕われたあとも、すくすくと育った。そして新しい年を迎えた一月五日には、はやくも四十センチを越すほどの高さに成長し、穂は花を咲かせて、実をつけた。

それを見た、ほかの仲間たちは、

「これは神《デウス》の大きな奇蹟のしるしだ」

と驚き、先を争って実をもぎとり、聖遺物として持っていってしまった。

ところが、さらに驚いたことに、ミゲールの小麦の種子をまいた畑は、一度刈りとった後に、ふたたび青い芽が出て穂が実り、三度も収穫があったという話である。

52　一度に咲いたソバの花（熊本・天草）

キリスト教が禁じられ、棄教しない信者は火あぶり、水責め、逆さ吊りなどの拷問によっていのちを奪われ、取り締りがよりきびしさを増しているころのことである。

ある年の晴れた秋の日、天草島の北諸稲荷神社の近くにある畑で、信吉という老農の夫婦が、ソバの種子をまいていた。

すると、向うから数人の人たちが、ひとかたまりになって走ってくるのが見えた。

「はて。なにがあったのかのう」

信吉老人は腰をのばしながら呟いた。近づいてきた人たちを見ると、村のものたちではなく、まったく見知らぬ人たちだった。

「助けてくだされ。追手がすぐ後からやってきます。捕まると殺されます」

ひとりの農夫らしいものが、早口で信吉夫婦にいった。

「助けてくれと？　わしらは、この通りの百姓じゃ」

信吉老人がいうと、やつれた顔のなかに髪の毛の長い背の高い異人がいて、その異人が、

「オ願イシマス。殺サレル。オ助ケクダサレ。神サマ、アナタタチ、キット守リマス」

と、たどたどしい言葉でいいながら、両手を合わせて、祈るようにいうのだった。

「ここを通ったことを、だまっておいてくだされ。わしらは、あそこの崖を降りていきますから」

こんどは、浅黒く陽焼けした、小柄な漁師らしい男がいった。

畑の先は崖になっていて、そこには身を隠すに都合のよい洞穴が、いくつかあった。逃れてきたというものたちは、そこへ隠れようとしているらしかった。

「あんたらは、どんな悪事をなさったんだな。追手がかかっているとは、科人《とがにん》だろうが。科人にかかわりを持ったら、わしらもなにをされるか分らん」

信吉老人は、神妙な顔つきでいった。

「科人といえば科人ですが、わしらはなにも悪事などしてはおりませぬ。ただ、天の神様に祈っておるだけです。人をあやめたり、あざむいたりはしておりませぬ」

一人の男の言葉を聞くと、信吉老人は、

「あんたがたは、キリシタンでござるか」

と、ほっと息をついた。

「はい。都呂呂《とろろ》から下津深江、高松と追われ追われて、やっとここまで逃げてきたのです。この先の崖に、隠れる穴があると聞いたので、やってきたのです」

「おう、おう。あるとも。キリシタンなら悪事はすまい。早よう、わしの畑をぬけて、いきなされ。あの雑木林のなかをいくんじゃ」

信吉老人は、手をのばして指し示した。

逃げてきたキリシタンたちは、信吉老人に礼を述べると、足早に信吉老人の畑を横切って、雑木林のなかへ消えていった。

　信吉夫婦は、また腰を曲げながらソバの種子をまきはじめたが、しばらくすると、十数名の追手の役人たちがやってきた。

　信吉夫婦は知らぬふりをしながら、ソバの種子をまいていたが、役人たちから、

「ここへ逃げてきたものがおろう。背の高い南蛮の伴天連が、おったろう。どちらへいったか」

　と、詰め寄られると、なんと答えていいか分らない。信吉老人がとまどっていると、

「どうした。きたのじゃな。隠しだてをすると、ためにならぬぞ」

　役人の頭が、居丈高にいった。

　うしろの畑には、男たちが走っていった足跡がたくさん残っている。それを証拠に詮議されたら、いくらウソをつくろっても、分ってしまう。信吉老人は、ありのままいうことしかないと思った。

「へい。たしかに、通りました。わしらがこのソバの種子をまいておると、七、八人のものが急いで、このわしの畑のなかを走っていきました」

　そういって、信吉老人がじぶんの畑をふりむくと、ふしぎもふしぎ。いまソバの種子をまいた畑一面に、真白いソバの花が咲いていた。

「なに？　ソバの種子をまいておる時だと」

「へい。たしかに、わっしらがソバの種子をまいておると……」

　口から出る言葉は、うわついていた。信吉老人は、何度もまばたきをして、じぶんの目を

疑っていたが、ソバの花は畑一面に咲いている。信吉老人たちは、なにがなんだか分らなくなっていた。

「ソバには、花が咲いておる。それなら、ずっと前のことだろう」

「へい。へい。わしらは、ソバの種子をまいておりました……」

これ以上、なにをいえばよいのだろう。信吉老人は落ち着きを取りもどそうと、同じ言葉をくり返した。

「よし、分った。こっちには来なかったようだ。残念ながら、捕り逃がしたらしい」

役人たちはくやしそうにいって、引きあげていった。

信吉夫婦は、役人たちの姿が見えなくなるまでみつめていたが、ふと我にかえって、じぶんの畑をふり返ると、いままで一面に白く咲いていたソバの花は跡形もなく、もとの種子をまいていた黒い土の畑に戻っていて、逃げていった男たちの足跡がたくさん残ってつづいていた。

「ふしぎなことじゃ。これはきっと、神様があのキリシタンたちをお助けになったに違いない。キリシタンの神様は、人間のふしあわせをお助けになると聞いておったが、これでよく分った……」

信吉老人はそういいながら、天をみつめた。

「きびしい取り締りがつづいていても、いっこうにキリシタンが絶たないのは、このようにせっぱつまった時、神様がお救いくださるからじゃろう……」

天をみつめていた信吉老人は、いつか両手を合わせていた。そして、信仰の取り締りがますますきびしくなっていくにもかかわらず、神の御業《みわざ》を目にした信吉夫婦は、ひそかにキリシタンとなって、幸せな晩年を送ったという話である。

〔注〕この話は、「44 山ツバキの咲く崖」のほか、平戸島などに、いくつかの類話があり、ソバ、麦などその地の風土性を活かすように再話され、キリスト教の土着化が試みられている。三夕丸屋（サンタ・マリア）が御子を宿したことを親に知られて、家を追われる『天地始之事』のくだりにも、それが語られている。

家を追われた三夕丸屋は、ベレンの国に至り、大雪の日に牛馬小屋で御子を生む（「100 雪の三夕丸屋」参照）。その後さらにホンシャヒロオト（新約聖書に登場するユダヤおよびサマリアにおけるローマ帝国の総督ポンテオ・ピラトのこと。ユダヤ人の強硬な要求に屈してイエスを捕え、十字架につけることを受諾した。のちに自殺したと伝えられる）の命を受けた家老たちに追われて、三夕丸屋は幼い御子とともに、ベレンの国からおちていく。『天地始之事』では、ソバでなく麦である。

「イズクトモナク、イズクトモナクユキスギレバ、麦ツクリノ大勢ニユキヤ（ア）イ、ソコモトガタエ（ヘ）オタノミ申スコトヒトスジアリ。ワレアトヨリオツテノカ、ルモノナリ。タズネキタリソオラエバ、コノ麦マク時分ニ通リソオロウナリト申シクレヨトタノミケレバ、麦ツクリドモ（ノ）ユウヨオワ（ハ）、タダイマツクル麦ニ、コノ麦ツクル時分トワ（ハ）、サテオカシキカナトゾワライケル。後日コノ麦デケザルトユウコト。コオユ（イ）ウタバカリニ、カラバカリサカエ、ミワ（ハ）イラヌトノコト。カクテコノトコロモオチユキテ、又麦ツクリニユキヤイテ、以前タノミシゴトクイイケレバ、ナルホドトイツテサヨウニ申スベシト、コノ麦ツクリワ（ハ）、ウケヤ（ア）イケル。御身ヨロコビタモオ（ウ）。コノ麦スグニミノレカシトオボシメテゾオチタモオ。カカルトコロニ、オツテノモノ走リキタリ、イカニ麦ツクリノヤロオドモ、落人二人通ラザリシカトイイケレバ、麦ツクル時分ニ通リシナリトイイテ、ソノ麦ミレバ、モハヤ色ノツキテミノリタリ。コレヲキイテオツテノモノドモチカラヲオトシテゾ、ソレヨリスグニヒキカエス。二人ノ落人アヤウキトコロヲヨオヨオノガレサセタマエテ、バウチイズモ（洗礼）ノ大川ニツカセタモオ」（前出『日本庶民生活史料集成』18所収）

この『天地始之事』の版は、長崎の外海・五島地方の潜伏キリシタンの間に口承で伝えられていたもので、麦はこの地方の主産品であり、熊本・天草では麦よりもそばが多産されていたという。

聖書との関連では、「あなたたちは、もう四ヵ月たてば刈り入れどきが来ると言うではないか。だから私は言う。目を上げて見よ。もう畑は刈り入れを控えて白んでいる」（『ヨハネ福音書』四・三五）が想起される。

新約聖書『マタイ福音書』に記されている聖家族のエジプトへの避難（二・一三〜一五）のくだりには、正典（聖書）以外の伝説がヨーロッパに数多くある。その一つに、本書に紹介した話と同様のものがある。

「……こうして旅路も終りに近づいたころ、畑で麦を蒔いている農夫に行き会いました。幼いキリストは、農夫のもっている、種麦の入った袋に小さな手をのばし、たなごころ一ぱいの麦をつかみ出して、まき散らしました。

麦はすぐに芽を出し、見るみる大きくなり、穂が出て熟し、まるで一年前に蒔いた麦のようになりました。

その後で、同じ道を、幼いキリストを殺そうとさがし求めているヘロデの兵士たちが、その実った麦を刈りいれている農夫のところを通りかかりました。そして農夫に、幼児を抱いた婦人は通らなかったかと、たずねました。農夫は答えました。

『ああ、通ったとも』

兵士たちは喜んで、一体それはいつのことなのかと、ききました。そして農夫の、

『いま刈っている麦を蒔いた時に』

という返事を聞くと、これは余程前のことなのか、それとも農夫が馬鹿でいうことがわからないか、とにかくどちらにしても駄目だと思って、そこで引き返して、ユダヤへと帰路につきました」（「エジプトでの聖母子」、本間瀬精三他『キリスト神話考』所収、鷺の宮書房）。

また、三浦アンナ『イエスの幼年時代』（新教出版社）には、ヘロデ王の兵士たちに追われているマリアが小麦の種子を蒔いていた農夫に、「私たちがここを行きすぎたかと誰かが尋ねたら、こう答えておくれ、『その人たちなら、儂がちょうどこの麦を蒔いていたときに、この道を通って行ったよ』と、記されている。

こうした聖家族の中世以降に生まれたと思われる伝説は、同時代のヨーロッパ絵画の主題にも多くみられるが、許教時代、宣教師たちによって、正典以外の伝説もかなりわが国にも

たらされていただろう。

わが国の伝説との類似を指摘すれば、「跡かくしの雪」に代表される弘法大師のいわゆる「跡かくし伝説」などがある。

53 首の欠けた穴観音地蔵（長崎・加津佐）

島原半島の南端口之津の近くにある加津佐の岩戸山の中腹の洞穴に、穴観音と呼ばれる首の欠けた地蔵がある。

この地蔵について、加津佐にはこんな話が伝えられている。

天草・島原の乱のあと、キリシタンに対する取り締りは、ますますきびしくなっていった。加津佐にも毎日のように多くの役人がやってきて、キリシタンの残党狩りをしていた。

キリシタンたちはいち早く隠れるところを求めて、人里離れた山中などに潜んだので、村中をくまなく探しまわっても、加津佐にはひとりのキリシタンもいなかった。

そこで、役人たちは舟に乗って、対岸の天草にむかったが、その時、ふと後をふり返ると、岩戸山の中腹から、かすかに煙が立ちのぼっているのが見えた。

「あそこの洞穴に、誰かおる。キリシタンどもが隠れておるのかも知れぬ。舟を戻せ」

ということになり、役人たちは陸に戻り、けわしい岩をのぼって洞穴へいってみると、はたしてキリシタンたちが潜んでいた。

キリシタンたちは、洞穴のなかから石や木材を投げつけるので、役人たちは近づくことができなかった。しかし、そのうちに投げるものがなくなってしまい、祀ってある地蔵尊の首を打ち欠いて投げてきたが、それも長くはつづかなかった。キリシタンたちは、やっと観念をして縛についた。

岩戸山の穴観音に首がないのは、こうしたわけであるという話である。

54　虎も喰わぬキリシタン（岩手・盛岡）

寛永六年（一六二九年）のことである。

南部（岩手県）の城下町盛岡に、貧しい夫婦が住んでいた。

マチア、マダレナという洗礼名を授けられたこの夫婦は、キリスト教がご禁制になっても棄教せず、ひそかに神《デウス》を敬って、ますます信仰を篤くしていたが、ある時、役人の知れるところとなり、捕えられてしまった。そして改宗を迫られたが、いくら拷問にかけられても夫婦そろって肯んじないので、刑場へ引きたてられて、首を刎《は》ねられることになってしまった。

夫のマチアが、最初に斬首された。役人たちは、夫が殺される凄惨な光景を目のあたりにしたら、五十歳になる妻のマダレナは棄教するだろうと思ったのだったが、マダレナの信仰は堅く、両肩に乱れていた髪を平然と結《ゆ》い直して身を整えると、微笑さえ浮かべて自分から首を前へ差し出したという。

役人たちは、マダレナの屍を領主が飼っていた二頭の虎の檻のなかへ投げいれた。死刑にされたものの肉を、餌としてこの虎に与えていたためだったが、腹をすかしている虎は、すぐにマダレナの屍に寄ってきたものの、鼻先を近づけただけで、後ずさりをした。そして、はげしく咆哮し、檻のなかであばれたり、身をふるわせたりしはじめたので、役人たちも怖しさに震え出した。

役人たちは、三日間そのままにしておいたが、虎はマダレナの屍が運び去られて埋葬されるまで、檻の奥に閉じこもったまま、姿を見せなかったという話である。

〔注〕『駿府記』慶長十九年（一六一四年）九月朔日の条に、「今日阿蘭陀御目見……、やようす出御前、虎子二匹引㆑之来……」とある。やようすは慶長五年（一六〇〇年）、三浦按針ことウィリアム・アダムスらとともに、豊後に漂着したオランダ船リーフデ号の船員ヤン・ヨースティン。彼はアダムスと同じく家康に迎えられて政治顧問となり、現東京駅八重洲口あたりに屋敷を構えたことから、八重洲の地名が生まれたという。

やようすが家康のところにもってきたこの虎を、南部の藩主が飼っていた経緯については、菅野義之助『奥羽切支丹史』（佼成出版社）に、次の記述がある。

「慶長二十年大坂夏の陣後、片桐且元はその領邑茨木を没収せられ、徳川家康から大和の郡山に封地を与えられたが、この時南部利直は、茨木の城地受領の命を受け、無事任を果たして駿府で大御所家康に謁し、復命した。時に家康は、利直の労をねぎらい、カンボジアから献上された（十二頭のうち）二頭の虎を与えたので、利直すなわちこれを受けて帰国し、盛岡・城外に檻を設け、地方《じかた》七十石をこれが飼料に充て、そのうち一頭は寛永二年に、他の一頭は寛永二十年に倒れたから、この迫害の折には、二頭生存していたはずでマグダレナ（伝説ではマダレナ）の屍は、恐らくこの檻に投ぜられたものと思われる」

キリシタンの伝説として、この話は盛岡市内などではよく知られているものだが、バルトリの『日本イエズス会史』の記述を紹介した『切支丹風土記・東日本編』（宝文館）所収の「南部の切支丹」には、次のようなマチア、マグダレナ夫婦の殉教前に、いくつかの奇蹟が生じたことが記されている。

「……日本では夏にはいく日も雨が降りつづけるが、その雨の中で柱にしばられたまま夜も昼も立たされていた。二人が刑場に引連れられていく日のこと、その場所にふたつのひかりが天から降ってくるのが見えた。これは異教徒にも見えた。そこにしばられてからは、太陽の大きさ位もあったといわれる大きなひかりの玉が頭の上に輝き、それはすばらしいながめだった。奉行もしらせを受けて見物にきていたが、これにはすっかりあわててしまった。奉行はこのふしぎな事件の公表を禁止した。奉行は更に二人が、顔・頸などが変形するほどにふくれあがっていたのを、なおも縄が肌につよく食い込んで外からほとんど見えないほどにしばったままで、雨の中でむちを加えた。しかし、新たな天主の聖寵で、二人は腫れがなくなり、縄を解くと同時にもとの顔立に戻った。それどころか、夫のそれ以上に変わっていたマグダレナの顔は、以前にもましてうつくしく見えた」

なお、キリスト教の伝説では、聖女テクラの話が知られている。美貌だったテクラはアンティオケアで役人の求婚を拒み、刑を受けて猛獣と闘わされるが、獅子も熊も彼女を見ると戦意喪失、まったく襲いかかってこなかったという。テクラはのちに聖パウロの女弟子として小アジアの布教につとめている。

55 キリシタンの幽霊船（福岡・大島）

筑前（福岡県）の大島といえば、一年じゅう玄界灘の荒波に洗われている島である。島の言い伝えによれば、むかしこの島の沖合を、夜な夜なふしぎな船が通ったという。その船は、舳が長く突き出た異国の帆船で、どんなに海が荒れ狂っている夜でも、ほとんど揺れることがない。船ははるか沖合を静かに、すべるように走っていく。甲板に立つ人たちの顔までもがはっきりと見え、人も帆も、闇のなかで黄金色に輝き、それは神々しいばかりの美しさであるという。

ところが、船に居並ぶ人たちの手招きを目にしたが最後、その人は魂を奪われたように海にむかってふらふら歩き出し、やがて荒波にのみ込まれてしまうというのである。

このふしぎな船を、島の人たちは「キリシタンの幽霊船」といって恐れおののき、もし船が沖に見えたら、決して船を振り返らず、一目散に家に逃げ帰ることだと言い伝えられてきた。それを守らずに、振り返りでもしたら、たちまち幽霊たちの手招きを受け、キリシタンの怨霊に引き寄せられて、いのちを奪われてしまうというのだ。

ある年の夏のことだった。

数名の島の若者たちが、小舟を沖へ漕ぎ出して、漁をしていた。若者たちは朝からの晴天に恵まれて、いつにない釣果を喜びながら、舷《ふなばた》から、釣糸を垂らしていたが、そのうちに穏やかだった海がにわかに波を立ててきた。

空には黒雲がひろがり、あたりは暗くなって、はげしい雨まで降ってきた。

風はますます強まり、海は時化のようになって、波が逆巻きはじめたのだ。

小さな舟は木の葉のように波にもまれ、いつ転覆するか分らない。若者たちは漁をやめ、舟を島へ戻しはじめた。

「もっと早く漕げ！」

舳に立っているものが大声をあげた。

「魚が邪魔なんじゃ。魚を捨てんと、舟は走らん」

若者たちは言い合いをしながら、懸命に島に戻ろうとしていた。その時、一人の若者が、

「あれ、あれはキリシタンの幽霊船ではないか！」

と、沖を指さして叫んだ。

咄嗟のことに、全員が振りむくと、沖合の暗くなった海のなかに、黄金色の船が見えた。

船は揺れもせず、輝く舷側を見せたまま小舟の方へ近づいてくるように思えた。船上に居並ぶ人たちは能面のように無表情な顔で、若者たちをみつめていた。

――あれは、たしかに、言い伝え通りの「キリシタンの幽霊船」に違いない。

若者たちは、むかしからの言い伝えを思い出した。言い伝えでは、「キリシタンの幽霊船」が現われるというのは、夜の海ではなかったか。

若者たちは、誰一人言葉を発することができず、魅入られたように、沖合から近づいてくる黄金色の船をみつめていた。

やがて、船上の人たちが、ゆっくり手招きをはじめた。すると若者たちは、ひとりまた一人と、誘われるように海に入り、そのまま波間に消えていった。翌朝、たくさんの魚を積んだ若者たちの小舟だけが、島の小さな浜に流れ着いていたという話である。

〔注〕この伝説の由来は不詳だが、同島には、次のような南蛮宣教師来島の記録がある。
「寛永二十年癸未年（一六四三年）五月十二日、当国大島の内津背といふ所に、異国船一艘寄り来り、船中の人しばらく陸にあがりて居けるを、此島の神主一の甲斐四郎左衛門が弟仁兵衛といふもの、是をあやしく見て近つき尋ねけるに、其内日本の詞に通じ、此あたりの事どもを問ふ。山上にある番所を見て、あれはいかなる家と問ひしに、仁兵衛答て、異国より邪宗を勧めむため忍び渡る事も有べしとて、国主より異国船を遠見の番所なりといへば、異国人ども驚き、銀二枚取出し仁兵衛に与へ、我等船を出し去るべし、帆影見えぬまでは爰に居て、其後里へ帰るべし、必此船を見たるよし今語るべからずと頼み置て出船す。仁兵衛早速家に帰り、此事を島番の士村井仁右衛門に告る。仁右衛門浦人共を数多催し、急ぎ船に乗、彼船を追かけしに、やや隔たりしかども、遂に追着、大島へ引寄せ、

福岡へ注進す。城下に召よせ、忠之も是を見給ふ。皆日本の刀脇差衣腹の体にこしらへて着帯し、髪なども日本人に似せて結ひたりといへども、形相甚かはれり、耶蘇宗門を進めんため忍び渡れるよし白状す。渡海の人数都合十人、内伴天連四人、いるまん一人、吉利支丹五人」（『通航一覧』巻百八十八。なお、このころの幕府の宗門改役の調書である『契利斯督記』によれば、この時代九州のみで、無人島など二十三ヵ所にものぼる異国船に対する見張り番所が設置されている）。

禁教下、筑前大島に渡来してきたこれらの南蛮宣教師たちについては、その前後に、次のような背景がある。

イエズス会の日本管区長の地位にあったクリストヴァン・フェレイラ神父は、寛永十年（一六三三年）九月、長崎に潜伏していたところを捕えられ、汚物の充たされた穴の上に五時間も逆さ吊りにされるという拷問にあって、棄教した。フェレイラ神父は、慶長五年（一六〇〇年）の許教時代に来日し、同十八年（一六一三年）の禁教令、宣教師追放後も国内に潜んで布教活動をつづけていた。フェレイラ神父は、「豊かな恩寵と稀に見る天才とにも恵まれ」、司祭として人望厚い神父だったが、棄教後は日本名を沢野忠庵と名乗り、幕府の通詞、キリシタン目明かしを務めていた。フェレイラ神父棄教の報は、同会士たちに大きな衝撃を与え、出来れば彼を説得して再び信仰を取り戻させ、会の名誉を回復しようとする動きが会士のなかに起こった。

当時マカオにいたアントニオ・ルビノ神父は、ローマの同会総長の命を受けてその任に就き、禁教下の日本に潜伏することになった。ルビノ神父は同志を募って、救助隊を二隊に分けた。第一隊はルビノ神父自らがリーダーとなり、寛永十九年（一六四二年）七月マニラを経て、薩摩の下甑島に上陸し、洞穴に潜んでいたが、一行九名は間もなく捕われ、長崎に送られて七ヵ月に及ぶ〝水責め〟〝火責め〟などの拷問、取り調べを受けた。この時、棄教したフェレイラが通訳として立ち会っている。しかし九名はどうしても棄教を肯んじないため、翌年二月、頭髪を半分剃られて赤く染められた上、市中を引き廻されて、全員逆さ吊りの刑に処せられた。そして三ヵ月後、今度は第二隊が筑前大島へやってくる。

第二隊は、ペドロ・マルケス神父をリーダーとする十名で、大島で捕われると長崎へ送られ、さらに江戸へ護送され、伝馬町の牢につながれて取り調べを受けていたが、棄教しないため、やがて小石川小日向の大目付井上筑後守の下屋敷につくられた〝キリシタン屋敷〟（江戸切支丹屋敷）に幽閉された。この第二隊には「第二のフェレイラ」といわれる転び伴天連ジュセッペ・キャラ（日本名岡本三右衛門）がいるが、第二隊は第一隊とは反対に全員が棄教し、伴天連たちは同屋敷内で生を終えている。なお〝キリシタン屋敷〟については、「71 八兵衛の夜泣き石」、「72 朝妻桜」の注参照）。

56 常長の家に通う美女（仙台）

慶長十八年（一六一三年）九月、仙台藩主伊達政宗の命を受けて、スペイン国王、ローマ教皇のもとへ使節（慶長元和遣欧使節）として赴いた支倉常長は、途上スペインで洗礼を受け、キリシタンとなって帰国したが、ふるさとの国には、すでに禁教の嵐が吹き荒れていて、各地ですさまじい弾圧がはじまっていた。

仙台に帰りついた常長は、特別なはからいも受けずに、ひっそりと暮らしていたが、その常長のところへ、夜ごと人目を忍んで美しい女が通いつめていたという。

噂を耳にした藩では、ひそかに役人を出して調べていたが、ある時、女のあとをつけたところ、美女はあやしいキリシタンではなく、野に棲む大蛇の化身とわかったので、役人たちはその大蛇を捕りおさえて切り刻み、一塚を築いて埋めた。

それからというもの、この塚の前で火を焚くと、その火は赤く燃えず、きまって青い怪しい炎となって、天へ昇っていったという話である。

57　牛ヶ首用水（富山）

富山県の南部に、神通川から取水してつくられた「牛ヶ首」と呼ばれる、変わった名の用水がある。

この用水は寛永元年（一六二四年）に、近郊の射水郡下村の長左衛門、婦負《ねい》郡小竹の久左衛門、同郡八町村の善左衛門の三名が三十三ヵ村の村役人とともに藩に申し出て着工し、十年かかって、やっと完成したという用水である。その結果、越中第一といわれる用水となり、二万五千石余の新田が拓かれることになったが、用水の奇妙な名称の由来に、次のような伝説がある。

この用水の開さく工事は、土砂の崩壊がはげしく、難工事つづきであった。人夫のなかから多数の死者も出ていたので、災難をおそれて逃げ出すものもあとを絶たなかった。ことに、初霞《はつか》山の掘割りは深さが数十尺にも及ぶものであった。

工事の発起人で、現場の責任者でもあった長左衛門たち三人は、工事の最終地点まできて、またも難所にぶつかって苦慮していた。三人はよく、夜おそくまで集まって話しあっていた。そして、かつて高山右近が住み、キリシタンたちが多くいた金沢の町へも出かけていくので、長左衛門たちはご禁制になったキリシタンではないかと噂するものたちもあったという。

ある夜のこと、三人の枕辺に神が立って、

「気を落とすでない。ただちに起きよ。そして、寝ている牛の首をかい、丑三《うしみ》つの刻（およそ午前二時～二時半頃まで）に難所に埋めよ」

と、告げた。

三人が同時刻に、同じ夢のお告げを受けるというのはふしぎなことだが、とにかく長左衛門たちは自分たちが多くの犠牲者を出していることを神に詫び、すぐに寝牛の首をかいて、難所に埋めた。

翌朝、ふたたび工事に取りかかろうと集まってきた人夫たちが、土の上に血のしたたる跡があるのを不審に思っていると、長左衛門たちがやってきて、夢のお告げを聞いて、自分たちが難所に牛の首を埋めたことを伝えた。

「これで、工事もはかどるだろう。さあ、仕事にかかってくれ――」

人夫たちは怪訝な顔で工事に取りかかったが、心配していた事故も起こらず、最後の難工事を乗り越えて、ほどなく用水は完成した。そして、犠牲《いけにえ》として難所に埋めた牛に因んで、用水を「牛ヶ首用水」と名づけたという話である。

〔注〕下村の長左衛門ひとりではなく、三人の責任者が同じ時刻にふしぎな夢のお告げを受けるというのは珍しい話だが、三人が同じ信仰を持っていたという暗示もあるのだろうか。
長左衛門たちが潜伏したキリシタンであったかどうかは不詳だが、時代がずっと下った明治三年（一八七〇年）二月、いわゆる〝浦上四番崩れ〟で拘束された長崎浦上の潜伏キリシタン四十二名が、富山藩に流配されている。そして合田や経力《きょうりき》に分割され、のちさらに藩内三十ヵ所の寺などに分散させられている。これらのことから、長左衛門たちがキリシタンであったらしいという噂は、後年の付会かも知れない。

なお、このふしぎな由来話とは関連はないが、「牛の首を闕《か》く」というと、旧約聖書『申命記』（二一・三～四）の次のくだりが想起される。

「いちばん近い町の長老たちは、まだくびきをつけて働きに引き出したことのない若い雌牛を連れてきて、その雌牛を絶えず水が流れる小川のほとりの、まだ耕したことも種子をまいたこともない地に引いていき、その水のそばで雌牛の頭を折らなければならない」

『申命記』（二一）は、野で発見された身元不明者の死体を処理する規定、イスラエルの民の罪を贖い、清めの儀式が述べられているプロセスである。

58 夜空にのぼるバテレンの舟（山形・佐野原）

江戸幕府は、慶長十八年（一六一三年）禁教令を布告したが、東北地方の各藩には徹底されておらず、西国や江戸から追われた宣教師たちが布教をつづけていた。

米沢藩（山形県）西置賜あたりにも、南蛮の伴天連たちがやってきて布教につとめた結果、凶作に苦しみ、年貢の取り立てに苦しんでいた人たちの間に多くの信者たちが生まれていた。その信者たちによって、佐野原に教会堂が建てられ、禁教下でありながら、朝夕、祈りの鐘の音が山野に響いていた。

しかし、やがてここにも弾圧の手がのびてきた。

信者たちはイエスやマリアの聖像を匿し、慈母観音に似せたマリア観音などを祀って人目を忍び、潜伏キリシタンとなっていった。

そのころ、信者たちが寄りつけなくなった教会堂の屋根の上から、毎晩のようになにものかが舟に乗って、西の空にむかって消えていった。舟に乗るものは、顔の赤い鼻の長い天狗のようだったともいうし、長い銀色の髪をなびかせた真赤な口の、見たこともない怪物のようだったともいう。

噂はうわさを呼んで、いつしか教会堂は茂草のなかに朽ちていったという話である。

59　与七郎と道満塚（新潟・帯織）

むかし、新潟県南蒲原郡の帯織に、滝沢与七郎という男が住んでいた。

与七郎は武芸の達人で、そのうえ南蛮キリシタンの秘法も心得ていて、在所の帯織から二十数キロも離れた栃尾まで、数分たらずで往復したという。

ある時のこと、大水が出て、中之島村に架かっていた橋が流されてしまい、村の男たちが出て修理をはじめようとしていた。

そこへ、与七郎が通りかかったので、村のものが、

「おう、与七郎か。いかに与七郎でも、橋がなくては川を渡れまい」

そういって、与七郎の困る顔を見ようとした。

すると与七郎は、懐から白い巻き紙を取り出し、それを対岸にむかって投げつけた。巻き紙はするすると、いくらでも解けていき、たちまち一本の橋となった。

村のものたちがあきれるなかを、与七郎はゆう然と、紙の一本橋を渡っていったという。

こうしたふしぎな術を持っているものがいると、必ずそれをねたむものがいるものだ。

安代《やすひろ》の五左衛門という男がそれで、なんとかして、与七郎にひとあわ吹かしてやろうと考

えていた。

ある日のこと、五左衛門は与七郎を家に招いて馳走をし、たんまり酒を飲ませて酔いつぶしてしまった。与七郎は座敷の敷居を枕に寝込んでしまったのだ。五左衛門はこの時とばかりに、そっと与七郎に近づき、与七郎の首を戸にはさんで息の根を止めようと、思い切り戸を閉めた。

ところが、敷居のミゾには、いつの間にか扇子がはさんであった。

与七郎はその後、なにを思ったのか、一念発起して願を立て、その満願の日に家の庭に穴を掘り、生きながらそこに入った。そして数日間鉦を鳴らしながら、経文のような、訳の分らない言葉を唱えていたが、それもすっかり聞こえなくなった。

与七郎は生きながら自分の墓に入って、いのちを絶ったのだ。人びとは「道心満願《どうしんまんがん》の日」になぞらえ、この塚を「道満塚」と呼んでいたが、のちにこの与七郎の墓の上に二十三夜塔が建てられたという話である。

〔注〕「20　墓のなかの鈴の音」の注参照。

60　孫右衛門と狢《むじな》（山形・小国）

キリシタンが禁じられていたころの話である。米沢藩小国の金目川上流に、孫右衛門という男が、わずかな田畑を耕しながら、狩りをして暮らしていた。

孫右衛門は家族を持たないひとり身だった。狩りで捕えた狢《むじな》を手なずけて、わが子のように可愛がりながら、なに不自由なく気ままに暮らしていた。

そんな暮らしぶりを羨《うらや》むものが村にいたのか、あるとき孫右衛門はキリシタンだと訴人され、役人に捕われてしまった。そしてきびしい取り調べを受けたが、役人は孫右衛門の言うことはまったく聞き入れず、磔の刑に処せられることになってしまった。

孫右衛門は、刑吏に槍で突かれる時、

「金目の村は、いまに狢のために滅びてしまうだろう」

といい残して、息を引きとっていった。

すると収穫の秋になって、孫右衛門の予言通り狢が群れをなして金目の村に現われはじめた。狢は農作物を荒すばかりか、鶏やうさぎなどの家畜を喰い、牛や馬まで襲い出したのだ。

「孫右衛門が手なずけていた狢が、山のふもとに帰って、仲間を呼んできたに違いない」

「キリシタンの孫右衛門は、死んだ後でも南蛮バテレンの妖術を使って、狢を操っておるのじゃ」

そんな噂が立って、金目の村の人たちはおびえ出した。そして一軒、また一軒と村を後にするものたちが出て、雪もちらつくころには、ほとんどの人たちが村を去っていった。

長い冬がやっと終わって、春がめぐってきたある日のこと、金目の村を修験の行者が通りかかった。

行者は荒れはてた村を見て、残っていた村びとにそのわけを尋ねた。村びとは南蛮バテレンの妖術を使う孫右衛門と、狢の襲来の話を聞かせた。

行者はすぐに、悪霊退治の祈禱をはじめた。そして満願の夜になって、護摩が焚かれた。その炎がひときわはげしく燃えあがったかと思うと、大きな火の玉となって、狢たちが棲みつく山の方へ飛んでいった。

翌朝、村のものが山菜採りに山のふもとへ出かけてみると、そこには何十、何百と知れぬ狢たちの焼けただれた屍がころがっていたという話である。

61　忍者バテレン金錣次兵衛（長崎）

——次兵衛《じひょうえ》は、竹の皮でつくったバッチョ笠を胸にあてて走っても、笠が落ちないほど足が速く、日に二十里の道を平気で往復していた。

――次兵衛は、追手が捕えようとすると、忽然と消えてしまう。素足のまま海の上を走り、空中を飛んで、大村湾を渡っていったこともある。きょう平戸島の山かげで農夫たちと話をしていたかと思うと、翌朝は長崎浦上の川畔の民家で、わらじを解いていた。

――次兵衛は、掌に卵をのせ、その場で卵をヒヨコにかえす、ふしぎな南蛮の術を心得ていた。

　武士の格好をして、いつも金鍔の脇差しを腰に差していたため、金鍔次兵衛と呼ばれていた忍者のようなこの男は、トマス・デ・サン・アウグスチノという洗礼名を持つ、アウグスチノ会の日本人神父であった。

　次兵衛は、大村の貧しいキリシタンの家に生まれた。六歳になった慶長十三年（一六〇八年）、有馬のセミナリオに入り、将来宣教師になるため、ラテン語や教理を学んだ。そして十二歳の時、日本から追放された宣教師たちとともにマカオに渡り、さらに神学を学び、一時禁教下の日本へ立ちもどったが、ふたたび国外に出、こんどはマニラに渡って、アウグスチノ会に入会、そこで念願の神父に叙階されて、長崎に潜伏したのだった。

　禁制下になっていたとはいえ、神父として神に召し出された以上、ひそかに信仰をまもっている信者たちの間をまわって、司牧しなければならない。

　国外から長崎に潜入した次兵衛神父は、とにかく自分の属する会の日本における最高責任者であったグテレス神父に会って、これからの布教活動についての指示を仰がねばならないと思っていたが、そのグテレス神父はすでに奉行所に捕われて、牢につながれていた。

　次兵衛神父の忍者もどきの活躍は、この時からはじまる。

彼はまず、奉行所に忍び込むことを考えた。奉行所の馬丁に雇われて、まんまと奉行所の下働きになると、深夜ひそかに牢に出向き、格子越しにグテレス神父と会って、禁教下の布教の情況を聞き出し、合わせて司教の指示、指導を仰ぎながら、町なかにひそむ信者たちとの連絡につとめた。そして馬丁としてのわずかな日当で、牢内にいる上長への差し入れなどを行っていた。

このころ、下火となっていた長崎のキリシタン宗門が、また盛りあがりをみせてきていた。次兵衛神父の活躍もあってか、信仰から遠ざかっていた信者たちが、あちこちで立ちもどりをみせていたのだ。

キリシタン弾圧に異常な情熱を燃やしていた長崎奉行所の竹中采女正重興は、捕えた信者たちを雲仙岳の硫黄の地獄口に連れていき、煮えたぎる湯をかぶせて転ばせる（改宗させる）ことを考えたりする奸計にたけた卑劣な男だった。一説には、踏絵（絵踏）を発案したのも彼だったという。

この采女正が、こうしたキリシタンたちの新たな動きに気づかぬはずはなかった。采女正は早速情報を集め、一人の日本人宣教師が暗躍していることを知って、探索に乗り出した。しかしそのバテレンが、まさか自分の足許の奉行所のなかで働く馬丁であるとは、思いも及ばなかった。

囚われの身となっていた上長のグテレス神父は、いくら棄教を迫っても応じないため、やがて西坂の刑場に引き立てられて、火あぶりの刑に処せられてしまった。寛永九年（一六三二年）九月三日のことであった。

すると、この直後から、奉行所に雇われていた一人の馬丁が、姿を消したのだ。牢内にいたものたちからでも聞き出したのか、采女正は馬丁の次兵衛神父が、殉教したグテレス神父と連絡を取り合っていたことを知って、仰天した。

采女正は、懸命になって馬丁をやめた次兵衛神父の行方を追いはじめた。

次兵衛神父は、長崎の天領と深堀領の境にある祝ノ浦東谷の岩山の洞窟に、格好な隠家《かくれが》を見つけていた。洞窟は狭い谷間をぬけた岩山の中腹にあって、岩山の下は長崎の入江である。よほどのものでない限り、ここまで入ってくるものはなかった（現、戸町の〝金鍔谷〟。次兵衛神父は、旧大村領の西彼杵半島の長浦村戸根の山中の洞窟をも隠家にしていた。ここも〝金鍔谷〟と呼ばれている。また出奔後の彼は、いつも金の鍔の脇差しを差していたというが、その鍔には十字が細工してあり、それを守りのようにしていたともいう）。

次兵衛神父は、昼間はこうした洞窟や山野にひそみ、日が暮れはじめると水を得た魚のように長崎の町や大村、有馬へと縦横にかけめぐって、信者たちを勇気づけていた。

采女正は必死に探索をつづけていたが、次兵衛神父は、神出鬼没。きのう長崎の町中で彼の噂を耳にしたと思うと、きょうは有馬に現われたという。

すると今度は、海を渡って大村や平戸島に現われたという。采女正はほんろうされつづけていたが、ある時、江戸から急使がやってきて、采女正は驚愕した。将軍家光の側近の小姓のなかから、三名のキリシタンが摘発されたが、その三人を取り調べてみると、なんと教化したのは長崎から来た日本人バテレンの次兵衛神父だったという。次兵衛神父は遠く江戸城の奥深くにまで潜入していたのだ。キリシタン嫌いの将軍家光は怒り心頭に発し、即刻そのものを捕えて、処刑せよとの厳命を下した。

狼狽した采女正は、早速次兵衛神父の似顔絵五百枚をつくってばらまき、次兵衛神父が現われたという地方に、何人もの密偵を送り込んだ。

そのうちに、大村領西彼杵の半島にある長浦村戸根の山中に、次兵衛神父が隠れていると密告者からの通報を受けて、采女正はほくそ笑んだ。

「うーぬ。次兵衛め。見ておれよ。もう取り逃がしはせぬぞ。捕えたらお前の五体は切り刻んで海に投げ棄て、フカの餌《えじき》にしてくれるわ」

采女正には、勝算があった。

寛永十二年（一六三五年）夏、采女正は、前代未聞ともいうべき一大捕物を開始したのだ。徹底したローラ作戦である。厳重な関所をもうけ、西彼杵半島の最北部にある面高と横瀬、その他二ヵ所から大村、佐賀、平戸、島原の手のものたちを動員し、半島いっぱいに一人一歩の間隔で横一列に並び、山を越え、谷を渡って、半島を南に縦走するという空前の山狩りである。

各藩から駆り出されてきたものたちは、左の袖に白紙をぬい込んだり、刀の鞘に三筋の白紙を巻きつけたりしてしるしをつけた。この時大村藩では、十五歳以上六十歳までの男子すべてが駆り出されたという。

日が暮れて夜になるとかがり火を焚き、寝ずの番をたてながら、三十五日かかって、やっと関所をもうけた半島の首根っ子ともいえる時津と浦上淵村の最終ラインに、たどり着いた。

しかし、めざす次兵衛神父は、影も形もなかった。網にかかったのは、長浦村の脇崎で神父の世話をしたことがあるという塩焼きの男、一人だった。次兵衛神父は暗夜の夜更け、厳重な包囲網をひそかに抜けて、大村湾を歩いて対岸へ逃れたのだろうか。忍者、南蛮の魔法を使う〝バテレン次兵衛〟の噂は、ますます高まるばかりだったが、その次兵衛神父にも、ついに最期の時がきた。

寛永十三年（一六三六年）十一月一日、浦上淵村の庄屋助右衛門の密告によって、戸町の洞窟に潜んでいるところを急襲されて、捕えられた。

捕手の役人たちは、次兵衛神父が魔法をつかって目の前の海上へ逃走するのをおそれ、特に二重に縄をうったという。神父一人を捕えるため、数年間にかかった費用は三十万両といわれる。密告者の庄屋助右衛門には褒賞金が上積みされて、銀三百枚が与えられたという。

捕えられた次兵衛神父には水責め、穴づり、焼き鏝《ごて》など、陰惨、凄惨な拷問が待っていた。しかしどんなにそれが繰り返されても、棄教を受け入れないため、二度目の逆さ穴吊りが行われ、寛永十四年八月二十一日、ついに息を引きとった。次兵衛神父、時に三十五歳。遺体は信者たちの手に渡らぬよう重い石がつけられて、長崎の海に投げ棄てられたという。

禁教下、次兵衛神父によって洗礼を授けられた信者は、五百名を下らないという。また、長浦村戸根の金鍔谷の近くにある「久八岩」は、次兵衛神父がここに隠れていた時、下僕の久八が長崎の町へ買い出しにいく折など、よく腰を降ろして休んだ岩だといわれている。

〔注〕トマス・デ・サン・アウグスチノ＝金鍔次兵衛の事蹟については、片岡弥吉『日本キリシタン殉教史』（時事通信社）、H・チースリク『キリシタン時代の邦人司祭』（キリシタン文

化研究会）などに詳しい。またいくつかの長崎の古書にも次兵衛神父の風聞などが紹介されている。例えば元禄十年（一六九七年）に刊行された『長崎根元記』には、次の記述がみえる。

「寛永十二亥年、榊原飛騨守、仙石大和守支配之節、長崎古川町に金鍔次兵衛といふ者有、切死丹張本伴天連にて、常に金鍔を指故、人みな金鍔次兵衛と云ふ。彼者邪法をすゝめ、吉利支丹の妙術を得たるもの、よし、訴人有レ之故、早速可レ捕之処ニ欠落一。因茲長崎中は不レ及レ申近郷を相尋処、今迄此所にありといへ共不レ見、昼夜町々在々山々迄相尋、近国へ此旨被ニ相触一により所々に関所を構、往来之者一人宛相改、亥年より丑年まで三年無ニ間断、助右衛門と云者訴人に出片淵村にて捕レ之。此時より九州の関所止事なく、於レ于レ今有レ之。他国へ往来の儀、其所の支配人より手形差出、長崎者年寄常行司方より出レ之」

右によれば、この時から九州に往来手形制度がはじまったという。

また、長崎奉行竹中采女正重興は、山狩りの時にはすでに免職となっていた。采女正は知人の妻を奪ったり、密貿易に加わるなど非行が多く、罷免後そのことが問われて知行召しあげの上、長子とともに江戸浅草の海禅寺で切腹を命じられている。幕府はこの時から長崎奉行を二人制とし、互いを監視させて、職務を遂行させることにした。采女正に代わる二人制奉行の初代は、曾我又左衛門古祐と今村伝四郎正長で、さらに榊原飛騨守職直・神尾内記元勝、榊原飛騨守・仙石大和守久隆とつづき、次兵衛神父の一件が起きている間にあわただしい交代がつづいていた。なお、次兵衛神父は遠出をしたり、他国へ行ったりする時は、笈を背負って山伏の姿をしていたともいう。

62 偽キリシタンの企み（東京）

寛永十二年（一六三五年）に、江戸や京都の辻に立てられた高札の切支丹訴人に対する褒賞金は、次のようであった。

なんはんはてれん（外国人神父）　銀百枚
なんはんいるまん（同修道士）、日本はてれん　銀五十枚
きりしたん（一般信者）　銀三十枚

ところが三年後、天草・島原の乱の直後の高札になると、

なんはんはてれん　銀二百枚
いるまん、日本はてれん　銀百枚
きりしたん　銀三十枚あるいは五十枚

というように、その額が大きく改められている。

伴天連にかけられた褒賞金の最高の金額は、三十数年後の延宝二年（一六七四年）には、「銀五百枚」となっている。この金額を銀の値、米価などに換算して現在の金額になおしてみると、およそ八百万円近くになろうか。

こうして賞金が釣りあげられていくと、密告者はともかく、その金額に目がくらむものた

ちも出てくる。

江戸の町奉行加賀爪民部少輔が南町奉行の時というから、寛永年間（一六二四〜四三年）のことである。

江戸に住むある貧しい兄弟が、大金ほしさに二人で示し合わせ、弟をキリシタンにして、兄が奉行所へ訴え出た。

兄弟の企みは一応成功して、兄は多額の賞金をせしめたが、牢につないだ弟を取り調べてみると、いいかげんなことばかりいって、宗門のことについてはなにも知らない。きびしく責めると、親に楽をさせたいため、兄弟で示し合わせて、褒賞金をだまし取ることを考えたと白状した。

弟は、自分はどんな刑罰を受けてもよいから、親や兄たちはどうか許してもらいたいと、それこそ、目から血涙が出るほどに訴えた。キリシタンであれば、焚刑か、磔刑である。弟も相当の覚悟があってことに及んだろうし、役人をたぶらかし、お上をあざむこうとしたのだから、これまたきびしい刑罰はまぬがれないところであろう。

ところが、町奉行もその上司である〝キリシタン奉行〟井上筑後守も、この兄弟を許したのだった。それどころか、

「まれにみる孝行者」

と、褒めたたえた上、職のないこの兄弟は筑後守から金十両、加賀爪民部から金一両、そのほか牢役人、町年寄たちから合わせて六両にもなる褒美まで与えられ、なお保科肥後守に召し抱えられるという就職まで世話をしてもらったという。

幕府としては、こうしてキリシタンの訴人がふえることを奨励しようとしたのだろうが、町人たちには評判がよくなかったという話である。

〔注〕同じような事件が、長崎奉行所でも取り扱われている。こちらは兄弟の仲が悪く、兄を訴えた弟は磔刑になっている（森永種夫『犯科帳』岩波新書）。

「博多中島町の半右衛門と市兵衛の兄弟は、どうしても郷里での生活がうまく行かず、申し合わせて薩摩の金山に出かせぎに行くことにした。そこまではよかったが、もともと二人は兄弟とはいいながら、全く性分が合わなかった。どうやら職場に落ちつくと、またなにかにつけてけんかを始めた。兄の半右衛門は、なんとかして弟の市兵衛を職場から追い出そうとした。そして、弟のことを悪しざまに言いふらし、所の町役人にその非行を訴え出た。それが図に当たって、市兵衛は金山から追い払われた。

市兵衛は、憤懣やるかたなかった。なんとか兄の半右衛門に報復してやろうと、その機会をねらっていた。そして、ふと切支丹がむごい刑罰に処せられることに思い当たった。市兵衛は、兄がひそかに切支丹宗門に入っていると訴え出たのだ。

半右衛門はすぐに捕えられて、訴え出た弟とともに長崎に護送された。しかし、いくら取り調べても、半右衛門が切支丹であるという確証はあがらなかった。一方、市兵衛はきびしい取り調べを受けた末、兄にしかえしをするために偽りの訴人をしたことを白状した。

判決　市兵衛を町中引き廻し、桜町札場に曝した上、はりつけ」。

兄の半右衛門は、むろん無罪放免である。この事件は、天和二年（一六八二年）に起こったものであるという。
また、これは偽証ではないが、寛文七年（一六六七年）に肥後細川藩で、息子がキリシタンの母親を訴え出て、銀三十枚を褒美としてもらっている。息子は自分はすでに「御吟味を受け心底からきりしたん宗門をころんでいる」が、母親は未だにキリシタンを棄てぬまま、他村へ再嫁していると訴え出ている。訴人の数は慶安から寛文時代、日に数件もあったという。

幕府の〝切支丹訴人〟の褒賞金制度は、元和四年（一六一八年）ころにはじまり、最初は訴人に対して「銀三十枚」が与えられる旨、盗人の告訴褒賞令につけ足されるだけであったというが、パジェス『日本切支丹宗門史』（前出）の元和五年（一六一九年）の章に、次の記述がみえる。

「長崎の要所に列べてあった銀三十枚《バール》は、密告者の報酬に宛てることになっていた。奉行の命により、傍に立てられた制札には、初め次のように記されていた。『此金子は、〈盗賊《ボルール》〉を密告せし者に付与するものなり』（日本で如何に盗賊が憎悪されるかは、人の良く知るところである）間もなく、之に『並に伴天連《レリジュー》を密告せし者』が追加された。かくて、イエス・キリストの神牧《ミニストル》たちは、公安を害する者に比せられ、否それ以下に見られたが、泥棒と同一列におかれ、二人の泥棒の間に挟まれて十字架につけられた主キリストの屈辱にあやかることを幸福とした！」
こうしてはじめられた訴人への褒賞金は、やがて制度化され、規定の細分化、金額の上積みがなされながら、明治六年（一八七三年）二月の高札撤去までつづけられた。

なお、褒賞金に関する逸話として、森徳一郎「尾濃の切支丹」（『切支丹風土記・近畿中国編』所収、宝文館）に、妻が夫を訴えた、次のような事例が紹介されている。

「（寛文六年、一六六六年）十月十三日、丹羽郡河北村御赦免の者文助、権七郎両人の女房御忠節により銀子五枚ずつ、同郡南山名村御赦免平左衛門に銀子拾五枚、同人女房白状者に銀子拾枚を与えた。これは高札面の『たとひ同宿宗門之内なりといふとも申出る品により銀五百枚下さるべし』を実行した一例であるが、白状御忠節御赦面御褒美、そして翌年再召捕の昇天である」。

京都などの触書には、「訴人罷出においては銀子並伴天連の家屋敷可レ被レ下者也」とあって、副賞として訴人に伴天連の家屋敷が加えられている。また仙台藩の村々への触書には、「下人申出候はヾ身代上辺より被下可被相放候事」とあり、あるじを訴えた使用人などには藩から家屋敷のほか土地まで与えられ、独立した百姓に取り立てられたので、使用人たちには魅力的な布告であったという（清水紘一『キリシタン禁制史』教育社、只野淳『みちのく切支丹』富士クリエイティヴハウス）。

63　だんじく様（長崎・生月）

生月島の西の端にある潮見岬に、数十メートルはあろうかと思われる長瀬鼻という大絶壁がある。切り立ったその断崖の下の岩の裂け目に、石造りの小さな祠があり、「だんじく様」が祀られている。

だんじく様の謂われは、崖の下の岩の周囲に根をはって生い茂る、暖竹と呼ばれる竹の名が訛ったものであるという。

禁教下のある日のこと、役人たちがキリシタンを捕えにやってきたので、山田村の弥市兵衛とその妻のマリアは、生まれて間もない乳のみ児のジュアンを抱えて、潮見岬の突端にある長崎鼻の崖下まで逃れ、繁みのなかにひそんでいた。

役人たちは舟を出して、海から岬のあちこちにある洞穴まで、細かに調べていたが、その時、ジュアンが突然はげしく泣き出したので、弥市兵衛一家は役人に知られ、舟に引きあげられて殺されてしまった。それからというもの、舟がこの崖の下を通ると、それまで凪いで、浪ひとつ立たなかった海面がにわかに荒れ出し、舟はたちまち沈められてしまうという。

村のものたちは、弥市兵衛一家の霊が祟りをするのだろうといい出して、弥市兵衛たちが隠れていたところに、小さな祠をつくって祀り、命日である旧の一月十六日には、必ずお詣りをして供養するようにした。山田の村から崖の下にある祠までは、神ノ川のダム沿いの山道を登り、それから絶壁に沿った石ころだらけの急な道を、一時間ほどかかる。海へ舟を出して潮見岬をまわる方が、はるかに便はいいのに、「だんじく様」へ行くには、必ず陸路を行かなければならない。

しばた山、しばた山ナーアー

いまは涙のさき（崎）なるナーアー

先きはナー、助かる道であるぞナーアー

一月十六日の「だんじく様」の命日には、哀調を帯びたこの歌が歌われるという。

〔注〕「だんじく様」は、島の漁師たちの水難除け、妊婦の安産祈願にも霊験あらたかであるという。また島の信者たちの霊の守護者でもある。日露戦争をはじめ、数々の戦争で戦場に駆り出された信者たちの多くは、「だんじく様」に祈願して戦傷戦死をまぬかれたと、島の人たちはいっている。

64　ベアトス様（長崎・浦上）

農夫のジワンノとその妻ジワンナ、息子のミギルの親子三人は、長崎の浦上村本原郷《もとばるごう》小峰（現石神町）に住む、敬虔なキリシタンであった。

この浦上村は、禁教になっても、全村三千名以上のほとんどがキリシタンであった。奉行所ではそこまでは知らずとも、村には仏教徒を装いながら、多くのキリシタンが潜んでいることをかぎつけて、対策をねっていた。

寛永年間（一六二四〜一六四三年）のある年の秋のことであった。

何を思ったのか、ジワンノは自分の家の畑の稲を早刈りしてモミを取り、ワラを干して、たくさんのわらじをつくりはじめた。

妻のジワンナは、妙なことをすると思ったが、何か考えがあるからだろうと思って、夫のすることを黙って見ていた。

すると数日経て、奉行所から捕手がやってきた。役人たちは、村びとたちへのみせしめとして、まずキリシタンの中心人物であったジワンノ一家を捕えにやってきたのだった。

あいにく息子のミギルは、山へたきぎを採りに出ていた。この時がくることを、すでに知って、稲刈りを終えていたジワンノは、

「お待ちしていました。息子のミギルが山へ出かけていますから、帰るまで待ってください。親子そろって、お縄を受けましょう」

と、いった。

そこで、捕手の役人たちは、ミギルが帰ってくるのを待つことにした。その間、ジワンノは妻のジワンナに命じて、モミガラをとって精白しておいた新米を炊いて、捕手たちに食べさせ、新しいワラでつくったわらじをも与えた。

やがて、ミギルが帰ってくると、三人の親子はともに縄を受け、庭先の井戸で水責めにあいながら、棄教を強いられた。

しかしいくら責められても、だれも応じなかった。そこで役人たちは、一キロばかり離れた、浦上川のほとりの塔の尾（現橋口町）までジワンノ一家を引き立てて、火あぶりにすることにしたのだ。

これを知った村びとたちは、少しでも三人のいのちを長らえさせようと示し合わせ、いち

早く、自分たちの家の火種を消して姿を隠したので、役人たちは困り果てた。そしてさらに一キロ以上離れている淵（現城山町）までいって、やっと火種をもらい、ジワンノ一家を火あぶりの刑に処した。

村びとたちはその後、自分たちの身代わりになって殉教したこの親子を、「ベアトス様」と崇めるようになった。一方、役人に火種を与えた家では、それからというもの、家族のなかに不幸なものがつづいたという話である。

「ベアトス様」殉教の地である、長崎市浦上塔の尾の路傍の岩の上に、「ジワンノ、ジワンナ、ミギルの墓」がある。

〔注〕ベアトスは、ポルトガル語 Beato= 福者の複数。福者は生前の徳行などによって、天国の至福を受けている信者をいう。カトリック教会では列福者から、さらにその福者の聖性が調査、審議され、教皇の認証によって聖人 =Saint にあげられる。聖人とは自らのいのちや血をもってキリストの教えに殉じた「殉教者（無抵抗な死、餓死、牢死、拷問、追放の苦難などによる無血の死も殉教者に含まれる）」、または聖なる信仰の生涯をもってキリストの教えを証した「証聖者」をいう。

65　昇天石（長崎・平戸）

平戸島の根獅子の浜は、島の西側にある小さな白砂の美しい浜である。

キリシタン禁制の時代（一六一三年〜一八七三年）、この浜は根獅子はもとより、近郊の獅子、薄香《うすか》の信徒たちが捕われて処刑された場所として知られている。寛永十二年（一六三五年）には七十余名が一度に処刑され、真白な砂の浜も殉教者たちの流した血で、真赤に染まったという。

ある時、役人に捕われて根獅子の浜まで引き立てられてきた、信心深いキリシタンがいた。これから浜の片隅にある岩の上で、処刑されるという時に、男は役人に、

「キリシタンとして、最期のお祈りを神《デウス》に捧げたいので、どうか許してほしい」

と、懇願した。

役人はうなずいてくれたので、男は多くの仲間たちが殺されていった岩の上にひざまずき、天を仰いで静かに祈りはじめた。

すると、男がみつめる天の一角から、綱に吊されたかごが、音もなく男の前に降りてきた。

驚いた役人たちが、刀をふりあげて男に近づくと、目もくらむばかりにあたりが光り輝き、役人たちは目を射られて、思わず身を伏してしまった。

役人たちが気を取り直して顔をあげた時には、もう男の姿は岩の上にはなかった。男は祈りながらかごに乗って、天に昇っていくところだった。

役人たちは大声をあげて叫びながら、刀や槍をふりかざして悔しがったが、もはや手が届かず、どうすることもできなかった。

男が昇天していった岩を、その後だれいうとなく《昇天石》と、呼ぶようになった。この岩に登るものは、必ずはげしい腹痛を起こすといい伝えられている。

〔注〕「昇天石」を含む以下の「66　お禄人様」、「67　お六人様」、「68　聖母のかご」の四話は、「キリシタン伝説略史」にも触れたように、いずれも同種とみられる話が混淆しあって語られている。原話としての殉教者たちの話には、年代順に次の四話がある。

一、永禄七年（一五六四年）、根獅子に住むある僧侶が改宗してキリシタンとなり、近くの農家に布教に行ったため、領主の怒りをかい、根獅子の浜の岩の上で斬殺された。それを信心深い地元の人たちが哀れみ、〝お禄人様〟と呼んで祀るようになったという。

二、根獅子にあった最仰寺という寺の住職ウシヤキさまが、キリシタンに改宗してトメーと称し、キリシタンの儀式にしたがって結婚した。そのため領主の未亡人などから憎まれて、永禄九年（一五六六年）旧八月二十六日、根獅子の浜の大石の上で殺されたという（ウシヤキとは、「大石脇のなまったもの」、「うしはく＝古語の領知する意のなまったもの。〝この山をうしはく神の昔より〟、『万葉集』一七五九などで、古来から神が宿っている場所のこと」という。沢村光博『キリシタン史の旅』雄山閣）。

三、平戸島と生月島の間の海上にある無人島中江ノ島は、禁教下両島のキリシタンたちが処刑された霊地・聖地であった。元和八年（一六二二年）五月、その島へ渡る小舟の寄贈者であった平戸島のダミアン・イスライ・出口は、捕えられて中江ノ島へ連行された。ダミアンはその途中、殉教の喜びにあふれ、聖歌を歌いながら自ら舟の櫓をこいで、島に渡った。刑場では口がきけないように紐で首をしめられながらも、「聖なる聖体はほめ讃えられ給え」と叫んで、斬首された。四十二歳だったダミアンの家族は、七十二歳の老母イザベラ、妻ベアトリスおよび十一歳を頭に五歳までの三人の子供の六人家族だったが、全員中江ノ島で斬首され、海に棄てられた。

ところが、その死骸は風浪に流されて根獅子の浜へ漂着したので、土地のものたちが手厚く葬り、「お六人様」と称して崇めたという（ダミアン一家の処刑は全員同時ではなく、家族の五人はダミアン処刑二年後のことだともいう）。

四、寛永十二年（一六三五年）、根獅子をはじめ近郊の薄香、獅子のキリシタン七十余名が処刑された。刑場となった真白い根獅子の浜は、その殉教者たちの血で赤く染まった。舟で沖合に運ばれて棄てられた遺体のうち、六体はその日の夕刻に浜へ戻ってきた。地元の人たちは、殉教者全員をそれまで祀っていた「お禄神様」のところへ石塚を建てて、「お禄神様」とともに祀るようになったという。

66　お禄人様（長崎・平戸）

平戸島の根獅子の浜の近くに、堂坂と呼ぶやぶがある。そのやぶのなかに、一軒の家があった。

家の主人は、鍬を握って田畑を耕していたが、むかし藩の禄を食んでいたことがあるので、村のものたちは〝お禄人様〟と呼んでいた。

ある日のこと、見知らぬ旅の男がひょっこりやってきて、このお禄人様の家に住みついた。お禄人様の家には若い娘がいたので、いつか男は娘と深い仲になり、やがて二人は結ばれた。ところが、それから間もなくすると、急に男は姿を消したのだ。新婚間もないことなのに、ふしぎなことである。娘が、

「いったい、どこへいったのかしら？」

と、父親とともに案じていると、平戸の町から役人たちがやってきて、お禄人様を縛りあげてしまった。

「お前は、ご法度のキリシタンであろう」

と、役人たちはいうのだ。

「いいえ」

お禄人様がこたえると、役人の頭目《かしら》は薄笑いを浮べながら、

「いくら隠しだてをしても、どうにもならぬ。証拠はちゃんとあがっておる」

と、いうのであった。

突然姿を消した旅の男――、娘の夫になった男が訴え出たのであろうか。それとも、あの男は役人であったのだろうか。お禄人様は観念し、キリシタンであることを白状したので、打ち首にすることにした。

「お前は白状して、キリシタンであることを認めた。しかし、キリシタンはお前ひとりではあるまい。この村には、ほかにもキリシタンがおるだろう。そのものたちの名をいえば、打ち首だけはゆるしてやろう」

「いいえ。キリシタンは、わたし、ひとりでございます」

お禄人様は、神妙にこたえた。

旅の男はどういうわけか、お禄人様の名だけを出したらしい。娘や妻の名が出なかったことに、お禄人様は安堵した。

やがて、お禄人様は浜にある昇天石の上に座らされ、一刀のもとに首がはねられた。そして死骸は舟に乗せられて沖へ運ばれ、べっとそねという瀬のところで、海中深く沈められてしまった。

ところが、役人たちが引きあげてしまうと、お禄人様の死骸は海の底から浮きあがり、折りしも吹きはじめた西風に運ばれて、根獅子の浜まで戻ってきたのだ。

村の人たちは、お禄人様が自分たちのことを、役人に告げなかったことに大いに感謝をし、

死骸をやぶのなかへ手厚く葬った。そして、その日が八月二十六日だったので、村の人たちは毎年この日になると、やぶのなかのお禄人様の墓に詣ることにした。この日は、必ず一度は西風が吹き、海の色が血の色に染まるという。

お禄人様の殉教には、また次のような話も伝えられている。

お禄人様が昇天石の上で首をはねられた時、その首は高く空へ飛びあがり、海を越えて小長井の田原《たばる》まで飛んでいった。その田原では、毎年お禄人様の殉教の日の夜には、千の灯籠をともすようになったという。

〔注〕海が赤く染まるのは、風向き、潮の関係で、海藻がそのように見えるのだと土地の人たちはいう。また、空に飛んだのは首ではなく、「お禄人様は昇天石の上で、祈りながら生きたまま飛んでいき、田原に落ちたところを役人に捕えられた」ともいう。

田原の地名は長崎地方に三ヵ所あるが、北高来郡小長井町田原がその地とされる。理由は、小長井町の田原では、毎年盆とはまったく関係なく八月十七日の夜、千の灯籠をともす行事が行われていたからだという。集落が道をはさんで二手に分かれ、交互に灯籠をともしたというその行事の由来は不詳。

67 お六人様（長崎・平戸）

平戸島の根獅子の集落のやぶのなかに、一軒の家があった。村では古い家で、心根のやさしい家の主《あるじ》はまわりのものたちから慕われ、何くれとなく村の人たちの世話をやいていた。ある時、この家に一人の若い男がふらりとやってきて、住みつくようになった。家には娘がいて、やがて男はその家の婿となり、娘と夫婦になった。

娘は一子をあげ、一家は喜びと幸せのうちに日を送っていたが、娘が子の母親となって三年が過ぎたある日のことだった。

もはやなんの害もなかろうと、若い妻は夫である男に、自分たちはキリシタンであることを、はじめて伝えたのだ。

すると次の日、夫である男は行方も告げずに家を出て、姿を消してしまった。家を出た男が、訴え出たのだろうか。それとも、男はご禁制の宗門を内密に検索する役人だったのだろうか。間もなく平戸の町から、捕手たちが根獅子の浜へやってきた。

報せを聞いた娘も、幼児を抱え、両親や弟とともにやぶの奥に逃れて隠れていたが、娘が抱いていた幼児が泣き声をあげたので見つかってしまい、一家は浜の刑場へ引き立てられて、ほかのものたちと一緒に、大石の上で斬首されてしまった。

役人たちは処刑したキリシタンの遺体を舟に積んで、立場島の沖の海へ投げ棄てて引きあげていったが、その夜、浜に強い西風が吹きつけて、翌朝には殉教者たちの遺体はぜんぶふるさとの根獅子の浜に戻ってきていたという。

難を逃れたものたちは、その日、幼い児とともに殺されたやぶのなかの一家六人の遺体を海辺の砂丘のなかに葬った。そして翌日浜に残ったほかの殉教者たちの遺体を埋葬しようとすると、すでに報せを受けていたのか、平戸の町から役人たちがやってきて、浜に戻ってきた処刑者の数を調べた。すると六人分少ないことがわかったので、そのことを糺すと、村びとたちは砂丘に埋葬したという。

そこで役人たちは案内させて砂丘の埋葬場所へ行くと、驚いたことに砂丘は一面、一夜のうちに茅しばにおおわれて、いくら探しても、六人を埋葬した場所はわからなかった。

役人たちはあきらめて帰っていったが、その後だれいうとなく、

「あの六人の遺体は、神様がどこかへ隠されたのじゃ」

といい出したので、残った村のキリシタンたちは、さらに深く神《デウス》の霊験に感じいったという。

村のキリシタンたちは、浜に戻ってきたほかの殉教者たちの埋葬を終えると、刑場跡の砂浜を清め、そこを歩くものは、みな履物を脱いで歩くようになった。そして埋葬した場所が分らなくなった六人の殉教者のことを《お六人様》と呼んで、崇めるようになったという。

根獅子の浜では、多くのキリシタンたちが処刑された陰暦八月二十六日の夕方には、どんな年でも必ず西風が吹き、その夜は、沖の海にたくさんの灯明がともるという話である。

68 聖母のかご（長崎・平戸）

平戸島の根獅子の浜の近くにやぶがあり、そのやぶのなかに、かくれキリシタンの家があった。

一家は五人であったが、娘が婿をむかえて子供が産まれたので、七人の家族になった。

ある年のこと、青い麦の芽が五、六寸ものびたころのことであった。若い娘の夫は、自分の妻が思いがけもなくキリシタン邪宗門の門徒であることを知った。

当時、キリシタンの迫害は日増しにはげしくなっていた。どこでも、キリシタン宗徒を訴え出たものには、多額の褒美がもらえた。夫の男は宗徒と枕をともにした以上、自分の首もあぶないと思った。

夫の男は、キリシタンの妻子やその肉親たちと運命をともにする気はなく、信仰の道へはいろうとする気もなかった。男は妻と生まれて間もない子を棄てて、ひそかに家を出た。

自分の妻や親たちがご法度のキリシタンであることを知った以上、平戸の町へいって、役人に訴え出なければなるまい。

しかし、男には、はげしい苦悶があったらしい。どこを、どうさまよい歩き、どの道を通ったか、まるで分らないが、平戸へ出た男は、ともかく役人へ訴え出たのだ。役人が根獅子の浜へかけつけてきたのは、もう麦刈りのころになっていた。

こうして、捕手の役人たちは根獅子のやぶに入ったが、そこには一家の姿はなかった。どこへ逃げたのか、役人たちはやぶのなかを探しまわった。背丈より高い草の根までをかき分けて探しまわったが、とうとう見つからなかった。

ところが、役人たちがあきらめて引きあげようとした時、やぶの奥から、赤ん坊の泣き声が聞こえてきたのだ。その声で、朽木の洞のなかなどに隠れていた一家六人のものたちは役人に捕われ、根獅子の浜に引き立てられて、打ち首の刑に処せられた。

やがて、死骸は役人たちの手で舟に乗せられて沖へ運ばれ、海中に投げ棄てられてしまった。

役人たちは、六里の道を平戸の町へ帰っていったが、その後風の向きが急に変わり、沖に棄てられた六人の死骸は、夕方にはまた根獅子の浜へ戻ってきた。

村の人たちはこの聖なる殉教者の遺体を引きあげ、浜から運んで、ひそかに埋葬しようとした。

すると、その時であった。

ふしぎにも、天にたなびくあかね色の雲の間から、美しい姿をした女人が降りてきた。そして六つの遺体を、きれいなかごのなかにいれると、ふたたびそれを持って天へ昇っていった。

浜にいた村の人たちは、まるで幻でも見るようにこの光景を見ていたが、その後、天女が六人の殉教者をいれて天に運んだかごが、小長井の田原《たばる》（長崎県北高来郡）の山中に落ちていたという。その田原では、いつのころからか、六人が殉教した八月になると、千の灯籠をともす行事が行われるようになったという話である。

〔注〕この伝説には、次のような後日譚がある。

第二次大戦後、こうした伝説があることをなにも知らずに、聖母のかごが落ちていたという小長井の田原の山に、聖母の騎士修道会が教会や養護施設をつくったが、その時、近くに住む異教徒の占い師が、

「この田原のちょうど真上の天上には、神の住居がある」

と、いったという。

「聖母のかご」の伝説で、あかね色の雲の間から天女がかごを持って降りてきたというくだりは、もう一話ある。別話では、あかね色の雲の間から天女の顔が現われ、「かごをつけたひもがするすると降りてきて、六人の遺体を引きあげた」という。この話と「昇天石」の話には、天から綱についたかごが降りてきて窮地を救われるという九州各地をはじめ全国的にも知られている昔話「天道さん金の綱」などの部分摂取、類似がみられる。

なお、根獅子の浜には、「ウシヤキお六大明神」「お六の屋敷」などの人称、地名が残っている。「聖母のかご」は「昇天石」「お禄人様」「お六人様」の伝説が幕末・明治期を経てなお発展し、注の冒頭に紹介したように後日譚にまで成長している。これらの伝説には、長崎聖母の騎士（コンベンツァル・聖フランシスコ修道会）の「聖母の騎士」誌編集長であったトマス・小崎修道士に負うところが多い。取材中、同氏は未知のものに対して、長年ご自分で

調べられていたノートを惜し気なく見せてくださり、平戸の地では聞くことのできなかった「聖母のかご」の伝説まで教えてくださった。改めて、感謝の意を表する次第である。

Ⅲ　禁教時代

〔寛永十九年（一六四二年）〜明治六年（一八七三年）〕

69 ねずみの昇天（愛知・葉栗）

むかし、美濃の国（岐阜県）の葉栗郡一帯は、キリスト教の信仰の盛んなところであった。やがて弾圧・禁教時代に入っていくと、はげしい迫害が相つぎ、毎年のように多くのキリシタンたちが捕えられて、殺されていった。

寛文年間（一六六一年～七二年）のある年のことである。処刑された殉教者たちの死骸は、十把一絡げにされて、藤掛と三ツ屋の境にあたる木曽川の堤沿いにある松の古木のもとに埋められた。

ところが何日かすると、地に埋められた殉教者たちは、ちいさなねずみになって生き返り、土のなかから現われると、次つぎとかたわらの松の古木によじ登っていった。

すると、どこからともなく、とんびの大群がやってきて、木に登ったねずみたちを一匹ずつつまんで、天高く舞いあがっていったという。

いつのころからか、殉教者たちが埋められた松の古木のあったこの地を、土地の人たちは、大臼塚《だいうすつか》（ダイウスはデウス、ラテン語の神）と呼ぶようになったという話である。

〔注〕禁教下の寛文年間、美濃・尾張ではキリシタンに対する弾圧が相つぎ、ほとんど毎年の

ように数十名にのぼる信者たちが捕えられて、斬殺されている。ことに寛文七年（一六六七年）の迫害は峻烈をきわめ、森徳一郎「尾濃の切支丹」（前出『切支丹風土記・近畿中国編』所収）には、次のように記されている。

「七月までに男女七百四十五人外に乳呑子十四人を召捕り、藩主の裁可を得て断乎処分し、十二月十四日斬罪並びに釣り殺しとも都合七百五十六人、残牢の者四百五十人と江戸表へ報告した。更に藩の記録によれば、八月より十月までに宗徒の牢払い並びに斬罪二千人計り、足軽頭以上の藩士に様物《ためしもの》としたとある。元和寛永の村々斬込み、寛文四年（一六六四年）の大処刑、今この二千名とを合せれば、おそらく三千に及ぶ殉教昇天であろう」

美濃・尾張では捕えたキリシタンたちを様物として藩士に与え、勝手に斬殺させるという、まったく非道な処刑法が多く目につく。それにしても一年のうちに狭い地域で二千名にものぼる殉教者の数は、他に類を見ない。美濃ではその殉教者たちを、ほとんど木曽川の堤沿いの伝説の地、大臼塚に埋葬していた。こうした夥《おびただ》しい悲惨な殉教史話が、「ねずみの昇天」伝説の背景にある。

70　とんびとねずみ（岐阜）

寛文十年（一六七〇年）の夏のことである。

美濃のある町へ二人の男がやってきて、人を集め、ふしぎな術を見せるというので、藩では役人を出して、二人を捕えた。そして取り調べてみると、キリシタンであることを告白したので、木曽川の堤沿いにある柳原の刑場へ引き立てて、火刑に処することにした。

藩の奉行は、

「キリシタンには、どのようなあやしい妖術や魔法があるかも知れない。逃げられないようにせよ」

と命じて、前後左右を兵《つわもの》たちに囲ませながら、厳重に縄をうった二人のキリシタンを、牢から刑場へ引き立てていった。

刑場は、四方を竹矢来で囲んであった。矢来の内側には役人たちが一間ずつの間をとって、監視していた。矢来の周囲には、黒山の見物人がつめかけていた。

刑場の真中には、火刑にする柱が二本立っていた。二人のキリシタンはその下に引き据えられた。

すると、一人のキリシタンがいった。

「こんなにきびしくお役人たちに囲まれていては、どんな南蛮の術を使っても、とても逃げることはできません。わたしたちは、もう覚悟をきめております。しかしただひとつ、残している術があります。少しお縄をゆるめてくださらぬか。残している術を、最期にお役人さまや見物人たちに見ていただきたいと思います。そして心残りなく、死にとうございます」

罪人のたっての願いである。役人たちは、相談をした。その結果、こんなに厳重に警固しているのだから、どんな術を使っても逃げ出すことはできまい。最期の願いとして聞き届け、その術とやらをとくと見せてもらおう。役人の頭はそう思って、二人のキリシタンの縄目を少しゆるめてやった。

と見る間に、一人はねずみに姿を変えて縄から抜け出し、傍《かたわ》らの柱に飛びつくが早いか、柱のてっぺんに登っていった。

役人たちは驚いて、もう一人のキリシタンを捕えようとした。ところがその男も、見るみるからだを小さくして縄を抜けると、両手を打ち振り、とんびとなって空へ舞いあがったのだ。

空に飛んでしまっては、捕えることはできない。

「あのねずみ。ねずみを捕えろ。早く柱をたたき切るのだ」

役人たちは騒いでいたが、もう手遅れだった。空に舞いあがったとんびが降りてきて、柱のてっぺんにいるねずみの仲間をつまみあげると、いずくともなく飛び去っていった。

警固の役人たちをはじめ、人山を築いて見物していたものたちも、ただただ呆気にとられて、それを見送っていた。キリシタンを捕えた時は、どんな油断も決してしてはならないという話である。

〔注〕前話の「ねずみの昇天」と同じ美濃に伝わる話である。小野寺秀夫『大籠の切支丹と製鉄』（岩手県藤沢町教育委員会）には、「切支丹妖術で失踪」の見出しのもとに、次のような大籠に伝わる同様の話がある。

「切支丹信者を架にしばり付け、斬首せんとした時、その領袖の中に『我は決して死を厭いません。喜んで斬に処せられます。ただ我巧妙の術を一応貴官に見せてその後刑に処せられましょう。ついては一本竿を建てて下さい。よじ上って妖術を見せましょう』といって望むままにした処、忽ち化して鼠の如くなり一直線に上端に登った。人々『あれ、あれ』と言う中に、大鷹が飛び来てつかみ去った。ために領袖者の一人は斬首されなかった」

この話の類話は各地にある。キリシタンとは関係はないが、例えば新潟県蒲原地方の昔話を集めた文野白駒『加無波良夜話』（玄文社）には、「三人泥棒」の話が紹介されている。この話では登場人物が一人多く、「京の三角」「江戸の三角」「越後の三角」という芸達者な三人の泥棒の話になっており、最後の逃走の場面は、「越後の三角」が豆に化け、「江戸の三角」がねずみになってその豆を口にくわえ、とんびに姿をかえた「京の三角」が、ねずみを嘴にかけて飛び去っていく。

また、〝稀代の幻術師〟として古くから親しまれている果心居士の話にも、「とんびとねずみ」の術が登場している。

戦国時代の末期に上方や京の都に現われたという果心居士は、九州・筑紫の出身とも、大和の国の出ともいわれ、信長にも恐れられた幻術師だったが、秀吉の前で術を見せた時、誰も知らなかったという太閤の私事をあばいたので怒りをかい、磔刑に処せられることになった。いよいよ処刑という段になって、果心居士は役人にいう。

「いままで、ありとあらゆる幻術をおこなってきたが、ふしぎとねずみになったことは、一度もなかった。最期に一度ねずみになってお見せしたいので、この縄目を少しゆるめてはくだされぬか」

そういうと、役人は好奇心にかられて、何の気なしに縄目をゆるめてやった。すると果心居士は、あっという間にねずみに変じて、たちまち磔柱のてっぺんまでかけ登った。そして、折りしも吹き出した一陣の風に乗じ、一羽のとんびが舞い降りてきてそのねずみをつかみ、虚空はるか飛び去った。それっきり、果心居士の行方は知れなくなったという（『虚実雑談集』）。

この果心居士は若い修業時代南蛮船に乗り込み、そこで妖・幻術を得たともいわれるが、その話の数々は『義残後覚』をはじめ、『醍醐随筆』『武家雑談集』『玉木箒』『夜窓鬼談』などの江戸時代の随筆集などに記されている。また、『老媼茶話』には、寛文十年（一六七〇年）の夏のこととして、奉行所に召捕られた現世居士、未来居士という二人の幻術師が、やはり同様の術を使い、ねずみととんびに姿をかえて空へ逃れたという話が紹介されている。

禁教、禁制がますます強化されていくなかで、排耶蘇、妖教風説などの影響によって、新たな奇想天外なキリシタン伝説が生み出されていく。

なお「とんびとねずみ」の術については、中国の古典説話集『太平広記』の巻七六「方士」などに、次のような話がある。

斉の趙廓という男が三年間呉の永石公に道を学んで帰国するが、役人に怪しまれて青鹿、白鹿に変じて逃げる。なおも追われてねずみに変じたところで捕えられ、牢につながれる。そして市中で斬首されることになるが、これを知った師匠の永石公はすぐに斉国へ行き、刑場に引き立てられた趙廓がねずみに変化《へんげ》したところを、老鴟《はいたか》に変じてねずみをつかみ、雲中に飛び去ったという（沢田瑞穂『中国の呪法』平河出版社）。

71 八兵衛の夜泣き石（東京）

東京小石川小日向の高台に、むかしキリシタン屋敷と呼ばれていた初代宗門改井上筑後守政重の下屋敷があった。

禁制下、南蛮からひそかに渡ってくる宣教師たちを捕えて、軟禁しておく拘置所のようなところであったが、この牢獄屋敷の番卒に、奥州岩代生れの八兵衛という十九歳の若者がいた。

八兵衛は幽閉されている伴天連たちに接しているうちにキリシタンに帰依し、屋敷内のことなどを外部に伝えていたというかどで、捕われて刑死。屋敷わきに逆さ埋めにされ、その上に墓石として大きな伊豆石が置かれた。

奇妙なことに、この石のまわりには草も苔も生えず、石の上に小鳥さえもとまらなかった。さらにふしぎなことは、墓石にむかって、

「八兵衛さん、悲しかろう」

と声を掛けると、石が返事をし、夜な夜なすすり泣く声が聞こえたという。

〔注〕わが国には、哀しみや憤怒のあまり、女性が石と化したという伝説が比較的多くある。石化するばかりか、夜になるとその石がすすり泣いたり、私語したりする話も多い（柳田国男「木思石語」「夜啼石の話」など参照）。またこの「八兵衛の夜泣き石」のように、墓石や供養石など、祀られた石が私語したり泣いたりする伝説も多い。キリシタンの伝説としては島原の魚洗郷《いわれごう》に伝わる「34　石になった妻」とこの話が知られている。なお、「江戸のキリシタン屋敷」については、次話の注参照。

72　朝妻桜（東京）

――いつのころであったか、朝妻という遊女のキリシタンが捕われて、江戸小日向の高台にあるキリシタン屋敷につながれていた。

キリシタンは、ご法度である。いくら詮議を重ねても教えを棄てないため、ついに死罪を申し渡されたが、朝妻は屋敷内にある桜の梢がつぼみをふくらませているのを見て、

「せめて、この花が咲くのを見てから、お仕置きをされたい」

と願ったところ、役人たちも哀れんで、その望みをかなえてやった。

朝妻は桜の花びらが風に散るのを見ながらこの世を去ったが、朝妻刑死後、だれいうとなく、屋敷内にあったその桜の木を「朝妻桜」と呼ぶようになった。屋敷の近辺には、いまも

その桜の木の遺種が、たくさん残っているという話である。

〔注〕キリシタン遊女朝妻の話は、岡本綺堂の戯曲『切支丹屋敷』によって人口に膾炙《かいしゃ》したが、キリシタン屋敷に女性の信者が拘置されていたということは、記録に見られない。しかし同屋敷の役人記録である『査祆余録』『契利斯督記』（前出）には、明暦・元禄の江戸の大火で伝馬町の牢が焼けた時など、一時キリシタン屋敷内に仮の牢が設けられて、囚人を拘置したことが記されている。そのなかに遊女の女囚がいたのかも知れない。

江戸のキリシタン屋敷は、禁制下南蛮から潜入してきた宣教師たちを捕えて拘置しておく施設で、〝キリシタン奉行〟といわれた井上筑後守は、拷問を加えて処刑するそれまでの取り調べ方を改め、隔離幽閉して生かしておくことを考えた。

キリシタン屋敷は敷地四千坪という広大なもので、創設は正保三年（一六四六年）三代将軍家光の時代。廃止されたのは寛政四年（一七九二年）、十一代将軍家斉の時代である。

長い禁制時代、最後にわが国に潜入し、江戸のキリシタン屋敷に幽閉された南蛮の宣教師は、宝永五年（一七〇八年）八月、単独で薩摩の屋久島に潜入したイタリアのジョヴァンニ・バウチスタ・シドッチ神父である。同神父は正徳四年（一七一四年）十月、同屋敷内で病歿した。シドッチ神父については、屋敷内での取り調べから著わされた新井白石の『西洋紀聞』『采覧異言』などに詳しい。白石はシドッチの処置に対して、幕府に「本国へ返すこと」、「処刑をせずに囚として助けおくこと」、「処刑すること」の三策を献議し、第一の策をとることを上申したが、幕府は第二策をとっている。また白石はシドッチ神父の取り調べから、「キリシタン教法がわが国を謀ることはない」ともいっている。同神父歿後はわが国に潜入してくる南蛮宣教師もなく、屋敷の幽閉者も後を絶った。なお、シドッチ神父の世話をしていた中間の長助、はるの夫婦は同神父の真摯な生活態度に感銘し、神父から教えを受けて受洗信者になったが、そのことを役人に告げたため、相ついで病歿（毒殺）している。

キリシタン屋敷廃止後の広大な土地は、各大名たちに分割下賜された。その一部に別邸を構えた長門藩主毛利讃岐守政時は、文化年間（一八〇四年〜一七年）、旧屋敷の一隅にキリシタン屋敷の沿革を略記した〈山荘之碑〉なるものを建てた。その碑文のなかに遊女朝妻のことが記されており、伝説と同じ次のような文面がみえる。

「有二妓朝妻一。罪当レ死。指二獄辺桜樹一語二獄吏一曰得レ及レ花死無レ恨。官憐レ之待二花発一而刑。後呼二其樹一為二朝妻桜一。今近隣或存二其遺種一云。……」

「朝妻桜」の伝説は、文化年間にすでに人口に膾炙していたのである。

以下は、「朝妻桜」の伝説とは関わりはないが、同キリシタン屋敷内で起こった盗難事件と、そのユニークな取り調べ中に生じたキリシタン事件のことを付記しておきたい。

延宝四年（一六七六年）九月四日の夜、何者かによって屋敷内の土蔵の錠前が破られ、なかに入れてあった八十五両という大金が盗み取られた。翌日現場を調べた時の宗門奉行青木遠江守は、犯人は屋敷内にいるものか、もしくは屋敷内から手引きをしたものの仕業と判断した。もちろん拘置されている伴天連たちにも嫌疑の目がむけられたが、遠江守は働いている与力、同心から下働きをしているもの、その女房たちまで五十九名を集めた。そして、「盗人をみつけるため、決してえこひいきをせず、真実を述べる」という誓約書を書かせたうえ、「だれが犯人であると思うか」という、入れ札をさせた。その結果、この〝不人気投票〟の最高票をとったものは、同心の一ツ橋又兵衛と、同じく同心の松井九郎右衛門の二人で、各々十一票。二位はやはり同心の内藤新兵衛で、六票だった。

遠江守はさらに、この上位三人によって決戦投票を行おうとしたが、その前に三人をきびしく取り調べた結果、松井九郎右衛門が口を割り、遊び金欲しさに内部から仲間の手引きをしたことが判明した。

ところが、この取り調べ中、〝不人気投票〟で四票を取り、四位になっていた転び伴天連キャラ（日本名岡本三右衛門）の中間をしていた角内という男をも取り調べたところ、首からかけていた守り袋のなかから、聖ペトロの名が刻まれた小さな像のメダイが出てきた。驚いた役人たちは、角内の妻子をも呼び出して調べ、角内の出身地の越前の友人、知人までキリシタンの嫌疑をかけて、取り調べた。その結果、角内が持っていた聖像のメダイは、三年前中間をしていた才三郎というものが、屋敷内の畑で拾い、屋敷を出る時に、捨てたものであることが判明した。しかし、角内は許されなかった。「ご禁制のものを拾った時は、ただちに届けるべきであったにもかかわらず、それを怠って所持していたのは、不届至極である」と叱責され、畑で拾ったメダイを、黙って捨てて屋敷をやめていった才三郎とともに死刑に処せられたという。

江戸のキリシタン屋敷が開設される前に、南蛮の伴天連（外国人神父）たちを拘置していた小伝馬町の牢については、『ディエゴ・デ・サン・フランシスコ　報告・書簡集』（佐久間正訳、キリシタン文化研究会）所収の、「江戸の牢獄の苛烈さと特徴及びその出来事――そこで受けた私と伴侶の長い難苦」に、牢内のすさまじい光景が赤裸々に語られている。

元和元年（一六一五年）三月、密告によって逮捕された同神父は百五十余名のほかの一般罪人らとともに、「足を充分伸すこともできない」ほど狭い部屋に、一年半ほど押し込まれていた（その間同神父は部屋の罪人ほぼ全員を教化し、キリシタンにしたという）。この「牢獄記」の最後に、神父は「これ以外の死及び残忍なことについては、語るのをやめる。それは信心を増すどころか、信心を奪うことである」と記している。

73　三世鏡

キリシタンの伴天連は、〈三世鏡〉という、南蛮渡来のふしぎな鏡を持っていて、その鏡をのぞきこむと、そこに自分の未来の姿が写し出されるという。

ある時、一人の男がその鏡を見せられ、鏡のなかに次つぎと牛や馬、鳥や獣になった自分の怖しい顔が写し出されたので、びっくりして歎き悲しんだ。すると伴天連が、それから逃れる手だてとして、デウスの教えを説いたので、男はただちにキリシタンになったという。

〔注〕伴天連たちが秘蔵しているという〈三世鏡〉については、『切支丹根元記』の大意を記したとされる『南蛮寺興廃記』などの江戸時代刊の排耶書にも登場しているが、金地院崇伝が

草したとされる江戸幕府の〈伴天連追放令〉が発せられる半年前の慶長十八年（一六一三年）五月、全国の寺院に発せられた十五条からなる〈邪宗門吟味之事〉の〈御条目宗門檀那請合之掟〉（『徳川禁令考』）に、次の一文がある。

「切支丹、悲田宗、不受不施三宗ともに一派也。彼尊む所の本尊は、牛頭切支丹、丁頭仏といふ。ゆゑに丁頭大うすと名乗なり。此仏を頼奉り、鏡を見れば、仏面と見え、宗旨を転じて犬と見ゆる、是邪法の鏡なり。一度此鏡を見るもの、深く牛頭切支丹、丁頭仏を信仰し、日本を魔国に成す。雖レ然宗門吟味之神国故に、一ト通宗門寺へ元付、今日人交に内心不受不施にて、宗門寺へ不二出入一、依而可遂吟味事」

巷間では、すでにこれらのことが伝えられていたのであろう。そして〈三世鏡〉は以後に生まれる荒唐無稽なキリシタン伝説にもたびたび登場するようになる（因みに記せば、悲田宗の成立は寛文五年、一六六五年以降といわれるから慶長十八年にこの〈宗門取締規則〉が出されたというのは誤りであろう。従ってこの規則の発令は一六六五年以降であろう）。

ここでは、三世鏡をめぐって高僧と伴天連との間で闘わされた対論について、紹介したい。

慶長十八年（一六一三年）、九州のキリシタンの情勢が不穏であるということが幕府で問題となった時、当時七十二歳だった高僧幡随意白道は、家康から仏教教化を命じられて九州に下った。そして「僧俗男女貴賤、雲霞の如く」集うなかで、キリシタンの首魁で宣教師の伴夢《はんむ》と称するものと対論した。

「『汝が宗に阿弥陀と称する者は何ぞや。即ち禽獣の主なり。故にこれを信ずる者は、畜生道に堕して、劫を経ると云へども、曾つてその生を転ずることなし。汝ぢ幡随意、現に畜身を得たり。もしこれを疑はば、わが家の妙術を以て、その証拠を見すべし』

伴夢はそういって、一つの鏡を取り出し、集まった人びとの前に置いた。すると、そこに写し出された幡随意の姿は、たちまち変じて牛の形となった。集まった人びとは奇異の声をあげた。伴夢は居丈高になって、

『見よ〳〵、わが貴む所の法力不思議の神変ならずや』

といったが、幡随意は呵々大笑していった。

『汝邪術を以て鏡中に異形を現す。是正理に戻《もと》ること大なる哉。その邪術を行ふこと、甚しき哉。元来鏡は正直を以て躰とし、虚妄無きを用とす。その徳たるや、直きを現じて曲らざること明々たり。わが神国は正直を道とす。故に神前に鏡を建て、御正躰とす。人一たび向へば、明々の徳に触れて、その心すが〳〵しく、正直の誠を顕し、邪曲の偽りを除き、神、人一致にして、虚妄の許偽を排《はら》ふこと、神道・仏道共に同じ。長短方円善悪邪正その儘《まま》にして写し、現はすは正直明鏡の徳なり。一分の私を容れざるを、神とし仏とし、これを尊びこれに随ふを正法正人とし、これに戻るを邪法邪人とす。しかるに汝が鏡には人向ひて異形を移す。これ虚偽にして邪法なり。全く鏡の性に非ず。汝が法は邪術にして正法に非ざること、これを以て知るべし。癡人はこれに驚き信ず。信ずるが故にその禍を受く。譬へば狐狸の妖怪を受け誑《たぶら》かされて、種々の悩を生ずるが如し。我においては驚かず。究意の邪法なることを知る。円を向へ角を移し、角を示して円を現ずるを正鏡と云ふべきや。これは是れ邪教の根本なり。邪術の邪鏡なり。この邪鏡を以て世人を誑惑《きようわく》す。早く轍を翻して正道に入るべし。もし爾《しか》らずんば禍ひ近きにありて、その身を喪《ほろぼ》すこと遠か

らじ。恐るべし。慎むべし』

これを聞いて、伴夢の徒党は道理に伏して一言も出さずに閉口した。このとき『大神宮より感得の阿弥陀如来』は眉間の白毫から大光明を放ったので、邪法の鏡は黒炭の如く、瓦の如くになったという」（中村元「幡随意のキリシタン教化」、『東西文化の交流』所収、〝中村元選集〟⑨、春秋社）。

なお、この問答に破れた伴夢なる伴天連は、キリスト教を棄てて浄土宗に帰依したという。また、「三世鏡」とは明記されてはいないが、巷間伝わる伴天連たちが用いるという鏡の術について、三浦安貞（梅園）の『五月雨抄』下（天明四年、一七八五年）に、次のようなエピソードがある。

「それに付て此比おかしき咄きけり。某の所の婢女明くれに隙だにあれば、鏡を出して自分照し、自分愛する者ありけり。若き者是を知り、女の出かける隙にその鏡を取り出し、たてに力を入れておしまげ、知らぬ振りして有ける。婢女かへって、例の如く鏡取出して向ひければ、横はせまくなり、只竪に長き顔のうつりける程に、驚て鏡を投うち、いかなれば我はかくは成はてけるぞよと泣けるとかや。鏡の術皆是に巧を加へたるなり」

74　匠の嘉六（秋田・能代）

秋田県能代の清助《せいすけ》という町に、江戸時代、嘉六《かろく》と呼ばれる男がいた。嘉六は、若いころ江戸に出て、細工や匠《たくみ》の業《わざ》を習得して評判となり、あちこちの大名家へ駕籠で迎えられるほどの腕を持っていたという。

四十を過ぎてから江戸での暮らしを切りあげ、ふるさとの清助に戻ってきたが、ある時この嘉六のもとへ、加賀百万石の藩公の命を受けたさむらいが訪ねてきて、金沢の城内にある庭園に山のふもとから水を引いて、噴井（噴水）をつくりたいから、知恵をしぼってもらいたいというのであった。

嘉六は、この依頼を受けると、早速金沢へ出かけていった。そしていろいろと水脈を調べてみた。嘉六は鉄の棒をあちこち庭園内の土のなかに突き立てて、なにごとか口のなかで呪文のようなものをつぶやいては、同行の役人たちに、

「明日の朝、この鉄の棒を抜きとってくだされ。ここから、水が噴き出すでしょう」

と、キツネにつままれたようなことを口走っていたが、翌朝役人たちがいわれた通り鉄の棒を抜きとると、はたして嘉六がいった通り、その小さな穴から水が噴き出してきた。

加賀の藩公も嘉六の業《わざ》には驚いて、多額の金子を積んで彼を召し抱え、領内の新田開発に

たずさわらせることにした。嘉六は藩公から受けた金子を、気前よくばらまいては城下で遊び、わけの分らない呪文を唱えては、遊女たちにいくつものふしぎな業をみせていた。

ところがそのうちに、

「あれは、キリシタン・バテレンの法だ。あの男はキリシタンに違いない」

という噂が、城下にたちはじめた。

キリシタンは、ご法度である。藩公は幕府の嫌疑をおそれ、嘉六を捕えて牢に押し込めたところ、何年もしないうちに、嘉六は牢のなかで憤死したという話である。

〔注〕江戸時代、加賀藩が封土していた越中の新川郡に、椎名道三という男がいた。道三は領内の新田開発に貢献した技術者で、文化・文政年間（一八〇四年〜二九年）に舟見野用水、大久保用水、室山野用水、東福寺野用水、十二貫野用水、宮野用水などを開鑿したが、『郷土史大系』（宝文館）の富山県の編に、次のような記述がある。

「椎名道三はサイフォンの原理を応用して、水道を低地にうずめて更に高所に水をあげる方法を採用している。用水路の開設工事に、サイフォンの原理を創案するまでに技術が発達したことは、注目すべきであるが、椎名道三の詳伝は不明で、金沢城内へのサイフォン工事によび出されてのち、犀川上流の用水取入口の秘密等をまもるために殺害されたという伝説がある」

75 矢野のお婆さん（秋田・角館）

むかし、秋田の角館の町に、「矢野のお婆さん」と呼ばれる老婆が住んでいた。矢野のお婆さんは熱心なキリシタンで、キリシタンの魔法をも会得していたという。

ある時のこと、矢野のお婆さんは囲炉裏《いろり》の灰に胡瓜《きゅうり》の種子をまき、ごもごも、なにごとか呪文を唱えた。

すると、胡瓜の種子はたちまち芽を出し、踊るように茎葉をのばして、黄色い花を咲かせ、実がなったという話である。

〔注〕この話に登場する「矢野のお婆さん」というのは、秋田佐竹藩の家臣矢野主殿（修理亮堅重）の兄で、矢野和泉家を継いだ長左衛門の妻である。

江戸幕府の禁教後も、矢野一族は棄教をせずに、ひそかに信仰をつづけていたが、藩の資料の一つである『光得筆記』に、次の記載がある。

「（寛永二十年＝一六四三年）十一月頃、南部に切支丹在之由訴人江戸へ、やす市と申座頭引登され拷問に御かけの処、此御地北家中矢野主殿、七左衛門、半（八）兵衛老母、太田新兵衛など切支丹の由申来の処、何れもころび（転び）候由……」

ここに見える半（八）兵衛老母というのが「矢野のお婆さん」である。家中に出入りでもしていたのか、やす市という座頭の告白によって捕われた矢野家のキリシタンたちは、棄教後北家に預けられることになった。その後「矢野のお婆さん」の消息については、四十五年後の元禄元年（一六八八年）の北家蔵の佐竹義明の日記に、「八月三日、矢野八兵衛母、先年切支丹御改候時江戸へ登候処に、公儀ニ不出内相果候」とあり、その死が報じられている。

ところで、秋田佐竹藩で、キリシタン史上最初の大量の殉教者が出たのは、寛永元年（一六二四年）六月三日のことであった。キリシタン弾圧に辣腕をふるったといわれる奉行梅津半右衛門憲忠の妻は、「矢野のお婆さん」の義妹である。憲忠によって捕えられた四十三名のキリシタンのうち、十五歳以下のものは罪人として扱わない方針だったが、十三歳になる河合喜右衛門の息子トオマだけは、自ら殉教者になることを望んだので、父親とともに三十二名の処刑者のなかに加わった。トオマはオラショ（祈禱）の巻き物を手にして一行の先頭に立ち、秋田城外三里の地につくられた刑場へとむかったという。

処刑に立ちあった憲忠の弟政景（銀山奉行惣山奉行などを経て家老）の『梅津政景日記』には、その日のことが次のように記されている。

「六月三日、

一、御城御鉄砲にて罷出候

一、きりしたん衆三十二人火あぶり、内二十一人男、十一人女、

一、天気よし」

76 十字の化け石（山形・谷口銀山）

キリシタンへの弾圧がきびしくなった江戸時代、追いつめられた信者たちのなかには、諸国の鉱山、とくに山深い蝦夷《えぞ》地や東北地方の鉱山に潜んで、信仰をまもり通そうとした信者たちも少なくなかった。食いつめたものや、流れものたちが集まっていたというこうした鉱山は、身を隠すには絶好の場所であったのだろう。

羽前の国（山形県）最上の金山にある谷口銀山に、うしのという美しいキリシタン娘が、身をひそめて働いていた。うしのは、九州の島原から逃れてきたという噂であった。

うしのは飯炊女として、毎日明るく働いていたが、そのうちに幕府のキリシタンに対する弾圧がますますはげしくなり、鉱山のある新庄藩でも、他国から逃れてきた信者たちに対する追及、探索がきびしくなってきた。

谷口銀山の近くにある院内銀山で、三十二名ものキリシタンが摘発されて、全員火刑になったという話を耳にすると、うしのは身の危険を感じて、酒田へ落ちのびようと、銀山を後にした。

ところが、藩の追及は急であった。うしのは途中で捕われ、獺《うそ》の越戸《こえど》というところで、斬殺されてしまった、その直後、うしのの斬殺死体が打ち棄てられていたところに、たまたま釜淵村の門兵衛という炭焼き爺が通りかかった。門兵衛はうしのの胸深くに抱かれていた十字架を見つけ、それを外して、ひそかに村へ持ち帰った。そして供養のために、虚空蔵を祀る堂の坂の下に埋め、目印として、その上に大きな石を据えおいた。

それから、数年が流れた。

ある年の秋の、虚空蔵祭りの夜のことであった。

笛や太鼓、銅拍子《どうびょうし》の囃子の音もにぎやかに、境内では番楽が舞われ、参詣の人たちが大勢つめかけて見物していた。番楽というのは、秋に行われる能楽の形を残した古い神楽の一種で、二人の若者が一心にそのなかの悪魔祓いの剣の舞いを舞っている時だった。

突然、一人の若者がものの怪《け》に取り憑かれたように、もがき苦しみ出したのだ。

若者は剣を振りまわし、懸命に目には見えぬ憑きものを、追い払おうとしていた。

その時、見物人たちのなかに、若者の舞いに不審を抱いたものがいた。祭りを取り仕切る庄屋の六助だった。

六助は驚き騒ぐ見物人たちを、ひとわたり見廻した。すると人混みのなかに、ついぞ見かけぬ美しい女が立っていて、舞い手の若者を刺すようにみつめているのに気がついた。

透きとおるばかりの白い肌。冷ややかな氷のような瞳。そのたたずまいは、どう見てもこの世のものとは思えなかった。

「さては、あの女。ものの怪だな」

そうにらんだ庄屋の六助は、人混みを分けて女に近づくと、やにわに刀を抜いて斬りつけようとした。

するると、女は身をかわして宙に飛びあがり、石段を下って、大石の上に立ち現われたが、舞いの若者が正気を取り戻すと、女のものの怪も、煙のように石の上から消えていった。

美女のものの怪は、無慚に殺されたうしのの怨霊だったのだろうか。炭焼きの門兵衛から、娘が抱いていた十字架を石の下に埋めた話を聞かされた庄屋の六助は、その石に秋の花を手向けて、供養をした。その後、だれいうとなく、その大石を〈十字の化け石〉と呼ぶようになったという話である。

〔注〕江戸幕府による禁教令（慶長十八年、一六一三年）が出されてから、東北、奥羽、蝦夷《えぞ》地などにある鉱山へキリシタンたちが潜入するようになった。院内銀山で寛永元年（一六二四年）に捕えられた二十五名のキリシタンのうち二十三名の生国をみると、越後、越前、駿河、尾張、伊勢などのほか、播磨、備前、石見などの国名もある。鉱山は家康のいわゆる「山例五十三箇条」（後出）などによる治外法権的なところがあって、潜伏しやすい領域であった。レオン・パジェス『日本切支丹宗門史』（前出）の「第五章（一六二〇年）の項に、次のような記述がある。

「一六一六年頃、蝦夷で甚だ豊産の金山が発見された。それで多くの坑夫がその地に渡ったが、その中の若干は、キリシタンであった。一六一九年には一万五千人、一六二〇年には八万人の坑夫がいた。

神父（ディエゴ・デ・カルバリオ）は、その伴侶と共に旅手形には、坑夫として書いて

貰った。（略）

カルバリオ師は、雪のサンタ・マリアの祝日（八月五日）に、ミサを献《た》てた。デ・アンゼリス師（二年前に渡島している）は、同地を視察するために渡ったので、聖祭用具を持って行かなかったが、キリシタン達は、鶴首して宣教師を待っていた。彼等は大抵、或る者は同国で、また或る者は奥州で、アンゼリス師から洗礼を受けた人々であった。若干の他の者は、上方の地方から来た者であった。

神父は、告解を聴くために、松前に一週間を送り、それから一日路にある坑夫達の許に行った。道は甚だ嶮しく峨々たる山を乗り越えたのであるが、其処からは帝国中の最大部が見渡された。彼は、鉱山の極く近くの隠れ家のある村で、ミサ聖祭を献て、そこで聖母の被昇天を祝った」

『一六一九年・一六二〇年―元和五、六年度の耶蘇会年報』によれば、カルバリオ神父はこの帰路、津軽の信者を訪ねて、久保田（秋田）に帰り、「それから特に、イエナ（院内）と云う鉱山を、坑夫の服で訪問した。其処にも多くの切支丹が働いていた」という。

家康の「山例五十三箇条」には、キリシタンに対する条項は特に記されてはいないが、こうしてみてくると、神父が坑夫の手形を持っていれば、手形を持っているキリシタンの坑夫がいる鉱山へ入り込むことは容易であったことがうかがえる。また坑夫の手形を持っていれば、何処の関所でも比較的自由に往来することが出来たことも、うかがえる。しかし、「山例五十三箇条」の「三」に、

「山師金掘師山法師の儀は国々関所見石一ト通りして可相通事

但見石の儀は兼て関所に於て備置、見分させ可通事、備無之は其関所不念たるべし」とあるように、関所などに置いてある見本の鉱石などを、一通り見分けることが出来なければならなかった。しかし天草・島原の乱後は、東北各地の鉱山内の詮索も一層きびしくなり、鉱山によっては五人組制度を敷いてお互いを監視させ、キリシタンの潜入を防ぐようになっていった。

77 キリシタン金掘り師（岩手・朴沢金山）

岩手県紫波郡紫波町にあった朴沢金山は、採掘の隆盛期には、「朴の木の根元から金が湧く」といわれるほど、多量の金が出たという。「三十枚坂」という地名の由来も、小判にしたら三十枚にもなったという大きな金塊が発見された場所に因んだものだといわれるし、「小豆坂」「雀坂」の名も、金塊が採れたことに由来する。また「八千沢」の地名は、金山の最盛期に八千軒もの人家がこの沢に軒を並べていたことに由来するという。

こうした多量の金が朴沢の山から産出されるようになったのは、藩に招かれた丹羽弥十郎という金掘り師が、たくさんの金掘り坑夫たちを連れて上方からやってきたからだという。

弥十郎の狙いは外れたことがなく、見込みをつけて、

「ここを掘れ」

と、指し図すると、そこから必ず金塊が出るというふうであった。

弥十郎が連れてきた坑夫たちは、あまりほかのものたちとつき合わなかった。話をすることもほとんどないので、あいつらはキリシタンではないかというう わさが立ちはじめた。弥十郎の山見の法も、南蛮の術に違いないといわれるようになっていった。

キリシタンは、ご法度である。匿《かくま》っただけでも、幕府からどんなとがめを受けるか、分らない。役人たちも黙って見過していることも出来なくなってきた。そこで藩では係わりをおそれ、弥十郎といっしょに彼が連れてきた坑夫たちを、領内から追い出すことにした。

弥十郎はその地を離れる時、記念のために松の木を一本植えていった。その松の木はその後、巨木となって、いつまでも葉を繁らせていたが、金山の方は、弥十郎が去ってからすっかり金が採れなくなり、ほどなく金山は廃山になってしまったという話である。

〔注〕南部藩の記録によれば、この弥十郎の伝説とほぼ同様の事跡がみえる。寛永元年(一六二四年)、京都の丹羽与十郎という優れた技《わざ》をもった金掘り師を領内の鉱山に入れたが、彼が率いてきた千人の坑夫のなかにキリシタンが多かった。与十郎は捕われることを知って逃げたが、藩では一味を追って召捕ったという。

78 納豆祭山（福島・二本松）

福島県の二本松近くの白沢に、むかし納豆祭山と呼ばれる変わった名の小さな山があった。山の奥にある森林は、禁教時代、このあたりに潜むキリシタンたちが集まって、ひそかに祭事をおこなっていたところだった。

ある年のこと、村の名主である根本亦兵衛というものが、納豆祭山の林を開墾している時に、土のなかから金色の仏像を掘り出した。

亦兵衛は、それを家に持ち帰って仏壇に置いたが、夜になると光を放つので、近所でも評判になっていた。しかし、やがてこのことが代官所に知れ、役人がやってきて調べたところ、仏像はキリシタンの遺物であることが分った。亦兵衛はすぐに届け出なかった罪により、ただちに名主を免職されてしまった。

このあたりでは、むかしはどこの家でも納豆をつくっていたが、十二月二十五日だけは絶対につくらなかった。山の呼称の納豆はポルトガル語のNatal《ナタル》（降誕祭）をもじった言葉で、納豆祭山とは、ナタルの祝いをキリシタンたちがひそかに祭っていた山のことだという。

〔注〕潜伏キリシタンたちのもじりで思い出すのは、仙台で聞いた話で、山形や大籠あたりで

は昭和のはじめころまで神に祈る時、「青豆。青豆」と唱えた。青豆は「アーメン」のことだったという。

79 ヒン島の話 (長崎・外海)

わが国の〝キリシタンの母郷〟といわれる長崎県外海《そとめ》町から十キロばかり北にあがった大瀬戸町の沖、松島の北方に土地の人たちが「ヒン島」と呼んでいる火山岩でできた小さな島がある。

禁教の目を逃れたキリシタンがこの無人島に潜伏し、岩の狭間で火を焚いて暮らしているのを、役人が見つけて捕えにむかった。

島に潜んでいたキリシタンたちは、役人がきたことを知ると、あわてて島から逃げ去った。ところが、焚火を消さずに逃げたため、残り火が燃えつづけ、昼間はくすぶって岩をこがし、夜は風にあおられて炎をあげ、まるで火の島のようであった。大瀬戸の人たちが何度も火を消しに出向いたが、島のまわりはいぶし臭くて息もつまり、舟を島に近づけることもできなかった。

火はそのまま、三、四年も燃えつづけたので、ヒン島はとうとう全島焼け石の島になってしまったという話である。

〔注〕この伝説については、土地の人から「ヒン島は石炭の島であったから、何年も燃えつづけたのだろう」、「キリシタンにこじつけた話のようで、キリシタンなら、逃げるとすれば、あんな小さな島に隠れず、仲間の多い、信者たちのいる五島に行くはず」だと教示を受けた。そういえば、大瀬戸の町から少し南に下った外海の町で、外海から五島へ移住した多くの信者たちが歌ったという「五島キリシタン唄」という歌を教えられた。

五島へ五島へとみな行きたがる
五島はやさしい土地までも

しかし、この歌も二節には、

五島へ五島へとみな行きたがる
五島は極楽行ってみて地獄

と歌われている。禁制下、同じ信者たちが住む憧れの島であっても、やはりよそものには住みにくいものであったのだろうか。

80　切支丹斬り（東京）

文化元年（一八〇四年）六月のある日の夕方のことである。

江戸南町奉行所の同心子母沢金吾が、岡っ引きの長五郎を連れて、麻布狸穴《まみあな》近くの松並木にさしかかると、杖をついた老爺と連れの娘が、突然物蔭から現われた覆面のさむらいに斬り倒された。

覆面のさむらいは、風の如く姿を消してしまった。道に倒れた老爺と娘は、肩から見事に十文字に斬られて、すでに絶命していた。岡っ引きの長五郎が調べてみると、二人とも着物の下にジュバン（南蛮風の肌着）を着ており、その下に十字架を隠し持っていたので、奉行所ではまた件《くだん》の辻斬りの仕業と合点した。

犯人は神出鬼没で、正体を突きとめることはできないが、ふしぎなことに、狙われるものは必ず十文字に斬られ、麻布狸穴の老爺と娘のように、キリシタンの護りものをひそかに身につけているものばかりだった。

そこで、奉行所では一策を案じた。当時江戸市中で評判だった河原崎座権十郎と謀り、〝切支丹伴天連魔法劇〟と銘打って、『謎帯一寸徳兵衛』なる罠の芝居を上演した。

すると、芝居の上演中に、刀身を抜いて客席から舞台へ躍りあがってきた男がいた。その男こそ、謎のキリシタン斬りの覆面武士、星野愛之助という元肥前の国の藩士だった。愛之助は祖先が天草・島原の乱で、キリシタンに殺されたことを恨んで、意趣晴らしをしていたという。

天草・島原の乱が起こったのは、寛永十四年（一六三七年）のことである。それから数えても百六十七年。何代前の祖先に当たるのか分らないが、ずいぶん執念深い男もいるものだという話である。

〔注〕この話の翌年にあたる文化二年（一八〇五年）に、天草下島の大江を中心に、「天草崩れ」が起こり五千名にのぼる潜伏キリシタンが発見されて幕府を驚かせたが、江戸時代も下った文化年間（一八〇四年〜一八一七年）、江戸にキリシタンがひそんでいたという話は、珍しい。江戸の潜伏キリシタンについては、ほとんど知られていない。現在の東京都内には、いわゆる切支丹灯籠といわれるものが、二十基以上発見されている。しかしそれらの灯籠と潜伏キリシタンとの関連については、不詳のことが多い。

なお、幕末江戸近郊の八王子にキリシタンのいたことが、M・マルナス『日本キリスト教復活史』（久野桂一郎訳、みすず書房）の一八六八年（明治元年）の記述にみえる。

「あるヨーロッパ人が、横浜から七、八里の八王子で一人の切支丹の女に会った。この女は彼に自分の持っている十字架を見せ、彼の前でそれを何度も敬虔な態度で自分の額におし戴いた。彼は、彼女によってこの村に切支丹の家族のいることを知った」

日米和親条約が調印され、わが国が開国にむかったのは、この時より十四年も前の安政元年（一八五四年）のことである。横浜の外人居留地内に開国最初の天主堂が献堂されたのは、文久二年（一八六二年）のことである。この女性が禁制下の江戸近郊の八王子に代々潜伏していたカトリック系の潜伏キリシタンであったのか、あるいは明治の開国後のプロテスタントを含むキリスト教徒であったのか、またクルスを外国人から贈られたのかは、不詳である。しかし江戸はもちろん、八王子及びその近郊の村々に長い禁教下信仰をまもり通してきたという潜伏キリシタンの記録は今までのところ見られないし、当時の状況などから考慮すると、明治開国後、いわゆる〝切支丹復活〟後の早い時期に受洗したか、なんらかの方法で、外国人からクルスを入手したことが考えられる。

安政五年（一八五八年）の開港にともなう各国との修好通商条約に基づいて、長崎など五港とともに横浜が開港場に指定された時、外国人に対する「遊歩規定」なるものが設定された。横浜では、「陸路において居留地から十里範囲内」と定められた。初期においては宿泊は禁じられていたが、明治元年（一八六八年）にはそれも許可になり、旅館なども増えた。横浜からは鎌倉、あるいは八王子を経て高尾山へ登山するものも多く、「陸路において十里」を越えた高尾山近郊の景勝地秋川渓谷（現都下あきる野市五日市町）にも、外国人がよく訪れていた。『五日市町史』にも、

「イギリス人数名が来遊し、以後しばしば訪れた。これに対して、幕府側から『高尾山は十里の外である』と抗議を申し込んだが、彼等は『直接距離十里以内である』と主張して譲らなかった。五日市谷に入って来たイギリス人も、このような情勢下、高尾山にでも来たついでに、足を延ばしたのではなかろうか」

と、記されている。

横浜・八王子間にある鑓水《やりみず》の地は、遊歩する外国人たちでにぎわったいわば〝宿場町〟でもあった。これらのことを考慮すると、マルナスの記述にある「クルスを持った女」、あるいはキリシタンの家族が、八王子ないしその近郊に住んでいた〝潜伏キリシタン〟である可能性はなかったように思われる。

81　キリシタン武士の幻術（仙台）

むかし、仙台の伊達藩に藤田丹後というさむらいがいた。

丹後は禁教になってからも、ひそかにキリシタンの教えを信仰していたが、やがてそのことが知られると、城下を出て富山に逃れ、ある寺にひそんだ。

しかし、丹後の居場所は間もなく藩の知るところとなり、藩公の命によって十数名の捕手たちが、富山の寺へやってきた。捕手の役人たちに囲まれると、丹後は薄笑いをもらしながら、いうのであった。

「拙者は、いま、ここからでも逃れようとすれば、すぐに逃れられる。しかし、それでは親戚・縁者に迷惑が及んで忍びないから、喜んで縛につこう。だが捕えられてしまえば、せっかくこれまで習得したキリシタンの術を、おぬしたちに見せる機会を永久に失ってしまう故、最後の思い出に、いまここで見せてしんぜよう――」

そういうと、丹後は静かに目を閉じて手を合わせ、なにやら分からない呪文を口のなかで唱えはじめたのだ。

すると、ひたひたと足元に水が打ち寄せ、広い寺の境内が見るみる海原と化してしまった。

その水のなかに、樹木や花壇の花が咲いている。

捕手の役人たちは驚いてひるんだが、水は膝のあたりまで満ちて、とまった。そこで丹後は、ふたたび口を開いて捕手たちにいった。

「驚くのは、まだじゃ。これから拙者はこの海で魚を釣ってしんぜよう。わざわざ遠くからこられたのじゃ。今夜はその魚を馳走しよう」

そういって、丹後が釣り糸を垂れると、たちまち目の下二尺もあるような、美事な鯛が釣りあげられた。つづいて三尺もある太刀魚が銀のうろこを光らせながら、水のなかからいくつも釣りあげられてきた。

役人たちの数に見合う十数尾の大きな魚を釣りあげると、丹後は釣りをやめて、捕手の役人たちにいった。

「拙者の術は、いま見られた通りじゃ。おぬしたちが、何十人、いや何百人こられようとも拙者は逃げおおせるが、さっきもいった通り、親戚・縁者に迷惑をかけたくない故、すすんでお縄を受けるのじゃ」

そういい終わると、広い寺の境内に満ちていた水は跡かたもなく消え失せていったが、捕手の役人たちが気がつくと、自分たちの腰のものがぜんぶ消えていた。

あわてたのは、役人たちである。

「丹後はおとなしく縛につくといったが、それは偽りじゃ。あやしい術でたぶらかし、逃げる所存であろう。ゆだんするでないぞ」

捕手の頭目《かしら》が叫んだが、丹後は平然と笑みをもらしながら、

「静まれい。武士に二言はない。心配するでない。拙者は逃げも隠れもせぬ。ほれ、返して

やるぞ」

釣りあげた魚を手にして放り投げると、それはみな、捕手役人たちの太刀や十手だった。鯛だと思ったのは、頭目が頭にのせているかぶりものだった。

やがて丹後は、自ら両腕を前に出して縄を受けた。そして網乗物に乗って寺を後にしたが、途中の峠の登り口までくると、後方から呼ぶ声が聞こえた。

「何事じゃ」

役人たちがふり返ると、大声を発しながら一行を追いかけてくるのは、なんと、縄をうたれて網乗物に乗っているはずの丹後ではないか。

「おぬしたちは、足が早いのう。走ってきたので、息が切れたわ。なあに、寺に、忘れ物をしたので、ちょっと取りに戻ったまでじゃ」

そういうと、丹後はふたたび縄をうたれて、網乗物におさまった。

仙台に引き連れられていった丹後は、旅の疲れをいやす間もなく、翌日北田の刑場で斬刑に処せられたが、ふしぎなことに、その時丹後の肢体は、たちまち一本の御幣《ごへい》と化し、キリシタンのいう「奇蹟」が示顕されたという話である。

82　天にいってきた男（秋田・角館）

小京都といわれる秋田の角館の郊外に、太平山という山がある。この山のふもとから西長野へぬける途中の越口の森のなかに、祠がある。小さな祠だが、むかし、この祠がキリシタン妖術を習得する隠れ道場であったという。

キリシタン・バテレンのふしぎな術を会得したいものはここに籠り、百日、二百日と一心に祈願していると、やがてその念が通じた時、暗い祠の奥にある祭壇の上に、海魚の鮗《このしろ》が生きたまま現われる。鮗が祭壇の上に現われるのは、その祈願者の心の修行が終わったという証である。そして最後に、生きた人間の味がするというその魚を食すと、完全にキリシタンの秘法が授かるというのである。

ある時、角館の町に住む男が、この話をどこかで聞きつけて、越口の森の奥にある祠に籠ることにした。

男はなに不自由ない暮らしをしていて、ぶらぶら遊んでいたが、遊ぶことにも飽きてきて、ひとつ、キリシタン・バテレンの秘法でも会得してみたら面白かろうと考えたのだった。そして祠に百日近く籠って、一心に祈願していると、ある朝、祭壇の上になにやら動くものが現われた。うつろな目をこすりこすりよく見ると、なんとそれは魚、生きた鮗だった。

男は、大喜びでその鯨をのみ込むと、祠を出ていった。

「しめたものよ。これでまた、遊びもたのしくなるというものよ」

男は心をはずませながら、その日のうちに角館の遊郭へ出かけていった。そして、たくさんの遊女たちをはべらせて、酒をのんで遊んでいたが、そのうちに女たちの歌舞にも飽きてしまい、自分はふしぎなキリシタン・バテレンの術が使えると、口走った。

女たちは興味を示し、

「旦那さん、旦那さん。早く、なんぞ魔法を見せてくださいまし」

と、せがみ出した。

「よし。それなら見せてやろう」

男がうなずいて、なにやら、おかしな呪文を唱えはじめると、とたんにふしぎなことが起こりはじめた。まわりにはべっていた着飾った遊女たちが、ころころと酒徳利が倒れるように畳の上に転がり出したのだ。

女たちは人目もはばからずに裾前をひろげ、あらぬ姿となって仰向けに転がっていたが、本人には自分の醜態がまったく分らないらしく、互いに指さして、その姿態に笑いこけていた。

そのうちに、やっと自分たちがなぜ笑い合っているのか分りはじめた女たちは、急に恥かしくなって、男に呪縛を解いてくれるように頼んだ。

「いまの魔法は、女としてあまりにも恥かしい魔法です。旦那さん、もっと上品な面白い魔法を見せてくださいい」

女将《おかみ》にいわれた男は、

「それなら、ここへ、この店にある箸《はし》を、ぜんぶ持ってまいれ」

と命じて、何千本とも知れぬ箸を座敷へ運ばせた。

こんなもので、なにをするのだろうと見ていると、男はまたおかしげな呪文を唱えながら、一本一本箸をつなぎ出した。箸の尻へもう一本の箸の先を合わせるだけで箸は一本につながり、どんどん長くなって座敷から外へ出ていき、空へのびていった。そして雲のなかへ、はいっていった。

「よし。これでよかろう。さあ、よく見ておるんだぞ」

男はそういって立ちあがると、着物の裾をはしょって腰に引っかけ、のびた箸に伝わりながら、猿よりも早く、するすると天まで登っていった。そして雲間に姿を消してしまった。

「旦那さん。旦那さーん。どこへお行きになったんですかー」

女将たちが驚いて声をあげると、やがて雲のなかから、ぽちっと、黒いしみが見えた。それがまたたく間に大きくなりながら、男が箸を伝わって鼻歌をうたいながらのん気に降りてきたので、女たちは唖然としてしまったという話である。

〔注〕鯨は、『和漢三才図会』に「これ（鯨）を炙れば甚だ臭く、屍気の如し」とあり、鯨を焼くと死人を焼いた臭いがするといわれ、むかしから賤魚とされている。この俗信に関しては、下野《しもつけ》の国（栃木県）に、次の話が伝えられている。
その昔、九州の方から高貴な人の息子（有間の皇子ともいう）が零落して下野の国まで下

ってきたところ、五万長屋というたいそう富裕な長者がいた。有間の皇子はこの長者の許へ立ち寄り、逗留することになった。長者には一人の美しい娘がいた。その娘はかねてから常陸の国（茨城県）の国司の許へ嫁ぐことになっていたが、気がすすまぬままに日を延ばしていた。そこへ好青年の皇子の登場である。皇子と娘はいつしか忍び逢うようになり、娘は懐妊した。そのころになると、常陸の国司から長者の許へ娘を早く寄越すようにとの催促がきた。困った長者はいろいろ考えた末、「娘は死んでしまった」と伝え、使者を迎えて葬式を行うことにした。長者はかねて「つなし（鮗）を焼く臭いは死人を焼く臭いと同じ」と聞いていたので、棺のなかへ「つなし」を沢山いれて焼き、野辺に煙をたてた。そしてこのことを、

　東路の室のやしまに立つ煙　たが子のしろにつなし焼らむ

と和歌に詠んだ。この和歌から「つなし」を「子《こ》の代《しろ》」というようになったという。

しかし、鮗は神饌《しんせん》としても古くから用いられ、初午の祭に供えられている。秋田地方では、出産後胞衣《えな》を埋めるのに鮗を添える風習もあったという。また子どもが生まれて丈夫に育たない時には鮗を二尾土器に入れ、麻糸で十文字に結んで土中に埋めるとよいという俗信もあった。流行病のあった時には、鮗を村の入口に埋めると災いが避けられるともいう。さらにこの魚が武士に忌み嫌われていたのは、「腹切魚」といって、切腹する時に用いられた魚であり、「鮗を喰う」という言葉が、「この城を喰う」に通じるからでもあるという。

なお、この伝説のうち、男が天にのぼるくだりは、東北地方などに伝わる「鼻のびろ」や「源五郎の天昇り」などの昔話の投影が、うかがえる。

細引《ほそびき》を幾筋もつないでそれを竿のように立て、てっぺんまで登っては下の細引きをたくしあげながら天に登り、天の河で泳ぐ鮎をとってきたという、『関ヶ原軍記大成』の三条城主村上周防守の家臣、相部《あいべ》次郎右衛門の幻術も同類のものであろう。

83 六郷の文之（秋田・六郷）

秋田県の大曲から十キロばかり横手の方へ下ったところに、六郷という町がある。

このあたりは善知鳥《うとう》、薄井、それに山形との県境にある院内銀山など、キリシタンゆかりの地が多くある。

いつのころからか、六郷の町にキリシタン・バテレンの法を使う、文之《ぶんの》という魔法使いが住みつくようになった。

文之の術は、ユーモラスで奇想天外なものが多い。

ある年の六月の祭りの時であった。文之は家にたくさんの見物人を招き、火鉢の灰のなかにうりの種子をまいて、ぱたぱた団扇であおぎながら、なにやら呪文を唱えた。すると、灰のなかからうりの芽が出て花が咲き、たちまちたくさんのうりが実って、家のなかに甘い香りがひろがった。

文之は、実ったうりを一つずつもぎ取って、見物人たちに振舞ったが、近所のうり屋がおかしいと気づいて、あわてて家に戻ると、店先に並べてあったうりが、一つ残らず消えていたという。

ある時、文之は、

「橋をのんでみせる」

といって、また見物人を集めた。

たくさんの人が集まって見ていると、文之は橋のたもとにへばりついて、大きな口をあけ、どんどん橋をのみこみはじめた。

見物人たちは、たまげてしまった。夢中になって見ていたが、その時、かたわらの木に登って見ていた見物人の一人が、

「文之は、橋をのんでおるのではない。橋の上を這っておるだけじゃ」

と、大声で叫んだ。

それを聞いた文之は、たちまち感情を害して、男をにらみつけた。そして口のなかで呪文を唱えた。

すると、男が登っていた木の枝が、急にしなった。男は下に落ちそうになったが、足が地面に着くほどに枝が曲ったので、これ幸いとばかりに手を放したところ、下は水で、男は川のなかへ落ちてしまったという。

またある時、文之の術があまりにも評判なので、一人の客が文之の家を訪ねてきた。客は術師で、文之のキリシタン・バテレンの術というものがどの程度のものであるのか、調べにやってきたのだった。

文之は、ちゃんとそれを見抜いていて、先制攻撃に出た。文之は客を家のなかにあげると、

「わが家は、この通りの貧乏でな。囲炉裏にくべるものもないが、心配は御無用。すぐ暖かくなる」

というと、自分で自分の脛を鉈《なた》で叩き割って、それをぽんぽん囲炉裏に投げ込んだ。客はびっくりしたが、あとでよく見ると、脛と見えたのは、囲炉裏のふちや床板で、みなはがされて薪代わりに焚かれていた。

やがて、客が帰るというので、文之は、

「歩いて帰るのも大儀だから、家の馬を差しあげよう。どうぞ、乗っていってくだされ」

といって、厩《うまや》から一頭の馬を曳いてきた。

客の術師はその馬の背に跨って、喜んで庭から出ていったが、実は馬は牛マッカ（踏み台）。客の術師は、夕方まで文之の家の前で牛マッカに跨って、ぱかぱかやっていたという話である。また酔った勢いで、文之が十頭の馬を酒徳利のなかへ押し込んだという話もある。

〔注〕「六郷の文之」には、文之がおこなったとされるふしぎな術のいくつかをまとめて紹介したが、どの話にも落語の小咄、笑話にみられる落ちのようなものが用意されているところに、文之伝説の特色がうかがえる。

術師が文之の家に訪ねてくる最後の話は、次の岩手の大籠に伝わる「信徒の妖術」と著しい類似をみせている。

「ある時、旅のものが大籠の炯屋《どうや》（精錬所）八人衆の一人である沼倉氏の家を訪れて、一

夜の宿を乞うた。沼倉氏の女房は、生憎《あいにく》食べるものがないという理由をつけて断わろうとすると、旅のものは、

『いや、食べものについては、ご心配ご無用。ただ一夜の宿のみ、お願いいたしたい」と、強いていうので、泊めることにした。やがて夕食時になると、旅のものは部屋のなかでつくっていた、たくさんの紙こよりを持ってきて鍋を借り、それをぐつぐつ煮たてた。煮上がったものは、うどんであった。旅のものはそれを、おいしそうに食べると、さっさと床についた。

しばらくすると、家の主人が帰ってきた。女房が旅のものを泊めた委細をはなすと、主人はすぐに小麦粉の入った箱を調べよといった。女房が箱のふたをとってみると、小麦粉はすっかりなくなっていた。明くる朝、旅のものと顔を合わせた主人は、なにくわぬ顔で、夕食も出さなかった昨夜の非礼をわび、

『本日は馬でお送りいたしましょう』

と、いった。

旅のものは大いに喜んで、用意された馬にまたがって出立したが、男は終日架にまたがって、一生懸命『シュ、シュ』と掛け声をかけているので、近所のものたちは大笑いしたという」（前出、『大籠の切支丹と製鉄』）。

また、火鉢の灰のなかにうりの種子をまいて、たちまち実をならせたという術は、同じ秋田の角館に伝わる「75　矢野のお婆さん」の術と同じである。この話の類話には、『今昔物

語』巻第二十八第四十「外術を似て瓜を盗み食はるる話」があり、同話は『捜神記』の呉の徐光の話につながっている。

文之が橋をのむ話は、文政年間（一八一八年～二九年）に刊行された『甲越軍記』の続編『烈戦功記』にみえる伊賀の加当段蔵の幻術と同類であろう。段蔵は橋はのまないが、越後へいって、上杉謙信に仕官を申し出た時、牛をのんでみせる。松の木に登って、これを見ていたものが「牛をのんでいるのではない。牛の背中にへばりついているだけだ」と叫んで、段蔵の術を見破ったという。段蔵はまた、見ている前で種子から芽を出させて、夕顔の大輪を咲かせたともいう。

84 魔法を見せる手代（秋田・角館）

むかし、角館のある呉服屋にいた手代が、なにを思ったのか、雲然《くもしかり》にあるキリシタン墓に籠って、キリシタン・バテレンの魔法を会得したという。

どこで耳にしたのか、なんでも三七、二十一日の間、その墓に籠れば、世にもふしぎなバテレンの魔法を授かるということだった。手代は主人にお伊勢参りにいくといつわって、店を出た。

鰍瀬《かじかせ》の渡り場を越えてから、雲然のそのキリシタン墓までいく途中が、たまらないほど淋しく怖ろしい場所で、大方のものはここから引き返してしまうというのだが、呉服屋の手代は目をつぶり、耳を塞ぐようにして通り抜け、キリシタンの墓に籠ったのだった。そして二十一日間、飲まず食わずのたいへんな行を重ね、やっと秘法を会得して、ふらふらしながら店に帰ってきた。

黙っていればいいものを、キリシタンの秘法を授かったとなると、ついつい使ってみたくなるものだ。

ある日、手代は一人で店に出ていた老婆に、「ご隠居さま。わたしがいまここへ、大水を出して見せましょう」

と、いった。

お客もないし、じっと店に座っているのも退屈で、眠りたくなるだけだ。老婆は面白いことをいうと思って、

「この店先に、大水を出して見せると？　そんなこと、お前に出来るのかね」

と、笑った。

すると手代は、店の隅にいき、背中を老婆の方にむけながら、なにやら口のなかで呪文を唱えた。

と、ふしぎなことに、店先の土間が湿り出し、水が吹きあがって、たちまち池のようになった。

「ひやあ。これは、どうじゃ」

老婆は目をまんまるにして、腰を抜かしてしまった。

水は土間の敷居の下あたりまでせりあがって、履物などがぷかぷか浮いていた。

家のものたちも驚いて、早くどうにかしろと叫んだので、笑って見ていた手代は、また店の隅にいって手を合わせ、呪文を唱えた。

すると、水はたちまち引いて、土間は元に戻った。

この手代はどういうわけか、ある時、道に面したほかの店や家の台切り（台切り鋸）を盗んだが、その時は呪文を唱えながら、おかしなことをしたのだ。

向かいの店先、こっち側の店先と交互に、まるで鋸を曳くようにというか、鋸の歯のように歩いていく。そして店に帰ってくると、手代が立った店の台切りが消えて、手代の店の土間に積み重なっていた。

こんな手代を、いつまでも店に置いておくわけにはいかない。主人が問いつめると、お伊勢参りは、まっ赤ないつわり。雲然のキリシタン墓に籠って、バテレンの術を会得したことを得々と喋ったので、店から追い出されたという話である。

85 キリシタン長左衛門（高知・高岡）

土佐の国高岡郡檮原《ゆすはら》村田野々というと、高知県の西はずれ、もう愛媛県との県境に近いところである。

この山間の村に、むかし中越長左衛門という男が住んでいた。長左衛門は、ひそかにキリシタン宗を信仰していて、その法術を使い、一夜のうちに荒地を田畑に変えたり、ほんの数時間のうちに家を一軒建ててしまって、村の人たちを驚かしたり、惑わしたりしていたという。

ある日のこと、長左衛門は村びとたちに、「あしたはひとつ、一日のうちに、あそこのこわれているおいらの屋敷の石垣を築いてみるから、みんなで見にくるように」と、ふれまわった。

長左衛門の屋敷の近くには、石垣に積みあげるような石などない。

「こんどは、どんな術を使って、石を山の下の谷間から運んでくるんだろう」

興味を持った村のものたちは、次の日の朝、大挙して長左衛門の屋敷の前にやってきた。そして、ふしぎな術が使われるのを見物しはじめた。

長左衛門は、屋敷のまわりから、ほとんど離れなかった。退屈まぎれに、時どき石段に腰を下ろして、煙草をふかしたりしていた。仕事はたいして進まなかったが、日が暮れる頃になると、急にはかどりはじめ、夜になる前には、長左衛門のいう通り、すっかり石垣が出来上がっていた。

一日中見物していた村のものたちは、またまた驚いて、

「まったく、ふしぎじゃ。いつ、あんなに石が積まれたんじゃ……」

と、首をかしげながら、家に帰っていった。

ところが家に着くと、どうしたわけか、どっと疲れを覚えて、からだじゅうが痛み出した

のだ。その時になって、村のものたちはやっと、自分たちが長左衛門の魔法にかかり、知らぬ間に谷間にころがる石の運び人足に使われたことに気づいたという。

こんなことばかりつづくので、長左衛門は村のものたちに憎まれはじめた。村びとたちは相談をして長左衛門を宴席に招き、料理に毒を入れて殺害することを企んだのだ。

ご馳走が食べられるというので、長左衛門は喜んで宴席へ出向いたが、村のものたちの謀りごとに気づいた長左衛門は、素早く隣りの膳と自分の膳とをすり替えてしまったので、隣りのものが犠牲になってしまった。

怒ったのは、村のものたちである。

「こんどこそ、へまはせんぞ」

とばかりに、火縄銃まで持ち出して、宴席から逃げ出した長左衛門を追い、上杉の谷川のへりまで追いつめた。そして火縄を撃った。

長左衛門が倒れるのを見た村のものたちが走っていくと、長左衛門はもうどこかに消えていた。手分けをしてみんなであたりを探していると、谷川にまっ赤な椿の花が流れていくのが見えた。

そこで、ひとりが、手持ちぶさたに椿の花にむかって、一発「ズドン!」とやると、椿の花はたちまち消え、顔から血を流した長左衛門が浮かびあがって、谷川を流れていったという。この長左衛門には、まったく同名の長左衛門と、大込《おおこみ》太夫という二人の弟がいて、この弟たちもふしぎな術を使うキリシタンだったというが、弟たちの話は伝わっていない。

86　バテレン幸次（高知・高岡）

同じ土佐の国の高岡郡でも、佐川に近い尾川村の竜門に、むかし〝バテレン幸次〟といわれた男がいた。

「バテレン」というのは、ポルトガル語のパードレ、神父のことだが、もちろん幸次は神父や聖教者ではない。どこかでキリシタンの教えを受け、ふしぎな術を授かったという。幸次もまたその術とやらを弄《もてあそ》んで、村びとたちを誑《たぶら》かしては役人に追われ、追われてはその術を使って、姿をくらましてしまう。幸次は呪文を唱えると、畑に植えてある茄子《なすび》の葉一枚の裏にも、虫けらのようにへばりついて姿を隠すことができたという。

幸次の悪戯がたえないので、ある日伯父にあたるものが、きつく意見をした。ところが、それでも聞き入れないので、怒った伯父は、幸次を俵につめ込み、荒縄でふんじばって、下郷の夫婦岩の淵に沈めた。そして頃合いを見て引きあげてみると、俵はもぬけの殻。幸次の姿はなかった。

「あんなことをしても、幸次にすればなんでもない。河童か魚にでも姿をかえて、とっくに谷川をくだって逃げてしまったんだよ」

村のものたちはいったが、それっきり、幸次は二度と村へは姿を現わさなかったという話である。

〔注〕前話の「キリシタン長左衛門」とこの話は、ともに高知の山間の村に伝わる〝キリシタン妖術譚〟である。東北地方の山間に多く伝わっている荒唐無稽、奇想天外な類話と同じように、主人公がキリシタンであることを示す伝承はなにも付加されていない。こうした話には、『南蛮寺興廃記』『吉利支丹退治物語』をはじめとする、江戸時代中期から流布されるようになった通俗的な排耶蘇読み物などに出ている「キリシタン＝妖術遣い」の話などの影響が色濃く出ており、さらに興味をひくよう増幅されて伝えられていく。この高知の伝説は、ともに主人公が最後に川に流れていくというところが共通している。

なお、禁教時代巷間に伝わっていた〝キリシタン＝妖術遣い〟のこうした風聞・風説に対して、キリシタンの立場からの反論がある。〝最後の大摘発〟といわれる長崎浦上村の四番崩れ（慶応三年、一八六七年）の時に検挙された、浦上潜伏キリシタンの指導的立場にいた高木仙右衛門は、奉行所での役人の取り調べに対して、キリシタンは妖術遣いでないことを、次のようにはっきり述べている。

「キリシタンは豆も小玉（黄金の粒）になし　しばの葉も万金にすると　いろいろ申しまするけれども　キリシタンは　さやうなものではありません。もしさやうにあるならば浦上のキリシタンは　みな金持ちばかりでござりませう　又　牢屋にをる時は　狭きところにおかれて不自由はありても　牢屋を破りて自由にするもの　ひとりもをりません……それをいろ〱うたがひまするは大きな不行きとゞきでござる」（「仙右衛門覚書」、前出

『日本庶民生活史料集成』⑱所収）。

また、時代は「許教時代」に溯《さかのぼ》るが、フロイス『日本史』（前出）の④の「第二十九章「一五六六年」の項に、次のようなエピソードが記されている。

阿波の領主篠原長房が家臣のキリシタン、タケダ・イチダユウに書状を持たせて、「最高の公家の一人」に、南蛮伴天連たちの保護について、宮廷へも出入りできるよう、「内裏に一言執り成してはもらえまいか」と願ったところ、その公家は「伴天連たちは人肉を食べる。（のみならず）彼らが触れた宮廷内の樹木、雑草、（その他の）植物さえたちまち枯れ、（諸）国は滅亡する」というので、タケダ・イチダユウは、「我ら（キリシタン）が人肉を食するということに関する非難に関しては、いとも馬鹿げた笑うべきことで日本の国王であり最高の君主である（内裏）の帷幄《いあく》に参与している方の口から出るべきこと（とは思われ）ない」と述べたあと、

「（伴天連たち）が触れると植物、雑草（など）が枯れるという点に関しては、内裏はさぞかしはなはだ好都合（とされる）であろう。なぜなら（内裏）は従臣たちが皆異教徒であるために、彼らからまったく服従されもせず畏敬されてもいない。それゆえ、その（宮殿の）中庭、広場、庭には樹木と雑草が生い繁るに至った。したがって今や樹木と雑草と荒《あば》屋《らや》と化した（内裏の）邸に（伴天連）が入って行けば、たちまちそれらは枯れ、以前の（ような）清潔さと美観を取り戻せようから、伴天連を呼び戻すのにはいい機会であろう」と述べたという。

87 高波を呼ぶ魔術（宮城・本吉）

むかし、宮城県本吉町の近くにある田束山《たつがね》のふもとの村に、若い夫婦が住んでいた。

この夫婦は、よく夜になると、ひそかに家を出て、どこかへいくので、どうもキリシタンであるらしいと役人に訴え出たものがいた。

そこである夜、役人たちがそっと、その夫婦の後をつけていくと、二人は田束山の山中に入って、ある家のなかに消えたのだ。

役人たちは、しばらく様子をうかがっていた。家のなかは静まり返っていたが、何人もの人がいるらしく、ぼそぼそ祈りのようなものが聞こえてくる。

やがて役人たちが一斉に家のなかに押し入ると、黒装束をまとった背の高い、鬼のような赤ら顔の男が、灯の光のなかにゆれた。

「そいつを逃がすな！」

頭目《かしら》の声に、役人たちが捕りおさえようとした時、黒装束の大男は、なにごとか南蛮バテレンの呪文を唱えた。

すると、にわかに強風が吹き出し、それとともに田束山を越えて、高波が押し寄せてきた。

あやしい男をはじめ、その家に集まっていたものたちは、あっという間にその波に乗り、どこかへ逃れていってしまったという話である。

88　キリシタン流人庄蔵の魔術（鹿児島・喜界島）

むかし、奄美の喜界島の永家の地に、海老原庄蔵という学者肌の流人が寄寓していた。庄蔵はキリシタンの嫌疑で、遠島になったのだといわれていた。そういえば庄蔵はキリシタン・バテレンのふしぎな魔術を心得ていて、島の人たちにその術を見せたという。流罪の宣告を受けたのも、寛延三年（一七五〇年）十二月二十五日、クリスマスの日であったという。

ある日のこと、庄蔵は読書に倦きて、散策に出た。畑のなかの道をあちこち歩きまわっていると、むこうのイモ畑に、娘の姿が見えた。庄蔵はふと悪戯心を起こして、娘のところへいった。

娘はちょうど、ひと仕事終えたところだった。掘り出したイモを背負い籠に入れて、帰り仕度をしていた。

「これ、これ。お前さんがせっかく掘ったイモを、ほれ、スズメがみんな喰ってしまったぞ」

庄蔵はそういいながら、両手を合わせて、ポンポンポンと、三度うち鳴らした。

すると、娘が背負おうとした籠のなかから、いつ入ったのか、スズメの一群がいっせいに空へ飛び立った。

籠のなかはと見ると、イモは一つもなく、すっからかん。庄蔵がいうように、イモはみんなスズメに喰われて、そのスズメたちは空へ逃げていったのだ。

娘が呆気《あっけ》にとられていると、庄蔵は笑いながら、

「そんなに、驚かんでもよい。心配せんでもよい。今わしが、あのスズメたちからイモをぜんぶ取り返してやるから」

そういうと、庄蔵は青い空にむかって十字を切り、何事か、ぼそぼそ口のなかで呟いた。

――と、空に飛んでいるスズメたちが群れ集って、見る間に籠のなかに入った。

娘が大きく目を見開いて籠のなかをのぞき込むと、籠のなかは元通り。何事もなかったように、自分が掘り出した泥のついたイモが入っていた。

庄蔵の魔術は、たちまち噂となって広まった。ことに、世話になっている家のものや近所の人たちが、自分たちにも是非ふしぎな魔法を見せて欲しいとせがむので、ただにこにこ笑って話をそらしていた庄蔵も、「それでは」と、やっとうなずいた。そして、家の前の道に出ていくと、畑のむこうに広がる海原にむかって、口のなかで何事か呪文を唱えながら、手招きをした。

すると、数丁も離れた海の水が起ちあがり、白い牙をむいて、津波のように押し寄せてきたのだ。

世話になっている家の人たちも、近所の人たちも顔色を変え、悲鳴をあげながら騒ぎ出し

たが、庄蔵はひとり、崩れかけた石垣の石の上に座って、笑っていた。海の水は、道の先の畑をのみ込み、あたりにしぶきをあげていたが、それ以上は進んでこない。

人びとの驚きと騒ぎを見ながら笑っていた庄蔵は、やがて膝に手をうって立ちあがると、額の前で大きく十字を切った。するとすぐ眼の前まで押し寄せていた海の水は、まるで霧が晴れるように消えていき、畑には元のままの青葉が広がっていた。

庄蔵はそれっきり、誰にいわれても、魔術を見せることはなかった。そして島の人たちからも敬愛されて、流刑の地で生涯を閉じたという話である。

89　切支丹お島と猫（新潟・佐渡）

キリスト教が禁じられていた江戸時代のこと、佐渡ヶ島の相川の町に、お島という美しい娘がいた。お島はひそかにキリスト教を信仰していたが、ある時役人に知られるところとなり、家から奉行所へ引き立てられていった。

しかしお島は、どんなにきびしい仕置きを受けても、じっと耐え、かたくなに自分の心を変えなかった。役人たちは、若い美しいお島を殺すには忍びないと思ったが、もはやどうすることもできない。お島は磔死罪を言い渡されて、次の日の夕刻、中山峠の近くにある河原の刑場で、刑が執行されることになってしまった。

すると、その夜の夜更けのこと、ひとりの中年の男が、ひそかにお島がつながれている牢にやってきた。お島は両の目を光らせながら、真剣なまなざしで男の顔をみすえた。男はお島のその目をじっとみつめながら、落ち着きはらった声で、

「お島。わしは、渡辺藤左衛門じゃ」

と、自分の名を、はっきり名乗った。

渡辺藤左衛門といえば、相川奉行所の取り調べ方吟味役のひとりだ。お島が黙っていると、藤左衛門は声を落として、意外なことを口走った。

「実は、お島。わしはひとに隠しておることが、ひとつあるのじゃ。わしも、お前と同じ……」

そういいながら、藤左衛門は懐からそっと、マリアの像のついた十字架を取り出して、お島に見せた。

「…………」

「驚くのも無理はない。わしは、お前を助けたい。小木までいけば、隠れておる切支丹が何人もおる。そのものたちのなかへ身を隠すのじゃ。今夜のうちにこの牢を出て、小木へいくのじゃ。あとのことは、このわしに任せて、さあ早く、夜の明けぬうちに逃げのびろよ」

藤左衛門はしきりとすすめたが、お島にはもう覚悟がきまっているようだった。

「わたしは、この先、助かろうとは思いませぬ。このままの心を、抱いていきます」

藤左衛門は、お島の決意のほどを聞くと、なにもいわなかった。そして黙って牢から出て

いった。

お島は、次の日の夕刻、中山峠の間《ま》の山の河原へ引き立てられて、磔刑に処せられた。

ところが、その晩のことである。

奉行が寝入ったところを、宿直《とのい》の役人に起こされた。

「お奉行。ただいま、お島という若い女が、奉行所の門前に参って、是非お奉行にお会いしたいと申しております。夕刻、お仕置をすませた、切支丹のお島だと申しております」

「なに？　お島だと？　そんなことがあるか。お島の仕置きがすんだことは、この目で見届けておる」

奉行は、とにかく会ってみることにした。そして奉行所の表へ出ていってみると、きちんと土の上に両手をついた旅姿の女がいた。

「お奉行様だ。面《おもて》をあげえ」

女が顔をあげると、奉行は思わず息をのんだ。

身にまとっているものが処刑時のものとまったく異なっている。奉行は絶句したが、お島の方には、なんの動揺も見えなかった。

「お奉行様、お許し下さい。是非、お取り調べ願いたきことがありまして、こんな夜更けにまかり越しました」

旅姿のお島はそういって、ふしぎなことを話し出した。

数日前のこと、留守をしていたお島のところへ、書きつけを置いていったものがいて、羽《は》茂《もち》の実家の父が危篤だと知らせてきた。

お島はすぐに旅仕度をして、急いで村へ戻っていったが、父も母も元気で、自分たちはだれにも書きつけなんぞ頼んだことはないというのだ。

お島はわけが分らなくなって、きのうの夜引き返してきたが、その途中、人の噂話が耳に入って、「今日の夕刻、中山峠の間の山で、切支丹のお島というものが磔の刑で殺された」ということを聞いたというのだった。そして、数日来のおかしな出来事を考えながら急ぎ足で家に帰ってみると、日ごろ可愛いがっていた年老いた白い猫が、いなくなっていた。

そこで、もしや猫がわたしに代わってお仕置きを受けたのではないか、猫が役人がやってくるのを知って、自分を実家へ帰させたのではないか。そう思って、夜分もかえりみずお調べを願いたいと、着がえもせず、こんな身なりで奉行所へやってきたというのだった。

「なに？　人間に化けた猫が役人に捕われ、牢につながれて仕置きされたと……。たわけたことを――」

奉行は口走ったが、お仕置きをしたはずのお島が、目の前にいるのだ。

奉行はしばらく口を閉じたままだった。

刑場には、まだお島の死骸がさらされているはずだ。奉行は居ても立ってもいられず、部下を引きつれて、刑場へ馬をとばした。そして月明りに照らされた磔柱に目をやると、そこには血に染まった大きな白い猫が、吊されていた。

奉行はうろたえた。夜が明けて、こんな失態が島のものたちに知れたら、取りかえしがつかないし、笑いものになる。奉行は奉行所に戻ると、すぐに主《おも》だった役人たちを呼び集めた。

そのなかに、取り調べ方吟味役の藤左衛門の顔もあった。

よい方策も出ないうちに、しばらく時が過ぎていったが、やがて藤左衛門の口が開いた。「妙案がございます。奉行所が物笑いになることなど、決してありませぬ」

思慮深いといわれる藤左衛門のことばだ。抜かりはあるまい。奉行はただちに、この処理を藤左衛門にまかせることにした。

藤左衛門はすぐに部下をつれて刑場へ馬をとばすと、猫の死骸を穴に埋め、それをお島の墓とした。そして夜明け少し前に奉行所へ戻ると、今度はお島を呼び出して、しかりつけた。「お前は、お島の名をかたって、ありもせぬことを口走るふとどきな女じゃ。これからただちに、お前を羽茂の実家へ送り帰す。親には、お前から目を離さぬよう、よくいい含めるから、さよう心得よ」

そう告げると、警護の役人をつけて、お島を羽茂の両親のもとへ連れていった。それからというもの、お島は村でひっそりと暮らし、死ぬまで切支丹の信仰をまもり通した。

お島のお墓というものが、中山峠の「殉教お島の墓」と、羽茂の大蓮寺墓地の「隠れ切支丹お島の墓」との二つがあるのは、こうしたわけであるという話である。

〔注〕佐渡ヶ島のキリシタン伝承としては、相川町と中山峠にあるキリシタン塚「キリシタン百人塚」が、知られている。寛永十四年（一六三七年）の佐渡奉行所の記述に、

「当丑年、肥前国天草切支丹宗門一乱之節当国ニ茂《モ》右宗門之者有之人数百人計於中山ニ死罪、一説ニ慶安三寅年（一六五〇年）右覚之者四拾六人死罪之由」（『佐渡国略記』新潟県立佐渡高等学校同窓会刊）。

「今年肥前国島原の乱に依て彌切支丹厳禁を被仰出に付佐州をも遂詮處党類数十人ありしにより中山と云所にて死刑に行ふと云」（『佐渡年代記』佐渡郡教育会刊）。

とあるが、この記述以外のことは不詳である。

来日した宣教師たちの報告によれば、佐渡ヶ島にはじめてバテレンが入ったのは、イエズス会のジェロニモ・デ・アンジェラス神父（元和九年、一六二三年。江戸で殉教）で、元和五年夏だったという。この時、島にはすでにキリシタンたちがいた。彼等は流人ではなく、金山で働く島のものたちで、アンジェラス神父の来島で秘跡を受けられて喜んだという。

佐渡ヶ島に送られた流人のキリシタンについては不詳だが、寛永二年（一六二五年）、神田法音寺内中将坊というものが江戸山王町の妙清というキリシタンをかくまった罪で、佐渡へ流刑になっている。

90 死ねない男（長崎）

貞享元年（一六八四年）の夏のことである。

長崎の八幡町のある借家に住む、次右衛門という四十一になる男が、町の乙名《おとな》（町の長《おさ》）のところへいって、自分はキリシタンであると、自ら名乗り出た。

町の乙名はびっくりして、奉行所へ申し出た。奉行所では、ただちに次右衛門を引っ捕えて、取り調べた。

するとと次右衛門は、

「この五年間というもの、病気勝ちのために、食いぶちも稼げず、ずっと親類縁者のものたちに世話になってきました。どこも貧しく、いつまでも世話ばかりかけているのも心苦しいので、いっそ自害しようと思いましたが、キリシタンであるので、それもかなわず……」

と、いうのだった。

次右衛門がキリシタンであるというなら、その親類縁者たちも、取り調べなくてはならない。役人たちは、親戚のものや彼のことを知るものたちを、ひそかに調べてみたが、だれもキリシタンらしいものは見あたらないし、次右衛門もキリシタンであるはずがないというのだった。

そこで、自ら名乗り出てきた次右衛門を、更に取り調べてみると、キリシタンといったのは、まっ赤な偽り。そう申し出ればお裁きで、きっと死罪になるからだというのだった。

「自ら死ぬのはいやだから、殺してくれ」とは、変わった男もいるものだ。奉行所でも処置に困って、江戸表へ問い合わせたところ、

「《キリシタン誓詞》をとって、縁者に預けよ」

といってきたので、甥を呼び出し、次右衛門の身柄を預けた。次右衛門は他国への出国も固く禁じられて、死ねないまま、また長崎の町でふらふら暮らしていたという話である。

〔注〕通称《キリシタン誓詞》については、「98　おかしな癖」の注の「南蛮誓詞」参照。

次右衛門のような男でも釈放される時には《南蛮誓詞》をとられているが、キリシタン遺物を拾って届け出たものにも、誓詞をとられた例がある。

寛政年間（一七八九年〜一八〇〇年）の中ごろのこと、尾鷲（三重県）の堀北浦に住む若い漁師の弥七が一日の漁を終えて北川河口の砂洲へ舟をあげ、家路につこうとした時、砂浜に光るものを見つけて手にとった。小さな四角い銀製のもので、表面に異様な人物の像を浮き彫りにしたご禁制のキリシタンのメダイ（メダル）である。弥七はそのまま庄屋に届けた。庄屋の政八は大庄屋役所に届け、その知らせを受けて、代官所の役人がやってきた。取り調べの結果、発見者の弥七は、「夕食もとらずに、すぐに届けたのは殊勝」とほめられたが、このあと誓詞をとられて、やっと家に帰されたという（郷土叢書①『郷土むかしばなし』尾鷲市郷土友の会）。

91 枕返しの間（山形）

寛永年間（一六二四年〜四三年）のことである。

羽州南村山郡柏倉門伝村（現山形市）に、一人の異人が住みついていたという。

見なれない異人なので、村のものたちは気味悪がっていたが、異人にはいつも日本人の供のものが一人ついていたので、ある時村のものが、

「あんたの主人《あるじ》である、あの異人は何者じゃな?」

と、ひそかに尋ねてみた。すると供の若い日本人は、

「あのお方はたいへん偉い方で、ありがたい教えを説くために、万里の海原を越え、はるばる遠い国からおいでになった方です」

と、答えた。

村のものたちは、それを聞いて安心したようだった。

異人は毎日、村境を流れる須川の橋のたもとに立って、ありがたい教えを説いていたが、そのうちに、水が合わなかったのか、異人は病いを得て、亡くなってしまった。供の日本人は主人の屍を埋葬すると、村人たちに別れを告げて、どこかへ立ち去っていった。

ある日のこと、村の若者が異人の墓の前を馬に乗って通りかかったところ、急に足を引っぱられるような気持ちがして、馬の背から落ちてしまった。

このようなことは一度ではなく、それからたびたび起こるので、いつしか村には異人の墓の前を馬に乗って通るなという風評が立つようになった。

それから、五十年ほどたった、ある年のことである。

異人の墓はすでに苔むし、村に伝わっていた風評もほとんど忘れられていたが、ある若者が馬に乗って墓の前を通りかかったところ、何者かに急に強く足を引っぱられて、馬の背からころげ落ちてしまった。

祖父母の代に伝えられていた風評は、まだまだ生きていたのだ。

そこで、村の名主が荒屋敷というところにあった皆竜寺という寺を、この異人の墓の上に

移築したところ、それ以後は馬に乗って通りかかっても、だれも落ちることはなかったという。

ある晩のこと、村の寄り合いがこの皆竜寺で行われた。相談ごとは首尾よくまとまって、あとは酒盛りとなった。酔いつぶれるものも出て、その夜は寺の書院に泊まることにした。ところが、あくる朝、起きてみると、みんなの枕の向きが変わっていた。

「これは、ふしぎなことじゃのう。ゆんべはたしかに、あっちに向いて寝たんじゃが……」

村のものたちが怪訝な顔をしていたが、その後もこの寺の書院に泊まったものは、みな同じように枕の向きを変えられるので、いつしかこの寺の書院を「枕返しの間」と呼ぶようになった。

明治になって、寺の住職が異人の墓があるという書院の床下を掘ったところ、大きな頭蓋骨が出てきた。住職はその遺骨を納骨堂に納めて、ねんごろに供養したので、それからは枕返しのふしぎもなくなったという話である。

〔注〕枕返しの部分は、長崎の「48 本蓮寺の杉戸の絵」の話と同じである。キリシタンのお墓の前を通ると祟りがあるという伝説（迷信）は、東京にもある。青山の梅窓院にあるその墓の前を通る時、墓を見ると、足首などを痛めたという。寺の近くでは、「十二時のお化け」といっていたという。

歌川龍平『長崎郷土物語』（歴史図書社）の下巻に、「放送局怪談ばなし」という、NHK長崎放送局にまつわる次のような話が紹介されている。「枕返し」伝説の異種ともいえる

〝戦後の伝説〟である。

「放送局に、このごろしきりに怪談ばなしが伝えられている。（略）
局の中央に、六畳ばかりの宿直室がある。部屋の庭に面した鴨居が、中央の柱と十字架のような組合せの形になっている。その十字架を頭にして床に就いて御覧なさい。長崎駅から終列車も発車し、電車の騒音も聞えなくなり、夜はしんしんと更けゆく丑三つごろ、寝床の下が、いつの間にかふんわりと持ち上りながら割れて来る。はっと思って身を引くと、床の中から現われたのはヴェールをかぶり黒衣の装束をした修道女である。真白い顔でじっと見詰めるので、思わずキャッと悲鳴をあげて逃げ出すそうである。（略）
宿直室に十字架の梁を頭に一人で寝ると魔物におそわれるが、十字架の方を足にして寝るとそうしたことはないと被害者の人は口をそろえていう。
むかしこの地は刑場のあったところ、うらみをのんで露と消えた人もあろう」

なお、キリシタンとの関連はないが、馬に乗ってある場所（その場所は偉人や高僧などの因果にかかわる場所が多い）の前を通ると、馬が急に歩を止めて歩かなくなったり、馬上のものがかならず振り落とされるという伝説は各地に多い。

92 キリシタン六部の話（新潟・松之山）

六部というのは、六十六部ともいい、背中に経文を入れた笈《おい》を背負って、その経文を全国六十六ヵ国にある霊場などに納めながら巡り歩いた、山伏の行脚僧のことである。

江戸時代の禁教下に、潜伏キリシタンとなって己の信仰をまもり通そうとした信者のなかには、六部に姿をかえ、背中の笈のなかに篤信者が刻んだ〝権作〟という耶蘇仏の像を入れて各地をへめぐり、布教をつづけていたキリシタン六部たちがいたという。

元禄十二年（一六九九年）の年の瀬も押し迫ったある大吹雪の夜のことだった。越後の国（新潟県）の松之山（長野県との県境に近く、温泉地として知られている）のある家の戸を、はげしく叩く音がした。

はじめは吹雪の音が急に変わったのかと思ったが、かすかに人の声のようなものも聞こえたので、家のものたちと囲炉裏《いろり》を囲んでいた主人《あるじ》が出てみると、真白な雪にまみれた背の高い六部姿の男が、家のなかに倒れ込んできた。

——この吹雪に、道にでも迷ったのだろうか？

男は疲れと空腹で息も絶えだえで、口もきけないほどであったが、背中にしっかりと笈を背負っていた。

家の主人は、家人とともに倒れた六部を抱え起こして部屋にあげ、介抱しながら温かい食事を与えると、六部はやっと生気を取り戻して、丁重に礼を述べた。

するとと六部は、もう立ちあがって、そそくさと身支度をはじめ、家から出ていこうとするのだった。

「疲れたそのおからだで、これ以上この吹雪のなかをいかれるのは、無理でしょう。どこぞへいかれるかは存じませぬが、今夜は、ここに泊まっていきなされ」

主人がいうと、六部は、

「ありがたいお言葉ですが、今夜のうちに、どうしても、峠を越えていかねばならぬところがあるのです」

といいながら、かたわらに置いてある笈を、主人の前へ、置き直した。

「その代わりといってては、たいへん失礼ですが、この笈を春まで預かっていただけないでしょうか」

主人がうなずくと、六部はもう一度、丁重に礼を述べて、吹雪のはげしくなった夜のなかに消えていった。

――どのようなだいじな用事があるのかは分らないが、どうしても今夜のうちにいかねばならぬところがあるというなら、少しでも身軽な方がいいだろう。家の主人はそう思って、大切な笈を預かったのだが、やがて山の雪がとけて春がめぐってきても、六部は姿を見せなかった。

――あの六部の身の上に、なにか起こったのだろうか。

主人とともに、家人たちも心配していたが、次の冬がきて、また春がめぐってきても、やはり六部は現われず、なんの音沙汰もなかった。

そこで、家の主人が預かっている笈を開いてみると、なかには子を抱いた聖母地蔵菩薩――木像のマリア像が入っていた。

その木像が耶蘇仏であることは、主人にもわかったが、あまりの美しさに、いつしか主人も家のものたちも、この聖母子像をあがめ、手を合わせるようになっていた。

それにしても、あの六部はどうしたのだろう。いまになって思えば、言葉は上手だったが、異国人――南蛮の伴天連だったような気もするのだ。主人はそのことについては、黙っていた。家族たちにも尋ねなかったが、家族のものたちも、だれも口にしなかった。

六部は吹雪にまかれて、あの夜、どこかで凍え死んでしまったのだろうか。それとも役人に捕えられて、殺されたのだろうか。その後になっても、六部の消息は皆目わからなかったという話である。

〔注〕禁教時代に入ると、宣教師たちも当然のことながら公然とミサをたてたり、信者たちを訪ねて告解を聞き、宗教的な恵みを与えることができなくなり、変装をよぎなくされた。南蛮の宣教師たちも頭に髷《まげ》を結い、医師あるいは武士、農夫、坑夫、商人などに変装して信者の間をまわっている。
江戸の伝馬町牢に、一年五ヵ月も他の四人たちと一緒の雑居房につながれたことのある日本語の上手なディエゴ・デ・サン・フランシスコ神父は、京都から将軍秀忠が四十万の兵を

引きつれて江戸へ引き返すと聞くと、日本服を着、なにくわぬ顔でその大行列に加わって江戸まで来ている。

酒田（山形県）の舟着場でも、「フライ・ベルナルドと私は日本の着物を着て、昼間キリシタンや異教徒の眼の前で上陸した。二人の鼻の高いのにかかわらず誰も私たちに気づかなかった」と書簡に認めている。また身分改めもきびしくなって、他国への往来もままならなくなっていたが、寛永六年（一六二九年）秋、宣教地の東北最上領（山形県）から九州長崎へむかった同神父は、中仙道の関所通過の模様を、次のように書き残している。

「私は武士《サムライ》の風をして二頭の馬と四人の士卒と共に出発した。……以前は一国から他国へ行くには、その諸領地の奉行の署名をもらうのみでよかったが、今は〔改められていて〕検査を受けなければ誰も通過できないように、昨年将軍《エンペラドール》が街道に厳しい番兵や士卒を置いた。それで私は中仙道と呼ばれる街道の関所に着いたときに、士卒の一人に文書を持って先に行かせ、某の岳父たる奥州（陸奥）の武士《サムライ》であるから、お通し願いたいと言わせた。すると『何処へ行かれるのか？　何故、公の中央街道を行かれないのか？』と問われたので、士卒は『年老いた病人であり、有馬という上《カミ》の温泉へ行くのである』と答えた。さらに役人が『何故にこの山道を行くのであるか？』と言ったので、『この方が近いからである』と答えた。終に番兵が『慣わしどおり、被り物をとって、通られよ』と言った。私は馬から下りて藁の被り物をとり、彼らに深い礼をして通ったが、彼らは私を見分けることができなかった。……こうして私は終に異教徒の中をあらゆる人々と話し接触しながら誰にも見分けられずに、二百レーグア（一レーグアは約五千メートル強）来た」（前出

『ディエゴ・デ・サン・フランシスコ報告・書簡集』）

伴天連の訴人には「銀百枚」の褒賞金がすでに出されている時であるが、地方の藩の下役人たちの取り調べはかなり杜撰であったようである。

93 母と子の符節（長崎）

むかし、長崎奉行の下で用務をつとめていた若い男がいた。

男は江戸のもので、奉行について長崎へやってきたのだが、江戸に母をひとり残してきていることが心配で、朝夕の食もすすまず、うつうつと暮らしていた。主人《あるじ》の奉行も大いに憐れんで、療養の品々を男の許へ届けさせたりしていた。

ある時、男は町のものから、

「そのような病いは、紅毛人（オランダ人）に診てもらえば、奇法がある」

と聞いたので、通辞を伴って出島にある紅毛屋敷に出かけていった。そして、ことの次第を語ると、紅毛屋敷のカピタンは、さっそく医師を呼び出してくれた。

紅毛碧眼の医師は、男から容態を聞くと、

「しばらく待たれよ」

そういって奥に消え、水盤を持ち出してくると、そこに水をたたえて、

「目を閉じたまま、頭をここへいれ給え」

と、いった。

男は、なにがはじまるのかと内心躊躇《ちゅうちょ》したが、いわれるままに襟元をおさえ、目を閉じて、水盤のなかへ頭を逆に漬けた。

しばらくすると、紅毛の医師が、

「そのままで、目を開き給え」

と命じるので、水盤のなかで目を開いた。

すると、江戸のわが家の庭が見え、座敷のなかで帷子《かたびら》のようなものを、せっせと縫っているなつかしい母親の姿が、逆さの目にはっきりと見えたのだ。

男がまばたきを繰り返すと、医師は水中より頭をあげるようにいい、あとは粉薬を与えられて、治療は終わった。

紅毛の医師の奇法が功を奏したのかはわからないが、男はほどなく元気を恢復した。ちょうど一年余りの勤務交代の時期に恵まれたので、喜んで江戸へ戻っていった。そしてわが家に帰り、母ともやま話に花を咲かせていると、母がふしぎなことをいい出したのだ。

ある時、長崎へいったわが子のことに思いをはせながら、座敷のなかで息子に与える帷子を縫っていて、ひょいと隣家との境に目をやると、塀の上に息子の姿がはっきりと現われたが、お互いに顔を見合わせると、すぐに消えてしまった。母親は長崎にいるわが子に、もしものことがあったのではと案じ、しばらく不安な日々を過ごしたというのだった。

男は母親の話を聞いて、自分が長崎の紅毛医師に治療を受けたことを思い出した。そして、その日の刻限を母親にたずねた。するとぴたりと符節が合ったので、男も母親もびっくりしてしまった。紅毛人も南蛮耶蘇の宗門の一派のものたちであるから、こうしたふしぎな術を使うのだという話である。

〔注〕江戸時代の世間話、噂話を集成した津村正恭の『譚海』に、同様の話が紹介されている。『譚海』の話は、紅毛通事長十郎の話で、故郷にいる妻子の安否を気遣う長十郎に阿蘭陀人が水をたたえた大きな瀬戸物の鉢のなかへ、顔を入れさせる。すると故郷の景色につづいて家の中で縫物をしている妻が垣根越しに見えた。思わず声を掛けようとすると、阿蘭陀人が鉢のなかに手を入れて水をかきまわしたので、妻の顔は消えてしまう。後日故郷に帰った時この話をすると、妻はその日時とおぼしき頃、夫長十郎の姿を家の垣根越しに見たが、にわかに空が曇り出し夕立が降り出して見えなくなってしまったという。

94 真昼岳と由松（秋田・角館）

むかし、秋田の角館の町に、由松という男が住んでいた。

由松はある時、なにを思ったか、岩手県との境にある真昼岳の岩穴に籠りにいったまま、三年も帰ってこなかった。由松はその間、草木の芽や木の実ばかりを食べて、ほとんど仙人行者のような暮らしをしていたという。

夜になると、岩穴の近くの闇のなかから、

「おーい。徒然《とぜん》ねえか（退屈でないか）」

という、大きな声が聞こえる。

由松が退屈していると答えると、それなら遊びにいくと叫んで、やがて由松の岩穴に、ぞろぞろやってくるそのものたちを見ると、一つ目小僧や、抜け首、手長に足長という化けものたちばかりだった。

由松は一晩中、そうした連中と遊んでいるうちに、ふしぎな術を会得して、角館へ帰ってきた。そしてその術を使って、悪らつな商人や金持ちなどを、たびたび困らせていたという。

真昼岳のふもとには、キリシタンたちが住んでいた村があった。夜になると由松の岩穴に集まってきた化けものたちというのは、山に逃れた潜伏キリシタンたちで、由松はそのキリシタンたちからバテレンの魔術を授かったに違いないという話である。

〔注〕真昼嶽にあやしいもののけなどが棲んでいるという話は、江戸末期の旅人菅江真澄の紀行記『月の出羽路』（『菅江真澄全集』8、未来社）の「仙北郡二〇」の条にも記されている。「文政十一年《コトシ》（一八二八年）戊子の六月三日の事になむ、板見内の支郷《コムラ》一ッ森といふ処の、長右衛門が婿《ムコ》万太といふ者をはじめ市左衛門、又七など、わかき男三人リ大股沢といふ山渓《サワ》に分ケ入リて水麻《ミズ》採るに、此三人が菅笠をぬぎうち重ねて、おもひ〳〵にそこゝと水麻の多かるかたをわけめぐれば、おのが友の如《サマ》せし男二人来て、よほど採りしぞ、いざ皈《カヘ》

らむ、汝笠《ナガ》は是なるか。さうといへば、先笠着《キ》よとてうち着せて、かりの緒をしむるやいなや笠を押へ、つまみ揚るやうにおぼえて後は、かくて、ものもおぼえねど真昼《マヒル》が嶽の嶺近うふしたり。こは真昼の権現の御神前いと近しとおもへば、いたくもの、音して、ただ夢の如し。二人《リ》の友は、万太〱と声をかぎりに呼び叫べどさらにこたへなければ、峯をさして尋ね登れば臥居たり。（中略）此真昼ノ嶽にはあやしのものすみぬ、元本堂村の男《モノ》、太《キ》鳥足の赤《キ》大人を見てより、今は不具《タラザル》ごと廃人となりてありなどいふもの語多し」。

「太《キ》鳥足の赤《キ》大人」とは、背の高い南蛮の伴天連だろうか。

95 雲仙哀話（長崎・雲仙）

島原半島雲仙岳の西のふもとに、古くから知られる小浜の湯の里がある。

この温泉地から北へ二キロばかり上ったところに、千々石《ちぢわ》湾（橘湾）にそそぐ古賀川という川がある。

キリシタン大名プロタジオ・有馬晴信の全盛時代、この川の流域に、にぎやかな古賀ノ庄の村があって、ポルトガルの宣教師たちも多く湯治にやってきたというが、その後たび重なる雲仙岳の噴火による溶岩の流出で、古賀ノ庄は岩石の下に埋まってしまった。

キリスト教はすでに禁教になっていたが、古賀ノ庄がまだにぎわっていたころの話である。

この村に、ある時、どこからともなく身元の知れぬ父子が、馬を曳いてやってきた。父親の名は劉新《くしろ》左衛門、息子の名を新三郎といった。父子は庄屋の徳兵衛の許しを得て、村外れの清水という所に居住することになった。

息子の新三郎は、心がけのよい若者であった。夜は深更まで読書にふけり、朝は鶏鳴とともに起き、飼馬の白い馬を曳いて雲仙岳の奥に入って薪を採り、それを村の湯宿などに売って得たわずかな金で、病いがちな老父を養っていたという。

新三郎の生活は、降っても照っても、かわらなかった。そのうちに親孝行の新三郎の名は、古賀ノ庄ばかりでなく、近隣の村々にまで聞こえるようになっていった。

庄屋の徳兵衛の一人娘は、島原では聞こえた美しい娘であった。

ある日、屋敷の二階から白い馬を曳いて薪を売り歩く新三郎の姿を目にしてから、すっかり心を奪われていた。新三郎の方は、そんなこととはつゆ知らず、白い馬を友に、一生懸命薪を商《あきな》っていた。

秋のある日のこと、新三郎は村にある若宮神社の社殿のわきに馬をつないで、森のなかで薪を採っていた。すると、着飾った庄屋の娘が参詣にやってきた。

「あれが、庄屋殿の家の評判の娘さんか」

新三郎は、その時はじめて美しい庄屋の娘を見知ったのだが、もとより言葉を掛けられる身分ではなかった。庄屋の娘は、新三郎が森のなかへ入って薪を採っている間に姿を消したが、新三郎は薪が馬の背いっぱいになるまで採りつづけ、たづなを曳いて家に戻っていった。

ところが、馬の背から薪を降ろしていると、なかから美しい錦の小袋が出てきたのだ。

「はて。これは、なんだろう？」

新三郎はふしぎに思いながら、布袋をそっと開けてみた。

すると、小判が一枚出てきた。

信心深い新三郎は、これは神《デウス》の恵みであろうと喜んだが、父親に見せると、新左衛門は神妙な顔をして、不義をしたのではないかと、息子の新三郎をなじった。しかし、なにも恥じることがないというわが子の言葉を聞くと、病気の老父も天授ときめて、神に感謝を捧げた。

間もなくその年も暮れて、新たな年を迎えるころになると、新三郎も錦の布袋の持ち主を知るようになり、庄屋の娘に淡い恋心を抱くようになっていた。

キリスト教が御禁制になってから、島原でも毎年正月に踏絵を行うことになっていた。

正月七日、鬼火の日に、古賀ノ庄でも踏絵が行われ、四百軒余りの家の人たちは身なりを整えて庄屋の家に集まり、役人や徳兵衛監視のもとに、聖画を踏まされるのだった。

朝から夕方までかかって、二千名ほどの人たちが人別帳と照合されたが、キリシタンの疑いのあるものは一人もいない。みな正月の行事になった踏絵をして、すがすがしい顔で帰っていく。庄屋の徳兵衛は古賀ノ庄は今年も平穏無事で結構なことだと喜んだ。

しかし、最後に残った二人だけが、どうしても踏絵をしなかった。新三郎とその息子に支えられている病身の父親の新左衛門である。

「なぜ、踏絵をせぬ。お前たちはキリシタンか？」

役人たちが、二人にいった。庄屋の徳兵衛に素姓を尋ねると、二人は昨年の春に、新しく古賀ノ庄へやってきたもので、父親は病者だという。

「キリシタンがご法度なのは、よく存じておろう。キリシタンでなければ、はよ、踏絵をせよ。だれでも、踏絵をするのだ。せぬというのであれば、三日の後には打ち首だぞ」

役人はいったが、新三郎と新左衛門は、

「たとえ、いのちを奪われても、尊いご像を踏むことはできません」

と、はっきり答えたので、たちまち縄をうたれて、引き立てられていった。

庄屋の娘は、新三郎が三日後に打ち首になると聞いて、心が乱れ、

「新三郎さんは孝行息子として、知らないものはありません。どうか、助けてやってください。それができぬなら、わたしを新三郎さんの身代わりに罰してください」

と、父親の徳兵衛に訴えたが、もとより聞き入れられることではなかった。そして新三郎とその老父が処刑された日に、後を追うように雲仙岳へ登り、地獄の口に身を投げてしまった。

するとその夜、雲仙岳はにわかに鳴動し、ほどなく大噴火を起こして、徳兵衛の娘が身を投じた地獄の口から、真赤な血の色をした熔岩が流れ出し、ふもとにある古賀ノ庄四百軒余りの家を、すべてのみ込んでしまったのだ。

それからというもの、雲仙岳が鳴動して、地鳴りが起こるたびに、徳兵衛の娘と新三郎の哀しい声が、遠くの村々までかすかに聞こえてきたという話である。

〔注〕キリシタンでない証拠として、「踏絵」（絵踏ともいう）が行われるようになったのは、寛永六年（一六二九年）、水野河内守が長崎奉行の時からとも、次の奉行竹中采女正重興の

時からだともいわれている。最初は掛絵の聖絵像を足で踏ませていたが、絵像がすぐに破れるので板踏絵となり、さらに銅板で造られるようになった（銅板の踏絵板が造られるようになった伝説としては、次話の「銅板踏絵と萩原祐佐」が伝えられている。その注ともに参照）。

幕末近くになると、踏絵の方法も変化をみせている。豊後のある村では庄屋の家の土間に、墨で大きな十字架が描かれた長さ一間、幅一尺ほどの紙を拡げ、十字架と余白に長々と書かれた聖句の上を、裸足で歩かせたという。また、長崎にいたオランダ人には、板踏絵と一緒に宗教書を踏ませたという。

教会の文献に最初の踏絵のことが記されているのは、寛永八年（一六三一年）であるという。発案者は滞日中のオランダ人、あるいは背教者フェレイラ（日本名沢野忠庵）、竹中采女正重興などの諸説があって、不詳。

「踏絵」は、当時ヨーロッパにも広く伝えられていたらしく、イギリスの作家ジョナサン・スウィフトも『ガリバー旅行記』のなかで、船医ガリバーを日本に立ち寄らせ、「どうか、わが同胞たちに課せられる、あの十字架踏みの儀式だけは免除していただきたい」と、いわせている。

また、『契利斯督記』のなかの「宗門穿鑿心持之事」には、「ウバ並ニ女ナドハ、デウスノ踏絵ヲフマセ候ヘバ、上気サシカブリモノヲ取捨テ、息合アラク、汗ヲカキ、又ハ女ニヨリ人ノ見ザルヤウ踏絵ヲイタダキ候事モ有之由」と、踏絵を強いられる信者、女性たちの心理、表情などが記されている。

96　銅板踏絵と萩原祐佐（長崎）

寛文年間（一六六一年～七二年）のころ、長崎の町に萩原祐佐という仏具師がいた。祐佐の技はすぐれ、その名は長崎近辺ばかりではなく、遠く江戸にまでも聞こえていた。しかしそこは名人気質、たとえ万金を積まれても、また権勢を笠に着た奉行の願いでも、好まない仕事には決して手をつけなかったという。

その祐佐が、どうした風の吹きまわしか、奉行から毎年正月に行われる踏絵に使う聖像の銅板の製作を依頼されて、二つ返事で請け負ったのだ。

奉行から見せられた板踏絵は、キリシタン信者から没収した聖像の銅牌を板にはめたものだった。多くの人たちに踏みつけられて、もう殆ど磨滅していたが、まだわずかに美しい像がうかがえた。それを見た時、祐佐は異常な芸術的衝動にかられて、仕事を請け負ったという。

祐佐は、西役所内につくられた仕事場に何ヵ月も籠り、一心に真鍮を混ぜた銅板の踏絵の製作に取りかかった。

出来上がってはこわし、また彫ってはこわすのは、名人気質の祐佐にとっていつものことだったが、身をけずるような精進と苦心の末、やっと満足のいく二十枚の聖像の牌が出来上がった。心血をそそいだだけに、いずれも素晴らしい出来栄だった。

しかし、祐佐の上に、皮肉な運命が待っていた。奉行たちはあまりの見事な聖像板に、

「祐佐は、もしやキリシタンではあるまいか」

と疑念を持ち、祐佐を捕えて厳しい詮議を重ねた。

ところが、祐佐は、自分の芸術に殉ずる気持ちからか、一言の弁明もしなかった。奉行から申し渡されるまま、「キリシタンは磔死罪」の刑を受け入れて、静かに死んでいったという話である。

〔注〕「踏絵」については、前話「雲仙哀話」の注、参照。
　一八三〇年に刊行された長崎オランダ商館長メイランの長崎の風俗、習慣などを記した『日本』に、次のような祐佐の話が紹介されている。
　「一人の芸術家が、そのために必要とされるだけの踏絵を模造する仕事を命ぜられた。そこでその芸術家は、その仕事を完成して、原物と模造的の間に何等の区別も見出されぬくらい立派なものを作ったが、その彼がその褒美として報いられた所は、それ以後彼がキリシタンのために働くことを予防するために、将軍の命で首をはねられたということであった」（『長崎県史・史料編第三』所収、吉川弘文館）
　また、同書の長崎の年中行事を紹介した正月の項に、踏絵の行事について次のように記されている。
　「第一月〔正月〕の第八日には、昔キリスト教が最も根を張っていた所、とくに長崎では、

有名な踏絵の儀式が始まるが、その続く期間はその土地の広狭に従って長短がある。長崎ではこのため大抵八日間は取られる。（略）

この式は政府役人の立合下に行われ、この役人がその詳しい手続きその他を決める。それを免除されるものは一人もないし、いかなる口実をもってしても誰もこれを免れることは出来ない。病人や抱かれた幼児もそこに運ばれて、真直ぐに立つことの出来ない人には、踏絵板を足に圧し付けてこの式を済ませるのである。それには、日本人の間では、すべて物に足を当てることほど大きな軽蔑のしるしはないということを知らねばならぬ。これは凡そ日本人のなし能う最大の侮蔑であり、従って日本人はどんな些細な物でも、足で触れることを極力注意して避ける」

また、次のような南蛮伴天連ヴィンセント・カルヴァルホウ神父の話が伝えられている。寛永八年（一六三一年）、肥前島原で捕えられたカルヴァルホウ神父は、役人たちから何日も半死半生の責めを受けても、踏絵をしなかった。ある日のこと再び牢にやってきた役人は、聖像を神父に示しながら、これが最後であるから踏絵をして放免を願い出たらよかろう。もし拒めば、温泉岳の熱湯のなかへ突き落とすと脅迫した。しかし神父は応じず、衰弱しきった手で自分の足を指しながら、

「ご覧の通り、私の足は腐乱し、血さえ滲んでいます。このような足で天主の御像を踏むくらいなら、両足を切り落とされてもかまいません。いや、温泉岳の熱湯のなかに投げ込まれる方が、むしろ嬉しいくらいです」

そういって、カルヴァルホウ神父は殉教したという（神父は一六二九年、長崎の平島《ひらしま》で捕わ

れ、雲仙で熱湯による拷問を受けたが屈せず、長崎・西坂の刑場で殉教した〝日本二百五福者〟の一人、聖アウグスチノ会士ビセンテ・デ・サン・アントニオが〔カルヴァルホウ神父〕のことだといわれている）。

97 ジュト様（熊本・天草）

禁教時代、天草下島の宮野河内湾にある村に、代官所の役人たちがキリシタン改めにやってきた。

村人たちに踏絵をさせたところ、最後に一人残った源兵衛という漁師の踏み方がどうもおかしいので、もう一度よく監視しながら踏ませた。ところが、源兵衛はどうしても、足の裏を絵板につけることをしない。少し足を浮かせるので、からだがよろめくのだ。

そこで取り調べたところ、源兵衛はキリシタンであることを白状したので、ただちに後手に縛りあげられ、その日の夕刻、浜辺で首を討たれてしまった。

役人たちは、源兵衛の屍を荒菰にくるんで海へ投げ棄てていったが、屍は翌日になっても外海へ出ていかず、入江のなかをめぐって、また元のところへ戻ってきたという。

源兵衛をあわれんだ村のものたちは、手討ちにあった浜辺の浅瀬に石を積んで、源兵衛の霊をとむらったが、いつのころからか、村の人たちはこの墓のことを、《ジュト（宗徒）様》

と呼ぶようになったという話である。

98　おかしな癖（長崎）

寛文年間（一六六一年～七二年）のころ、長崎の町のある借家に南合角右衛門という若い男が住んでいた。

角右衛門は、時どき酒を飲んでは酔っ払って、

「おれはキリシタンである」

と、繰り返して口走るという、おかしな癖《へき》を持っていた。

キリシタンは、もちろんご法度の時代。もし本当であるなら、家主も、彼にかかわりを持ったものたちもきびしい罰を受ける。下手をすれば、死罪もまぬがれないのだ。ことがことだけに、家主も近所のものたちも捨ててはおけず、ある時、相談をしに奉行所へ届け出た。

奉行所では、早速角右衛門を捕えて牢に入れ、四ヵ月もかかって、厳重に取り調べてみた。すると角右衛門は、酒を飲まない時は少しもキリシタンらしい気配を見せない。家主も近所のものたちに聞いても、日頃はそうした振舞いはないというので、角右衛門にキリシタン誓詞（南蛮誓詞）を書かせた上赦免し、これまでの家に住まわせ、町内で見守ることにしたという話である。

〔注〕この話にある角右衛門は「おかしな癖」ですんだが、宗門のことは迂闊にも口に出せない恐ろしい話が、『長崎オランダ商館の日記』（前出）にみえる。

「当市の老婦人が二日前に突然非常に恐ろしいことに会って、オー・イエスよと言ったために、直ちに奉行所に連れて行かれ、牢に入れられ、その主人は有福な婦人であったが、このために疑われ、家具衣服一切を取り出して、何かキリシタンに関するものはないか厳重に調べられた」（一六五三年、承応二年七月二十日の条）。

また「南蛮誓詞」は、キリシタンを棄教したものの誓詞で、寛永十二年（一六三五年）、長崎で始まったという。それは次のようなものであった。

「切支丹ころび申しゅらめんと（シュラメント＝誓約）の事。

我々は――年より――年まで、切支丹にて御座候へ共、――年の御法度より、ころび申候事、相違無㆓御座㆒候。今程は、――宗にて御座候。

一、切支丹宗旨に成、此前方願申候事、今に後悔にて御座候間、後に末代、切支丹に立帰る事仕間敷候。同妻子けんぞく、他人へも、其すすめ仕間敷候。自然何方より伴天連参、こひさん（コンピサン＝告解）のすすめと申共、此書き物判をいたし申上候儀、曾以妄念にもおこし、取扱事に同心致す間敷候。元の切支丹に立帰るに於ては、しゅらめんとの起請文を以て、之をばつする者也。

一、上は天公でうす（デウス＝神）、さんたまりやを始め奉り、諸のあんじよ（アンジョ＝天使）の蒙㆓御罰㆒、死てはいんへる野（インヘルノ＝地獄）といふ於㆓獄所㆒、諸天狗の手に渡り、永々五寒三熱の苦しみを受、重て又現世にては、白癩黒癩の重病を可レ受候。仍おそろしきしゆらめんと如レ件」（比屋根安定『日本基督教史』教文館）。

後代になると、こうした誓詞のほかにもう一通、熊野牛王の印紙に書かれた日本の神々に対する「日本誓詞」というものが加えられ、棄教したものは、こんどは日本の神々にその旨、誓約させられるのである。長崎における同誓詞の文面は、次のようなものであった。

一、私共毛頭切支丹の儀心底に存じ奉らず候へ共、ころび申候段紛無御座候。若し偽り申上げ候か、又は以来少なりとも存知出で候に於ては、
梵天、帝釈、四天王、惣而日本国中六十余州の大小神祇、別而伊豆箱根両所の権現、三島大明神、八幡大菩薩、天満自在天神、殊に当所の氏神諏訪大明神部類眷属、神罰冥罰を各々に於て罷り蒙るべき也、仍起請文如件。

正保弐年　九介
女房
進上
御奉行所様
裏書
右之九介夫婦一向宗に罷在り候処明白実正也仍如件。
西勝寺
守讃
正保二年乙酉
」

棄教・改宗をしたものは、こうした誓詞を強いられたのち、類族帳などに一族の名が記載され、七代にわたって監視された。

「七代監視」について、「キリシタン文化研究会会報」（復刊第2号、昭和三十二年九月刊）の「切抜帖」に、当時山形県寒河江の旧名主の家から発見された古文書「七代監視の記録」の記事が紹介されている。

それによると、山間辺地の北山に潜伏していた、キリシタンであったこの一族の監視の記録は、杉山坊という山伏の子である馬之助からはじまる。馬之助は耕作地を持たない水呑百姓で、正保三年（一六四六年）に訴人され、万治元年（一六五八年）寒河江で獄死、高林寺に土葬された。三人の息子は火焙り、打首等は免れて天命を全うしたが、類族全員は名主、組頭を通じてその動向を代官に届出しなければならず、享保十九年（一七三四年）馬之助七代の子孫に至ってもなお、類族には代官の監視がつづけられている。馬之助が捕われてから、実に八十八年が経ている。

99 海に沈んだ島（長崎・五島）

むかし、九州の西の海に、作物がよく実る島があって、島に住むものたちは、なに不自由なく楽しく暮らしていた。

この島も、はじめから沢山の作物ができたわけではなかった。いくら穀物の種子をまいても、土が悪いのか、なかなか作物は実らなかった。そればかりではない。年が経つうちに、どこの家でも家族がふえ、人の数ばかり多くなって、いつしか島は人であふれるようになった。食べものに困る家では、生まれたばかりの子を、こっそり海へ棄てるまでになっていたのだ。

ある年のことだった。

島のものたちが天を仰いで、

「おらたちは一生懸命働いておるのに、どうしてこの島には、作物がよく実らんのですか。どうかおらたちに、もっと食べものを与えてくだされ」

と、神に祈った。

すると、その年の大雪の降る日に、あたりが急に輝いて、空に光のクルスが現われた。そして天から雪にまざって、米や麦やアワの種子がぱらぱらと降ってきた。

やがて次の年の六月になると、島には米や麦が驚くほど実って、島は大さわぎになった。なにしろ、八株に八石も米や麦がとれたのだ。

島のものたちは大喜びに喜んだ。その次の年は、八株から九石の穀物が実った。島はまるで、黄金の山だった。もうだれも、食べることに不自由はしなくなった。

――こうして、島のものたちの暮らしはよくなったのだが、こうなると、人間の心に悪が棲むようになる。悪心、欲心の世の中になって、淫欲、貪欲、我欲というものが生じてくる。汗水流して働くことなど馬鹿らしいといって遊びほうけ、困ってくると、他人のものを平気で盗むようになる。

島には自分勝手なもの、盗っ人たちがだんだんとふえてきた。

これには、天の神さまも悲しんで、なんとかせねばと思われた。そこである夜、はつはつは丸じというものに、告げられた。

「島の寺の獅子狛《ししこま》の目が赤色になる時は、立つ波にて世は滅亡《めっぽう》する」

お告げを聞いて驚いた丸じは、毎日島の寺へいって、獅子狛の目を見ていた。

すると、手習いの子どもたちが沢山集まってきて、毎日獅子狛を見にくるが、なにをしているのかと聞くので、丸じは子どもたちに、

「この獅子狛の目がな、赤くなったら、この世は終わりになるんじゃ」

と、教えてやった。

子どもたちは笑って、

「そんなら、獅子狛の目ん玉を赤く塗ったら、どうなるんじゃ」

といっていたが、ある日、丸じが寺へ見にいくと、だれがいたずらをしたのか、獅子狛の目が赤く塗られていた。

丸じはすぐに家に引き返した。そしてかねてから用意をしておいた刳舟《くりぶね》に、近くで遊んでいた六人の子どもを乗せて、海へこぎ出した。丸じには足の不自由な兄がいたが、その兄は丸じに、

「わしは、よい。お前は早く、その子たちを乗せて逃れよ」

というので、丸じは兄を残して島を離れた。

すると、「どどどーん」と、海の遠くで大きな音がして、島がふるえた。

さあ、それからが大変だった。

空はにわかに暗くなり、大風が吹き出して、海が逆巻きはじめた。そして、大波が島に打ち寄せ、島がみるみる海に沈みはじめたのだ。

島のものたちは大声をあげ、われ先にと山の高処へ逃げ登る。それを追うかのように、猛り狂った波が押し寄せて、島は沈んでいく。やがて海は、島のものたちの叫びといっしょに、島のものすべてをのみ込んで、またいつものように静まり返っていった。

ひと足早く舟で逃れた丸じは、子どもたちといっしょに、島が沈むのを沖で見ていたが、しばらくすると、島があった方角から、白く波をけたてて走ってくるものが目にとまった。それは、なんと、あの獅子狛だった。いや、いや、その獅子狛が、島に残してきた足の不自由な丸じの兄を、背に乗せて走ってくるのだった。

万里の島の見えろがな。

有王島の見えろがな。

はつは丸じたちは、そう掛け声をかけながら舟をこいだ。

やがて丸じたちは、有王島という島にたどり着き、そこで暮らすようになったが、島といっしょに海に沈んだ数知れぬ人たちは、みなないへんぶとうという、前界の地獄に落ちていったという話である。

〔注〕旧約聖書『創世記』のなかの《ノアの方舟》の件りを思わせるこの話は、『天地始之事』

に記されている話である（「キリシタン伝説略史」、106 キリシタン黙示録」の注参照）。

「はつは丸じ」はPāpa Martye = 教皇殉教者の転じたもので、教皇で殉教した聖人の意。

「獅子狛の目（こま犬の目）が赤くなると島が沈む」という伝説は、わが国の各地に多く伝承されている。『天地始之事』に登場する島は特定できないが、五島列島の西方およそ二十海里の海原の海底にある〈高麗曾根〉とする説もある。各地に伝わる類話には以下のものがある。
一、五島列島宇久島。「仏の口が赤くなったら必ず島が沈む」という言い伝えの通り、ある時仏像の口が赤くなり（その理由は不詳）、言い伝えを信じたものは逃れ、信じなかったものは、島とともに海底に没したという（高麗曾根伝説）。

二、五島列島福江島三井楽。「地蔵の顔が赤くなったら島が沈む」という言い伝えで、疑心を抱いた男がいたずらをして地蔵の顔を赤く塗ったところ、島はみるみるうちに沈み出したという（高麗曾根伝説）。

三、鹿児島県甑島。「島にある金剛力士の石像の顔が赤くなった時は、島が滅ぶ時だ」という言い伝えに対して、ある男がいたずらをして赤く塗ったところ、たちまち山嶽鳴動して島が沈んでいった（万里が島伝説）。

四、大分県瓜生島。「島の氏神である恵美須様の顔が赤くなると島がいっぺんに沈む」という言い伝えで、若い男女がいたずらをして紅を塗ったところ、雷鳴がとどろき、島はたちまち海底に沈んだ（瓜生島伝説）。なお、この伝説の舞台である瓜生島は、慶長元年（一五九六年）閏七月の大分地震によって事実島が海没している。

五、徳島県小松島。「島の神社に祀られたご神体の顔が赤くなったりすると、島全体が海に沈んでしまう」という言い伝えに、《お亀千軒》といわれた富裕な島民たちを島から追い出して財産をせしめようと、盗賊の一味が一計を案じて、ご神体の顔を赤く塗ったところ、大風が吹いて島も盗賊も海に沈んだ（お亀島伝説）。

この他、仙台近くの多賀にも《お亀千軒》と同じように、「桜木千軒赤松千軒」という富裕な人たちの住む集落が一度に海に沈んだという伝説がある（以上の伝説については、柳田国男「高麗島の伝説」、『柳田国男集』第一巻、筑摩書房参照）。また仁王の面が赤くなると島が滅ぶともいうが、『天地始之事』にみえる「海に沈んだ島」は、やはり島に伝わる伝説がキリスト教土着化のために巧みに組み込まれた例であろう。

こうした伝説の原話と思われる話が、中国の古典説話集『捜神記』巻十三のなかにみられる。

秦の始皇帝の時、浙江省由拳県に、

　お城のご門が血によごれ
　お城は沈んで湖になるぞ

という童唄が流行ったという。

一人の老婆が、この古い童唄を耳にして、毎朝城門へ様子をさぐりに出かけていた。これを怪しんだ門衛に、老婆は童唄の話をするが、門衛は意に介さなかった。数日後、門衛は戯れに城門に殺した犬の血を塗りつけた。その血をみた老婆はいち早く逃げ去ったが、急に大水が出て、県城は水につかってしまい、そのまま町とともに沈んで、あたり一面巨大な湖になってしまったという（「城門の血」）。

100　雪の三タ丸屋（長崎・外海）

むかし、むかし、るそんという国の貧しい大工の娘に、丸屋という美しい娘がいた。

丸屋は幼いころから、ほんとうに利発な娘で、

「どうしたら、人びとの魂を救うことができるだろう」

と、いつも考えていた。

丸屋はある時、天の神様のお告げを聞いてから、

「わたしは嫁にいかず、一生びるぜん（処女）で通します」

と、誓いを立てていた。

ところが、ある日のこと、丸屋の美しい姿が、るそんの王様の目にとまり、

「ぜひとも妃になってくれぬか」

と望まれて、丸屋は困ってしまった。

「わたしは、一生だれのところにも嫁にいかぬと、神様に誓いを立てた身ですから」

といって断ってから、ふしぎな業《わざ》を見せた。

丸屋が天に向かって静かに祈ると、暑い六月だというのに、天からちらちら雪が降り出してきて、見るまに、五尺ほども地上に積もった。

これにはるそんの王様をはじめ、家来たちもみな、肝をつぶすほど驚いてしまった。

そこへ、天から美しい花車が降りてきて、丸屋を天へ連れていってしまった。

やっと雪が降りやんで、王様が正気にかえった時には、丸屋の姿はもうどこにもなかった。

「丸屋。丸屋。美しい丸屋はどこへいった」

るそんの王様は、大声をあげながら丸屋を探したが、天に昇った丸屋が、見つかるわけはなかった。

それからというもの、るそんの王様は丸屋のことばかり思いつづけ、あげくの果てに恋いこがれて死んでしまった。

雪の日に天に昇った丸屋は、神様から「雪の三夕丸屋」という名をもらって、もう一度天から降りてきて、またこの世で暮らすことになった。

その時、丸屋は神様の御使いの大天使から、

「お前の汚れのない、清らかなからだを貸してもらいたい」

と、いわれた。

三夕丸屋は、なんのことか分らないままこの世に降りてきたが、二月の中ごろのある日の夕暮れ時、聖霊が蝶の姿に身をかえて、丸屋の口のなかに飛び込んだ。

すると丸屋は、たちまち身籠った。

そうしているうちに、いつしか身重になったことが親に知られ、丸屋は可哀想に、家を追い出されてしまったのだ。

丸屋はあちこちさまよった果てに、ベレン（ベツレヘム）の国にまよい着いた。

折りから、大雪に見舞われたので、丸屋は一軒の農夫の家を見つけ、牛馬小屋の隅に身を縮ませていたが、夜中になってにわかに産気づき、赤子を産み落とした。

牛馬小屋の牛や馬は、その赤子が寒さに凍えないように、両方から息を吹きかけて暖めてやり、飼葉桶で初湯を使わせた。牛や馬から受けたこの情にむくいるため、丸屋はかるたの日（水曜日）はぜじん（断食）をして、肉を口にしないことを誓った。

こうして、三日ほど経つと、農夫の家の女房が牛馬小屋で凍える丸屋を見つけて、赤子とともに家に入れ、織っていた布まで囲炉裏にくべて、親切にもてなしてくれた。

この赤子が、イエス・キリスト様である。

キリスト様は大きく育ってから、この世の人たちの魂を救うため、自らのいのちを犠牲にしてハライソ（天国）へ昇られたが、それから間もなく、丸屋も天に昇り、神様の仲だちで、丸屋にこがれて死んだるそんの王様と夫婦になったという話である。

〔注〕この「雪の三夕丸屋」の話も『天地始之事』に記されているものである。

キリスト教の伝説によると、リベリウス法皇在位の時（三五二年〜六六年）、法皇が聖堂建築に先だち、ローマで夏のいちばん暑い時（八月五日）、聖母が一貴人への霊示によって、その建築場所に雪を降らせて示したという。ローマのエスクィリーノの丘に建つ聖マリア・マジョーレ大聖堂がこれで、ローマの四大バジリカ（元ローマ市民の公・私設ホールを、キリスト教の礼拝場に改造した長方形の聖堂建築様式のひとつ）になっている。

夏の降雪が信仰・宗教的な伝承・伝説と結びついた例は、東京にもある。文京区本駒込にある富士神社（駒込富士）の縁起がそれで、『江戸名所記』（一六六二年）に、次のようにある。

「此社は百年ばかりそのかみは、本郷にあり。かの処に小き山あり。山の上に大なる木あり。其木のもとに、六月朔日に大雪ふりつもる。諸人此木の本に立よれば、かならずたたりあり。此故に、人みな恐れて、木の本に小社を造り、時ならぬ大雪のふりける故を以て、富士権現を勧請申けり」

101　おだんな様（長崎・生月）

生月島の館浦に、むかし熊八じいと呼ばれる腕のいい老漁師がいた。

ある日の早朝、いわし漁のために浜に出ていると、潮見鼻の先から、りっぱな船に乗った烏帽子姿の貴人が現われた。

「はて。誰であろう、あのお方は？」

熊八じいはふしぎに思って、浜に出ていたもう一人の仲間にいったが、熊八じいがいくら指を差し示しても、仲間はなにも見えぬといって、家へ帰ってしまった。

熊八じいが浜に一人残って、じっと船をみつめていると、船はまっすぐ熊八じいのところへやってきた。そして烏帽子姿の貴人が浜へあがってきた。

熊八じいは、思わず両手をついて、平伏してしまった。

すると、熊八じいの前に立った貴人は、

「お前は正直者であるから、それを見込んで神様を授けるが、よいか」

と、いうのだ。

熊八じいは、わけの分らぬまま、うやうやしくうなずくと、

「大切に祀るように。しかし来年の今月今日まで、絶対に、なかを開いて見てはならぬぞ」

貴人はそういいながら、抱えていた一尺ばかりの木の箱を、熊八じいに手渡した。

ずっしりと、重いものだった。それを押し戴いて、頭をあげると、烏帽子姿の貴人も、乗ってきた船も消えていて、もうどこにも見えなかった。

熊八じいは、ふしぎな貴人から授けられた重い箱を、家人にも見せずにしまっておいた。

そして一年がたった日に、箱を出してきて開いてみると、なかに踏絵などに使われているような、銅牌のキリスト像と、おテンペンシャ（苦行に使う縄の鞭）などが入っていたが、銅牌のあるじが誰なのか、まったく熊八じいには分らなかった。

貴人は、「神様を授けよう」といったのだから、この方は尊い神様なのだろう。熊八じいの家では銅牌の像に着物を着せ、門外不出の家宝として、代々大切に祀るようにした。

その後、「おだんな様」と呼ばれるようになったこの神様は、家のものが病気になった時、その着物の一片を切り取って呑むと、たちまち病いが治ったり、島に疫病があった時も、隣りの家まできて、ぴたりと止まったりしたという。

また、ある朝、熊八じいが「おだんな様」を拝もうとすると、「おだんな様」が箱のなか

で前倒れになっていたので、これはなにか不吉なことが起こると恐れていると、何日か過ぎたある日の朝、息子の嫁の父親が、同じような前倒れの格好で倒れていたので、熊八じいをはじめ、家の人たちは、ますます「おだんな様」を崇めるようになったという話である。

102 オンアルジ様（熊本・天草）

天草町大江の小高い丘にある教会跡の祠に、土地の人たちから「古寺様」と呼ばれている五基の地蔵が祀られている。

禁教時代の殉教者たちを祀った地蔵で、それぞれ「サンジャコーベ様」、「オンアルジ様」、「チュージ様」、「サバタ様」、「セッタ様」と呼ばれている。このうち、オンアルジ様は、遠い南蛮の国からはるばるやってきたパードレ（神父）で、布教のためによくキリシタン・バテレンの魔法をおこなっていたという。

明暦三年（一六五七年）、江戸に大火があった時のことである。オンアルジ様は魔法の力でその大火を知り、弟子たちに命じて大江川から水を汲みあげさせると、短冊をこまかに切って、呪文を唱えながら江戸の方角にむかって、水をかけた。

すると、水をふくんだこまかな短冊は、ひらひら空中に舞いあがり、海を越えて江戸まで飛び、大火のなかに落ちたので、七日七夜燃えつづけて手におえなかった大火も、たちどころに消えたという。

ところが、このふしぎな業《わざ》が役人の耳に入り、オンアルジ様を捕えにきた。

オンアルジ様は無事に追手から逃れたが、キリシタンの探索がいよいよきびしくなると、どういうわけか、風鈴を持って大がめのなかに入った。そして弟子たちにいって、生きながら、かめと一緒に地中に埋めさせた。風鈴はそれから七日七夜、地中から妙《たえ》なる音色を伝えていたという話である。

〔注〕「オンアルジ様」は、「20 墓のなかの鈴の音」と同じ天草島の大江に伝わる話である。「墓のなかの鈴の音」は、平左衛門という信仰の篤いキリシタンが天主の教えをひろめるために鈴を持って墓に入り、奇蹟をおこなう話であるが、「オンアルジ様」のように南蛮の神父自らがこうした魔法をおこなったという話は珍しい。江戸の大火を魔法の力で知るという話は、念力や透視術で遠方の火災を知ったという仏教説話の高僧伝説などに、類話がある。
なお、オンアルジ様が祀られている祠のわきに群生している巨大な蘇鉄は、「カン茄子」という珍しい種類で、ここに教会堂が建てられたキリシタン時代、外国の宣教師が南蛮国から持ってきて、記念に植えたものであるという。

103　バスチャンの予言（長崎・外海）

〝キリシタンの母郷〟といわれる長崎県西彼杵郡の外海《そとめ》地方に、禁教下バスチャンと呼ばれる日本人伝道士がいた。

バスチャンは長崎郊外の深堀村に生まれ、同村の菩提寺の門番をしていたが、その後キリスト教にめざめた。そして慶長十四年十二月（一六〇九年一月）、有馬晴信の軍によって長崎港外で焼き打ちにあい自沈したポルトガル船に乗っていたジュアンという神父の弟子になり、伝道につくすことになったという。

江戸幕府による禁教令が出されてキリスト教が禁じられると、バスチャンは師のジュワンに従って、二十三年あまり役人たちの目を逃れながら、九州各地での布教をつづけていた。ところが、外海地方の神浦にある〝落人の水〟というところにきた時、師のジュワンは、

「わしは、これから国に帰る」

といって、姿を消してしまった。

弟子のバスチャンは教会の暦の繰り出し方をまだ充分に会得していなかったので、もう一度師に会って教えを乞おうと、三七、二十一日の間、一切煮ものを食べずに祈った。

すると、師のジュワンはふたたびどこからともなく現われて、当時の教会の暦を示しなが

ら、暦の繰り出し方を教えてくれた。

教会の暦というのは、キリスト教の重要な祝日などを示すものだが、本来のものは陽暦で数えられているので、陰暦で繰り出さなければ、日本では使えない。バスチャンはその繰り出し方をジュワンに教えてもらったのだが、伝授がすむと、師のジュワンはバスチャンと水盃を交わし、こんどは海の上をゆうゆうと歩いて、波間に姿を消していったという。

その後、バスチャンは役人に追われながらも、この地方に潜むキリシタンの組織の長である帳方に、ひそかに教会暦の日繰り法を伝授していた。

バスチャンは外海の上出津の山奥に妻とともに身をかくしていたが、ある時、夕餉《ゆうげ》の煙が異教徒によって発見され、役人に捕えられて長崎奉行所送りとなった。そして七十八回ものきびしい拷問を受けたのち、斬首されたという。

バスチャンが伝えた〝バスチャンの日繰り〟によって、外海地方の潜伏キリシタンたちは、二百数十年に及ぶ禁教下でも、ほとんど間違わずにキリシタンの祝日を数え出して祝い、ひそかにミサなども行いつづけてきた。

そのバスチャンは、殉教する前に、外海地方の潜伏キリシタンたちに、次のような四つの予言をしていった。
一、お前たちを七代までわが子と見なすが、あとはアニマ（霊魂）の救いが困難となる。
二、コンヘソーロ（告解を聴く神父）が、大きな黒船に乗ってやってくる。そうすれば、毎週でもコンピサン（告解）ができる。
三、どこでも大声で、キリシタンの歌をうたって歩ける時代がくる。

四、道でゼンチョ（異教徒）に出会うと、先方が道をゆずるようになる。
――バスチャンのこの予言があってから七代二百五十年を経て、そろそろ「アニマの救いが困難」になりかけたころ、というのは幕末・明治になってからで、本当に黒船に乗って、コンヘソーロが長崎にやってきた。外海のキリシタンたちは、フランスからやってきたプチジャン神父が大浦天主堂を建てて司牧をはじめた時、〝バスチャンの予言〟が正しかったことを知ったという話である。

〔注〕聖職者を失った禁教下、九州長崎地方の潜伏キリシタンたちは、二百数十年にわたって独自な秘密の組織をつくり、祖先から受け継いできた信仰を守りつづけた。その組織と役職については、生月島、平戸島、外海、長崎、五島など、地域によって違いはあるが、長崎、外海などでは組織の最高役職者に「お帳役（帳方ともいう）」がおり、その下に「授け役（水方）」、「聞役（触役）」がある。お帳役はオラショ（祈禱）を伝承し、暦（日繰り）によって毎年の祭日、祝日、典礼行事の日などを繰り出して、聞役に伝える。聞役はそれを各信者の家へ伝える。授け役は、主として生まれた児などに洗礼を授ける役である。組織によっては、洞窟の奥や人家の地下などに聖堂を持ったところもあった。

死者が出た時は、檀那寺へ届け出て、仏式で葬式を済ませた後、お経消しのオラショをして棺を開き、仏式のものをキリシタンに替えて再埋葬していた。

お経消しのオラショは、死人のあった家より高い場所にある家に集まって、「桓《かん》（棺を墓穴に降ろすため四隅に立てる柱のこと）より外！　桓より外！　万事にかない給いて助かる道は一つなり……」と唱え、再埋葬の時にはおまぶり（お守り）として、聖水をかけてある十字の形に切った小さな白い紙を、棺の内側に貼るところもあったという。

天和三年（一六八三年）に廃寺になった岐阜県御嵩の曹洞宗幸福寺跡地の墓石からは、仏教徒を装ったキリシタンの墓として、「南無阿弥陀仏」ではなく、「南無阿弥絶仏」と刻まれた墓碑が発見されている。

以上は、もちろん長い禁教下で秘密裡に行われていたことだが、状況は異るが同じ禁教下の幕末に、これらのプロセスとまったく反対に――キリスト教式（プロテスタント）で行われた葬儀の後、改めて仏式の葬儀が行われた例がある。

ペリーの『日本遠征記』によれば、一八五四年（安政元年）アメリカから迫られている開国条約協議中の三月七日、ミシシッピ号所属の陸戦隊員の葬儀が行われた。禁教下であるので、幕府側は日本国内でのキリスト教の葬儀を認めない。そこで同葬儀が終了すると、ただちに待たせてあった僧侶に仏式の葬儀を行わせている。

ところで、バスチャンの師であったというジュワンは、弟子のバスチャンに〝日繰り〟を教示した後、「海の上をゆうゆうと歩いて波間に姿を消した」とされるが、そのジュワンについては、次の伝説が外海の黒崎などに残されている。

枯松山《かれまつさま》の頂上にある枯松神社は、海上に姿を消したとされるジュワン（サン・ジュワン様）を埋葬し、祀った場所である。

サン・ジュワン様は漂着して、大野の浜にしばらく住んでいた。この地は清い水が湧き出し、海藻や貝など海からの賜物も豊富で、なに不自由ない暮らしができた。しかし神父は恩寵に慣れてはいけないと、自ら不自由を求めて枯松山の山奥に移り住み、その地で亡くなった。枯松山にはサン・ジュワン様が住んでいたという岩（石舟）と、この水を飲んでいたという「マルバの井戸」というのがある。「マルバ」とは土地の呼称ともいうが不詳。この井戸の水は潜伏キリシタンたちの聖水として大切にされ、この水を飲むとどんな難病でも快癒するという話である。また、ジュワンの来歴については、次のような話もある。

「ジュワンというのは、黒船に乗って長崎にやってきたカピタンで、黒船を高鉾沖に碇泊していたところ、港内から奉行所さしまわしの火のついた藁を満載した小舟が何十隻もやってきて、黒船を取り囲んだ。その火が船の火薬庫にはいったので、黒船は大音響とともに爆沈した。乗組員は全員死亡したが、カピタンのジュワンだけは大怪我を負いながらも辛うじて福田の浜に泳ぎ着き、そこの庄屋に救われた」という（カピタンのジュワンが、いつ神父になったかは不詳）。

このジュワンの伝説は、慶長十四年（一六〇九年）十二月、有馬晴信の兵の襲撃を受けて長崎港外神ノ島沖で自爆沈したポルトガル船マードレ・デ・デウス号（一名ノッサ・セニョラ・グラサ号）事件が擬せられている。

マードレ・デ・デウス号（以下、マ号）事件というのは、一六〇八年十一月、キリシタン大名有馬晴信の朱印船がマカオで越冬中、マカオ在留の日本人が市民との間に紛争を起こし、有馬船の乗組員たちが在留日本人に加担、双方に多数の死者が出たことが発端である。

当時のマカオのポルトガル司令官アンドレ・ペッソアは翌年七月、抗議のため自らマ号のカピタンとして長崎に来港、駿府にいる家康に訴えるが、家康は長崎奉行長谷川藤広と晴信に事件の真相究明に当たらせる。晴信は朱印船に乗り込んでいた家臣たちが何人も殺されているので、マ号への襲撃を企てた。そして九百トンの大船に対し、藁などを積みあげた小舟に火を放って風上から流したり、楼船をマ号に横着けしたりして、四日に及ぶはげしい海戦ののち、晴信の兵がマ号になだれ込んだ。その時、ペッソアは自ら火薬庫に火を放ったので、マ号は爆沈。長崎港外神ノ島の沖合三十尋の海底に沈んだ。

マ号には乗組員たちのために、アウグスチノ会の説教師《プレディカードル》ファン・デ・モリン修道士が乗船しており、マ号爆沈後その死体は近くの浜に打ちあげられた。モリン修道士の遺体は、イエズス会士の手で手厚く長崎の地に埋葬されたという。

なお、余談だが、マ号爆沈の後日談として、次のような埋蔵金伝説がある。マ号にはイエズス会の布教活動資金として、黄金三千貫、銀二千四百貫が積み込まれていたという。江戸時代の二度にわたる引き揚げで、銀九百貫ほどが引き揚げられただけで、まだ黄金を含む莫大な財宝が海底に眠っているという。

104 バスチャンと杓井《くしゃくがわ》（長崎・外海）

長崎県外海町の出津《しつつ》教会の下にある段々畑の片隅に、明治のころまで小さな井戸があった。村の人たちはこの井戸を杓井《くしゃくがわ》と呼んで、飲み水として使っていた。杓井というのは、杓で少しずつ水を汲み取れるほどの、わずかな溜り水しか出なかった井戸ということである。

出津の谷間《たにあい》に住む人たちは、むかしから飲み水に不自由をしていた。なかでも、山の上や中腹に家のある女たちは、村のなかを流れるモゼ川まで降りて水を汲み、それを天秤《てんびん》にして肩に担いで、急な悪路を五百メートルも登らなければならなかった。

キリスト教が出津にも伝えられて、多くのキリシタンたちが住んでいたころのことである。キリシタンのある女が、肩に重い桶を担いで水を運んでいると、背の高い頑強そうな、しかし優しい笑みをたたえた男が通りかかり、「その水は、どこから汲んできたのですか。重い桶を担いで、たいへんですね」

と、声を掛けてきた。女は急な坂道に桶を置くと、ひと息つきながら、

「あそこにある、モゼ川からです」

と、山の下方を流れる小川を指さした。

すると男は、

「おお、それはひどい。わざわざあそこの川へ汲みにいかなくても、このあたりでは水は出るはずです」

と、いうのだった。

「とんでもありません。ここらは荒れ地で、むかしから水のないところです」

女が額の汗を拭いながらいうと、男は、

「いや、いや、きっと出ますよ」

そういいながら、持っていた棒の先であたりの土を突き刺してまわったが、そのうちに、

「ここを掘れば、水が出ます」

といって、すぐにその場を、持っていた棒で掘り出した。

すると間もなく、いくらも掘らないうちに、穴の底から本当に、ピョクピョク水が湧き出してきたので、女はびっくりして、村のものたちに知らせまわった。

やがて、村のものたちが集まってくると、男は、

「この水は、飲み水や煮炊きをして口に入れるものには使ってもよいが、そのほかのものには、使ってはなりません」

そういって、どこへともなく立ち去っていった。

男が掘った穴から出る水は、ほんの少しで、溜った水を、いちいち杓ですくって、桶に入れなければならない。それでも山の上に住む人たちにとっては、五百メートルもある急な道を、重い水桶を担いで登ることがなくなって、たいへん助かったという。

水の出る場所を教えてくれた男は、バスチャンであったといい伝えられている。ある時、ある家のものが、この水でひそかに風呂を沸かしたところ、お湯が白く変色して入浴することができなかった。それからというもの、出津谷の人たちは、この水を飲み水や煮炊きをして口に入れるもの以外には、決して使わなかったという話である。

〔注〕この話は、弘法大師の伝説「弘法の杖つき井戸」などとの類似がみられる。全国的に知られている「弘法水」の話は、のどを潤すため、わずかな水を求めた弘法大師が、遠方へわざわざ水を汲みにいってきてくれた村びとたちに、杖を土に突き立てて井戸や湧水を出して、

後のちまで水の便をはかってやったという。

　聖書との関連でいえば、「あなたは（その杖で）その岩を打て。そこから水が出て、民は飲むことができる」（『出エジプト記』一七・六）が想起される。

105　バスチャンの椿の木（長崎・外海）

　バスチャンが、外海地方の三重村樫山の赤岳に潜んでいたところ、森のなかに幹の周囲一尺ほどの白い花の咲く椿の木があった。

　ある時、バスチャンがその木に指先で十字のしるしをなぞったところ、幹に十字架の跡が残った。

　十字架の跡は、年月を重ねても消えることがなく、反対にますますはっきりと目立つようになった。潜伏しているキリシタンたちは、その木を霊木として崇め、森の木を切ることも、枯枝一本、拾うことも禁じあっていた。

　ところがある時、役人たちが山の木をぜんぶ切り倒すという噂がとんだので、キリシタンたちは、その前に自分たちで椿の木を切り倒した。長い間崇めてきた木の幹の十字架の印も、その時斧で砕かれたが、切り口からは乳色の涙が滴ったという。キリシタンたちは切り倒した椿の木片を分けあって、持ち帰った。仲間の信者が死んだ時、この木片を少しずつ削って白い布にくるんで持たせると、死者はパライソ（天国）へいくことができるという話である。
〔注〕外海の潜伏キリシタンの一部は、安永元年（一七七二年）から五島に移住するが、その五島では、死者には「お土産」と呼ぶ、木の小切れを持たせる。この木片は「バスチャン様の着物の小切れ」といわれ、ふるさと外海の聖地樫山からもらってくるものだといわれていた。

106 キリシタン黙示録（長崎・外海）

この世の終わりがくる時は、天の火、大風、大雨が降りつづくという。七年の間こうしたことがつづくので、食べものもなくなり、お互いに奪い合いが生じ、やがて人間同士の共喰いがはじまる。

この時、悪魔の天狗がやってきて、まさん（りんご、善悪識別の木の実の意）という食べてはならない木の実を、さまざまな食べものにかえて、人間に食べさせようとする。それを食べたものは、天狗の手下にされて、みな地獄へ堕ちていく。

七年が過ぎると、三年の間は田畑はもちろん、すべての山々の木もおい茂り、木の実や果物、穀物などもよく実って、大豊年、遊楽の世となる。

この時、悪を棄て、善を取り戻すようにと、神《デウス》は救いの御手をのべてくださるが、また三年がたつと、天の火と地の水とが一度に燃え合う。聖なる三ちり島（ポルトガル語 Santis-Simo ＝尊いの意）というところに立っている十字架もこの時燃え切れ、海の水は油となって燃えのぼる。草木は灯芯のように燃え、十二の個所から燃える火炎はすさまじく、これを見て動物や鳥など生あるものたちは人間に服し、助かろうとして、叫び合う。

しかし三時《みとき》の間にすべて燃え尽きてしまい、そのあとは一面の焼け野原。白砂のようになってしまう。その時、さんとす（聖人）たちがとろんの貝（貝のラッパ）を吹き鳴らす。すると生き残ったもの、以前に死んだもの、いま焼け死んだものたちが、残らず現われる。そして神《デウス》は、はかりしれない御力をもって、そうしたものたちのあにま（霊魂）を元の色身に蘇らせてくださる。

この時に、行き迷うあにま（霊魂）があるが、それはこの世の最後の時、火葬にあったもののたちのあにまである。こういうあにまは来世までも迷って、浮かぶことはない。土葬、水葬にすると、その死骸を畜生、鳥類、魚類などに喰われるというが、焼け滅ぼしてしまえばそれぞれ元のようにはならないということである。

こうして、神《デウス》は大いなる御威勢をもって天下り、三時の間に洗礼を受けて十字の印を受けたものと、そうでないものとを運び分け、左右に分け給う。悲しいかな、左のものは洗礼を受けぬ故、天狗とともに地獄へ堕ちる。そして、神《デウス》は御封印をしてしまう。地獄に堕ちたものは、末代までも浮かばれないという。また、洗礼を授かっていた右側のものたちは、神《デウス》のお供をして、みなはらいそ（天国）へいく。はらいそでは、そのものの善について、多少の御改めがあり、それによって、それぞれの位を授けられて仏体《ぶったい》を請け、末世代までなんの束縛も受けずに、自由に、安楽に暮らすことができるということである。

〔注〕これは、二百数十年に及ぶ江戸幕府のきびしいキリシタン弾圧のなかで、長崎県外海、五島、長崎周辺に潜伏していたキリシタンたちの間に語り伝えられていた、『天地始之事』の「コノ世界禍乱ノコト」の部分である。
『天地始之事』（前出）は、七代約二百五十年にわたって、神父も教会も持たなかった長崎の潜伏キリシタンたちが、うろおぼえの『聖書物語』に仮託し、多くの訛伝を加えて口伝していた独特な「キリスト教的民話」（片岡弥吉）、キリシタン神話ともいうべき「黙示録」である（「キリシタン伝説略史」参照）。

107 聖母再会（長崎・外海）

長崎県西彼杵郡外海町の出津といえば、潜伏キリシタンの里のひとつとして知られたところである。その出津で、明治になってキリスト教の禁教が解けた時、最初に信者になった人たちのなかに、中村喜八、ハツという子どもの多い夫婦がいた。

禁教が解かれたといっても、役人たちはまだキリシタンを快く思っていない時代だった。

長崎の町などから、山を越えたり、手漕ぎ舟に乗って布教にくる宣教師たちを捕えて丸裸にし、後手に縛って村じゅう見せ物に連れまわしたりすることもあった。

そのころ、喜八とハツはキリスト教の信者になるため、勉強をしていた。しかし日曜日ごとに御堂に参詣したり、寄り合いのために仕事を休んだりしなければならないので、たくさんの子どもたちを食べさせることが、なかなかできなかった。そこでハツは、夫の喜八と相談をして、信者になるのをあきらめることにしたのだった。

ある晩のこと、床に入って眠りにつくと、神々しくも美しい乙女が、ハツの夢枕に立って、やさしくほほえみながら、声をかけた。「あなたは、子どもがたくさんいて、食べさせることや、着せることができないと、たいへん心配していらっしゃるが、わたしも全世界に数えきれないほど多くの子どもを持って、養っています」

そう諭すような言葉を聞いて、ハツは目を覚ました。

すると、心のなかが明るく輝き、潮が満ちるように、勇気が湧いてきた。ハツはもう一度思い直して、神様の教えを学ぼうと決心し、夫の喜八にも夢の話を聞かせて、二人でまたキリスト教の勉強をはじめた。そして洗礼を受けてキリスト教信者になったのだが、それから数年後、出津にフランスから日本にやってきたド・ロ神父が赴任してきて、すばらしい教会が建てられた。

その教会の内部、祭壇の右側の横に据えられた聖母の像をはじめて見た時、ハツは驚いて、思わず呟いた。

「このお方は、わたしがキリスト教の勉強をやめようとした時、夢のなかに現われた乙女じゃなかろうか。まあ、なんとよく、あの方と似ておられることじゃろう……」

熱心なキリスト教の信者となったハツは、その後教会にきて、祭壇に据えられた聖母の像と対面することが、大きな楽しみになったという話である。

108 ド・ロ神父と黒いものの怪（長崎・外海）

明治十八年（一八八五年）ころの話である。

長崎県外海教区の司牧にあたり、医療、福祉など地域の向上につくし、〝外海《そとめ》の聖者〟と、いまなお土地の人たちから慕われているド・ロ神父は、夏のある暑い日の夕刻、島田という神学生の訪問を受けた。

のちに司祭となった島田神学生は、当時外海に近い樫山で、隠れ（潜伏）キリシタンが信教の自由になったにもかかわらず、どうして教会に復帰しないのかを調べていた。そして、ある家を訪ねた時、島田神学生を見るなり、その家の若いひとり娘が急におびえ出し、自分の顔に前掛けを巻きつけたりするのを見て、「これは普通の病いではない」と思い、両親に話をした。

「教会にもどって、りっぱな信者になるなら、娘さんの病気は治るかも知れません。もし、ご両親にその心構えがおありでしたら、娘さんを治す方法をとってみましょうか」

すると両親は、

「先祖は、同じキリシタンです。私たちも喜んで教会に帰り、カトリックの信者になりますから、どうか娘を助けてやってください」

と、いうのだった。そこで島田神学生は、「私は、これから出津（外海）の天主堂へいって、ド・ロ神父様に娘さんの容態をお話しし、あした二人でまいります。ド・ロ神父様は、医学の心得がある方ですから、きっと治してくださいますよ」

島田神学生はそういって、大急ぎで山道を越え、ド・ロ神父のいる出津へむかった。

ド・ロ神父に、ひと通り話をすると、

「私もときどき、悪魔つきの話を聞きます。しかし、その実態を見ようと思って、だいぶあちこち歩きまわりましたが、私がいくと、普通の人のようにおとなしくなって、それらしい状態を見ることができませんでした」

ド・ロ神父はそういって、翌朝島田神学生とともに、こいで船（てんま船）に乗って、樫山に出かけていった。

これはあとで、娘の両親から、島田神学生が聞かされた話だが、娘は、

「いま、出津を出たよ」

と、さりげなく口走ったり、

「いま、中海にきた」

などと、ド・ロ神父と島田神学生が乗ったこいで船のことを口走り、そのうちに、

「いま、樫山に着いた」

と、いったという。

父親も、もうそろそろ着くころだろうと思いながら、崖の道を浜へ降りていくと、はたして娘が口走った通り、神父たちの船が着いていた。

ド・ロ神父は、娘を部屋に寝かせ、枕元に座って聖水をふりかけ、病人の回復を願うロザリオの祈りを唱えはじめた。

すると、ふしぎなことに、「黒い猫のような獣」が、病人のところから現われて、ド・ロ神父と島田神学生の前を横切って奥座敷の方へ消え、またすうっと出てきて、神父たちの前を再び横切った。ド・ロ神父は、その黒いものの怪は、自分の前を通る時、気味悪い底力で座っている座ぶとんを震わせたという。

あとで、この話を娘の家人にすると、そのものの怪は神父だけに見えて、両親たちにはなにも見えなかったという話である。

〔注〕慶応元年（一八六五年）、長崎の外人居留地南山手に、日本二十六聖殉教者教会〝大浦天主堂〟が献堂され、プチジャン神父の「旧信徒の子孫発見」によって、二百数十年の間教会から離れていた隠れキリシタン、いわゆる潜伏キリシタンたちは、再洗礼を受けて教会に復帰することになった。しかし、信教の自由の時代を迎えても、きびしい禁教下で土俗化し、混成宗教《シンクレティズム》化をよぎなくされた信仰――、自分たちの先祖から伝承され、受け継いできた信仰から離れることができず、それを守り通している人たちが長崎、外海、五島、平戸島、生月島などにいる。こうした人たちは「むかしキリシタン」、あるいは「はなれキリシタン」「隠

れキリシタン」と呼ばれている。外海地方を例にとれば、カトリック信者三千名余に対して、「むかしキリシタン」は四百名余であるという（昭和五十五年、一九八〇年ころ）。「黒い猫のような獣」の正体は不詳。ド・ロ神父はフランス・ノルマンディのヴォスロール生れ。この話とは関係はないが、イギリスには「黒い猫が目の前を横切ると縁起がいい」という諺があるという。

109　ふしぎなキリシタン灯籠（和歌山）

いまから数十年ほど前、昭和のはじめの頃のことである。

和歌山市鷹匠町の三年坂に、やぶの丁と呼ばれているところがあった。そこに古い大きな屋敷があったが、どういうわけか、家のものたちに病人が絶えなかった。

ある時、主人が町の祈禱師に見てもらったところ、

「庭園なども、荒れ放題じゃ。祖先をそまつにしておるからじゃ」

といわれたので、屋敷の主人は庭師に頼んで、広い庭園の手入れをしてもらった。

すると庭の片隅から、半分土に埋まった灯籠が出てきたのだ。

苔むしたその石灯籠を、きれいに洗ったところ、胴の部分にマリアの像が彫られたキリシタン灯籠だった。しかし、いくら周囲を探しても、灯籠の火箱の部分が見つからなかった。

そこで主人は、石屋に頼んで、新しい火箱をつくらせることにした。

石屋は胴の部分と見合った良質の石を探し求めたが、火箱に使えるような石は、なかなか見つからなかった。

ところが、たまたまほかの仕事で、近くの寺の墓所を歩いていたところ、こわれた古い石塔を見つけたのだ。石質も屋敷の灯籠と同質のもので、申し分なかった。いまは参詣者もなく、うち棄てられたままなので、石屋は寺からその石塔を買い取って、火箱を刻み出した。

それから、石屋におかしなことが起こりはじめたのだ。

石屋の娘が勤め先の工場で事故死すると、つづいて妻の気がおかしくなってきた。その間にも石屋はこつこつ石を刻みつづけ、やがて灯籠の火箱ができあがったので、やぶの丁の屋敷へ届けることにした。すると途中で挽馬が暴れ出して、馬子が大けがをした。

不幸なことばかりつづくので、いろいろと調べてみると、火箱を刻んだ古い石塔は、むかし徳川家の御典医をしていた人のものだということが分った。

「キリシタンの灯籠にされるというので、その御典医の霊がたたりをしていたのだ」

と、みんながいい出して、大さわぎになった。

屋敷の主人も、

「そんなものは、自分の庭には置けない」

というので、できあがった灯籠を寺へ納め、残っている御典医の墓の石塔の石くずを集めて、盛大な供養をした。

それからしばらくすると、だれいうとなく、病気の人がこのマリアの像が彫られている灯籠に手をふれると、病いが治るといい出したのだ。ある時は巡査まで出て、人員整理をしなければならないほどの行列ができたり、寺の前に線香や花を売る店まで並ぶようになって、寺は大いににぎわったという話である。

110　右近の導き（大阪・高槻）

昭和五年（一九三〇年）のことだった。

大阪の町に、松本捨吉という男がいた。捨吉は五十になるか、ならぬかの年齢だったが、ずっと独り身で、川魚を網で捕っては、それを商って暮らしていた。

捨吉は未信者だったが、長い間聖書を友とし、仕事を終えて家に帰ると、いつも頁を開いて心の安らぎを得ていた。

ある日のこと、ひび割れた粗末な壁の正面に、急に光が射して、明るく輝いた。捨吉はびっくりして起きあがり、座り直して壁をみつめた。

光の輪は大きくなり、そのなかにまげを結ったさむらいの姿が、現われた。端正な顔立ち、たたずまいから、捨吉にはむかしのどこかの殿様のように思われたが、そのさむらいは、ちょっとえみをみせてから、捨吉に声をかけてきた。

「わたしは、元高槻城主ユスト・高山右近長房である。わたしがこれから示すところへ行くがよい。そうすれば、そなたがいままで求めてやまなかったことが、必ず成就するだろう」

光のなかの右近はそういうと、壁に美しい風景を映してみせた。その風景を、じっと見ていた捨吉は、思わず「あっ」と、声をあげた。目の前に映し出された風景は、なんと、捨吉の故郷である清渓村（大阪府茨木市）の千提寺附近であった。

捨吉は驚きながら、なつかしさに駆られて故郷の景色をみつめていたが、そのなかに、全く見覚えのない一軒の新しい家が建っていた。「そなたがみつめているその家は、新しく建てられた教会堂である。そこを訪ねるがよい」

右近はそういうと、風景とともに壁から消えていった。

捨吉は、目をこすった。自分がまどろんで、夢でも見たのではないかと思ったが、子どものころ後にした故郷へも、その後帰っていないので、一度出かけてみようと考えた。そして翌朝、さっそく故郷の清渓村を訪ね、千提寺の近くに行くと、なんと、目の前にある景色は、きのう右近の像とともに壁に現われた、新しい教会堂の建つ風景と、まったく同じであった。ただ違うのは、どういうわけか、左右が正反対になっていることだった。

驚いた捨吉は、右近にいわれた通り、その教会堂の扉を開いた。

捨吉は、ほどなく教会堂で洗礼を授かり、熱心なキリスト教の信者になったという話である。

〝昭和のキリシタン伝説〟

「日本で死んだキリスト伝説」について

青森県三戸郡新郷村の戸来《へらい》の雑木林に囲まれた小高い丘の上に、大きな十字架が樹てられた二つの塚がある。

正面向って右側が、和名「十来太良大天空」の墓、左側がその弟「十代」のもの。つまりイエス・キリストとその弟イスキリの墓で、ゴルゴタの丘で十字架にかけられて昇天したのはキリスト（イエス）の身代わりで、十一カ月違いのウリふたつの弟イスキリだったという。

キリストがはじめて神国日本にやってきたのは、百四十年生きたという十一代垂仁天皇の代（前二九年～七〇年）で、二十歳の時だった。青年キリストは京都府の橋立湊に上陸し、皇祖皇太神宮の武雄心命《たけおごころのみこと》の弟子となって越中に至り、そこで約十一年間日本の言語や地誌などを学び、三十三歳の時、日本での修業を終えてユダヤに帰り、バプチスマ（洗礼者）のヨハネや周囲の人びとに神国日本と神の尊さなどを説きつづけた。しかし、キリストの教えは当時のユダヤ教長老たちに相容れられないばかりか、パリサイ派の学者たちの反対に遭い、ついに捕われて磔刑に処せられることになった。

この時、十字架にかけられたのは弟のイスキリだった。弟の身代わりで一命を救われた兄キリストは、イスキリの遺骨の一部を持ってイスラエルを逃れ、アラビア砂漠を越え、艱難辛苦の旅をつづけ、中国大陸を横断。シベリアに出て、四年目の二月、カラフトから小舟で貝鞍、現在の青森県八戸港に辿り着いた。なつかしい日本に再渡来したキリストは、近くに十和田湖の見える戸来が生まれ故郷のガリラヤ地方に似ているということから、ここを安住の地と定めた。そして名を十来太良大天空と改め、村の娘ユミを妻《めと》に娶って三女をもうけ、百六歳の高齢で天寿をまっとうした。遺体は遺言に従って戸来岳で風葬にし、四年後に集落を見おろせるかの丘の上に埋葬されたという。

ところで、戸来に安住の地をみつけたキリストは、結婚し子孫を得てこの地で百六歳まで安穏と暮らしていたわけではなかった。名を前記のように十来太良大天空、あるいは八戸太良天空などと天狗もどきの名に改めて、倭奴の国内遍歴の旅に出る。

行く先ざきの土地の著名な高山に登っては、祈りをささげ、夜は森林や洞穴で休み、寝具を背負い、手には用心棒を、また雨露しのぐ大きな団扇を持って行脚し、指圧、マッサージなどで病める人たちを治し、草の根、木の実など薬草の処方などをその土地の人たちに教えながら、神の愛、神への祈りを説きつづけた。どこをどう辿ったかは不詳だが、その足跡は鞍馬山、筑波山、日光二荒山、妙義山、白根山、富士山、富山の城山、伯耆大山、九州阿蘇にまで及んだという。

上州白根山では、どういう理由からか、名を更に「白蓮坊天空」と改め、ハンセン病患者の治療にあたったが、患者の数があまりにも多いので、「太平太良坊中天空」なる弟子を残して、治療をつづけさせたという。

こうして全国行脚をつづけているうちに、齢も百歳を越え、体力の限界を感じたので再び戸来に戻り、景行天皇即位十一年（年代的には七〇年代、弥生式文化中期にあたる）四月五日の暮れ六つ刻、老衰のため百六歳で死去したという。

戸来には次のような意味不明の盆踊りの唄「ナニヤドヤラ」が、今に伝わっている。

ナニヤドヤラヨー

ナニヤドナアー

サァレダァデサイ

ナニヤドラヨー

この唄は、ヘブライ語であるという。

周囲を原生林迷《まよ》ヶ平《たい》（岱）に囲まれた戸来の地には、キリストが禊《みそぎ》をした「キリスト聖泉」、「キリスト修行の滝」などの〝遺跡〟もあり、迷ヶ平一帯はエデンの園と称されている。キリストの墓のある丘陵は村の農家沢口家累代の地で、キリスト兄弟の墓はさらに小高い台地の上にある。もう三十年も前になるが、取材当時八十歳になるという沢口スマさんはキリストの裔《すえ》とされているひとりだが、話を伺ってみると、「わたしの家は、むかしからナムアミダブツです」と笑いながら語っていた。

この〝聖地伝説〟が生まれたのは、昭和になってからのことである。

昭和十年（一九三五年）のある日、茨城県磯原町の神官である武内臣麿という人が、万国古代文学研究会に属する考古学者で画家でもある鳥谷幡山氏らとともにこの地に現われたのが、伝説のはじまりである。

一行は村役場で、「キリストがこの村に住んだ」という古文書が、武内家の文庫のなかから発見されたから、調査をさせてほしいと申し出た。

そこで当時の村長佐々木次郎氏が、

「そういわれれば、むかしからエライ人がここへ来て亡くなり、丘の上に遺体を埋めたという言い伝えがあったな」

と、思い出し、一行を二つの土まんじゅうのある沢口家の墓所に案内したところ、

「これこそ、キリストの墓にまちがいない」

ということになった。一行の話に、土地の人たちは、ただあっ気にとられていたという。

武内臣麿氏というのは、神功皇后の三韓出兵に加わった大和朝廷の政治家武内宿禰《すくね》の末裔であるという。鞣《なめ》し皮に書かれた家伝の古文書の冒頭には、神武天皇が出現するまでに一千名を越える神々の名が記され、実に九十七代もの天皇が存在していたことを明記した系統図が掲げられ、「日本こそ世界の中心である国」とも書き認められていたが、この古文書、おしいことに昭和二十年（一九四五年）三月の水戸空襲で焼失してしまったという。

こうして戸来の地にキリスト伝説の種子がまかれた翌年の五月二十六日、武内氏の神社内から、今度はヘブライ文字で刻まれた石製の「キリストの遺言書」なるものが、発見された。これをもって、キリストの〝日本渡来伝説〟は、史実として裏付けられたという。遺書には、前述のような青年時代の空白期のこと、日本へ再渡来してからの動静が認められていたというのだ。

この遺書なるものが発見された翌々年の昭和十三年、考古学者の山根菊子女史が後に発禁

となった著書『光は東方より』（日本と世界社）を刊行、この本によって前記戸来に伝わるという伝説を紹介し、キリスト日本渡来伝説を、はじめて公に喧伝したのだった。山根女史は、真の神国日本にはキリストばかりではなく、モーセも釈迦もやってきたことがあると、同書に驚くべき尾ヒレまでつけ加えて記しているが、伝説は素朴な土地の人たちには関係なく、誇大癖のある人たちによってつくられ、喧伝されていったのだ。

しかし、騒ぎが大きくなり過ぎたのか、山根女史は後になって自説を改め、「日本に逃れてきたイエス・キリストは、実はわが国でもっとも尊いお方の先祖である」と、わけの分らない主張をするようになったという。

この伝説が生まれた背景を考えると、「キリストが再臨するとしたら、それは日本以外の国ではあり得ない」と熱烈に説いた内村鑑三の〝再臨運動〟が思い出されてくる。戸来の伝説は、この鑑三の再臨運動の曲解、短絡から生まれた〝不肖の落し児〟のように思えるのである。

鑑三の再臨運動が開始されたのは、大正七年（一九一八年）だった。この直後から、例えば小谷部全一郎が『成吉思汗ハ源義経也』（大正十三年、一九二四年）を刊行して義経＝ジンギスカン説をエネルギッシュに説いたり、同十五年には木村鷹太郎が『希臘羅馬《ギリシャローマ》神話』その他を刊行して、「欧羅巴《ヨーロッパ》は亜細亜《アジア》の模写」であり、ヨーロッパの神名、地名は悉く日本の諸神、諸地名を「縮写」していると、これまた熱っぽく説いたりしていた。これらは、いわゆる武内家の古文書にみられたという「日本こそ世界の中心である国」という説と軌を一にしてはいないだろうか。常軌を逸したナショナリズムの発露のように思えてならない。

なお、戸来の地にキリシタン一家のいたことが山田野理夫「南部の切支丹」（『切支丹風土記東日本編』所収、宝文館）に紹介されている「南部領内きりしたん宗旨改人数之覚」に、次のように記されている。

一　戸来次郎左衛門　侍、遠山道安弟子
一　同女房
一　同男子二人
一　同女子二人
一　同嫁一人

「ジュリア・おたあ伝説」について

伊豆七島のひとつ神津島は、〝朝鮮の聖女〟と称えられるジュリア・おたあの終焉の地であり、その墓があるという。手許にある島の顕彰会から刊行されている〝ジュリア祭〟のパンフレットなどの記述によると、〝ジュリアと神津島〟との関係は次のようである。

「朝鮮の役によって三歳の時、日本につれてこられた貴族の娘〝おたあ〟は、小西行長の養女となった。行長はアウグスチノとよぶ有名なキリシタン大名である。そのもとに成長した〝おたあ〟は信仰の生活にはいり、ジュリアとよばれた。関ヶ原の戦の後〝おたあ〟は、家康の側室の御もの仕えとなって、桃山、江戸、駿府の側室と共に移り住んだが、禁教令と共に神津島に流刑されたのは慶長十七年（一六一二年）のことである」

「ジュリアの渡った神津島は一〇軒ほどの漁師の家があるだけの食べ物にも困る孤島であった。島の中央にはキリスト受難のカルワリオに似た山があり、ジュリアは神へ一心に奉仕するには絶好の地と信じ、その後、この島で約四〇年間、観想生活を送り、数奇な運命を閉じた」

「たまたまこの島には小西行長の友である石田三成の一族がかくれ住むことになった。彼等はキリシタンではなかったが、ジュリアを保護したと思われる。彼等が建てたと推察される灯籠形をしたジュリアの墓は鎖国の間にも島民に護られ、約三四〇年後の今日までつつがなく建立、当時のままで遺っている。日本キリシタン遺跡のなかで最も完全でまた重要なものである」

「ジュリアの墓碑は、島民たちに女の神を祀った〝宝塔様〟として敬われて来た。隠れキリシタンを印すものが、いろいろの形で伝えられているように、ジュリアの墓碑を保護するためには〝宝塔様〟として伝えなければ、厳しい鎖国の目をのがれることが出来ないと見た島の人びとの知恵であったに違いない。純真な島の人びとは、言い伝えに従い、毎日のように榊と線香を供え、供養しながら灯籠形をした二層の墓碑を今日まで護り続けてきたのである」

「島の人びとがこの宝塔様をジュリアの墓碑と知ったのは十数年前（一九八四年五月刊

の〝15周年記念・ジュリア祭しおり〟による）のことであった。ジュリアが『流刑生活でもっとも苦痛なことはミサにあずかれないこと』と訴えた手紙が遺されており、この望みを一日も早くかなえてあげ、うずもれた殉教の高徳をたたえようと島民の善意が盛り上り、ジュリア祭がはじめられることになった」

少々長くなったが、以上が神津島におけるジュリア・おたあの事蹟と、昭和四十五年（一九七〇年）から毎年五月に行われるようになった島の〝ジュリア祭〟の由来である。

しかし、ジュリアは神津島で本当に「四十余年島で観想生活を送って」、帰天したのだろうか。一九六〇年代末に判明したという〝宝塔様〟、流人塚にある二層の灯籠は、本当にジュリアの墓なのだろうか。例えば当時の宣教師たちの書簡などをみてみると、そのようには思えない。ジュリアは許されて神津島を出たことが推測できるのである。

それらの資料からジュリアのその後を追ってみよう。

「――皇帝はドーニア・ユリアという大奥の侍女を少数の漁師しか住まない離島に追放した。彼女は島で数年間、数々の苦難に苦しんだ」（J・D・ガルシア注、井手勝義訳『オルファネール　日本キリシタン教会史一六〇二年〜一六二〇年』、雄松堂書店、一九七七年刊。原著の出版は一六三〇年マドリード。傍点筆者）

次は、当時のマニラのスペイン司令官で「マニラおよび日本のドミニコ会士の大恩人」であったというドン・ファン・ルイス・イコアガに宛てた、一六一八年三月二十二日の日付けのあるドミニコ会士フランシスコ・モラーレスの書簡。

「――すでに私はマヌエル・ゴンサーレスの船で長い手紙を出しましたので、いま改めて申し上げる事はありません。ただ閣下がジュリア様に送って下さった銀をその方面へ行く神父に渡しました。確かにもう受け取ったと思いますが、その方は遠方に住んでいるしまた取締りが酷しいので、まだ返事がありません。閣下はこのような慈善によって功徳を重ねることになりますから、これからも続けて下さい」（ホセ・デルガード・ガルシア・O・P・編注・佐久間正訳『福者フランシス・モラーレス・O・P・書簡・報告』、キリシタン文化研究会シリーズ⑦、同研究会、一九七二年刊）

この書簡が紹介されている同頁の「編者解説」には、ファン・デ・ロス・アンヘレス・エルダの一六一五年三月十五日付の次のような書簡の一部も紹介されている。

「将軍によって追放された七十人の中に朝鮮生まれのジュリアという女性がいる……今マニラから信心深いキリシタンが彼女に施物を送っている」

これらの書簡から、ジュリアに対して海外からも多くの援助の手が差しのべられていたことが窺《うかが》える。

これらのことを受けた前出モラーレスのイコアガ宛の別の書簡がある。一六二〇年二月二十八日、長崎大村鈴田牢から殉教を前にしたモラーレス最後の書簡である。

「――閣下がドーニャ・ジュリアに最初に送って下さった四百レアール〔昔の貨幣〕と二回目に送って下さいました二百レアールは、彼女が確かにそれを受け取ったことを私は知っています。キリスト教の事が酷しくなっているので、ドーニャ・ジュリアから受け取ったという便りはまだ来ていませんが、閣下が金をことづけた婦人から知らせがありました」（前出『福者フランシスコ・モラーレス・O・P・書簡・報告』）

これらの記述からは、ジュリアの所在は不詳だが、次に紹介するドミニコ会のホセ・デ・サン・ハシントの書簡には、当時ジュリアが長崎におり、ドミニコ会のSanta Cofradia（信心会、組講）で奉仕していることを明らかにしている。

「――そのころ数人のベアタ〔注・在俗ではあるが一生を信仰に捧げた未婚の女性〕が奉行の前に連れて来られました。それは彼女たちが女の子を集めて教義を説いたり連禱《レタニーア》を教えていたからです。奉行は彼女らを叱責し、今後それをしないように命じました。その中に朝鮮生まれのジュリアという女がいました。ロザリオへの信心が深く信心会のために常によく働いていましたので、何回も自分の家や町から追い出され、今は家もなく神の御心のままに／f337v／家から家へと移り歩いています」（デルガード編注、佐久間正訳『福者ホセ・デ・ハシント・サルバネス・O・P・書簡・報告』、キリシタン文化研究会シリーズ⑬、同研究会、一九七六年刊）

「そのころ」というのは、書簡の記述の前後から一六一九年（元和五年）の八、九月ころと推測される。

そして、一六二二年二月十五日〝日本発〟のフランシスコ・パチェコ神父の書簡の末尾に、

「信仰の為に追放された高麗人大田ジュリアは、いま大坂にいる。私は既に援助したし、出来る術で施している」（J・G・ルイズデメディナ著『遥かなる高麗《カオリ》――十六世紀韓国開教と日本イエズス会』近藤出版社、一九八八年刊）

と、ある。この最後の資料集は、戦後イエズス会司祭として三十年近くをわが国で過ごし、その後ローマ・イエズス会歴史研究所日本布教関係史料研究部主任を務めた編著者が、イエ

ズス会ローマ古文書館に眠る朝鮮・日本関係の未刊の教会史資料を集成したもので、これまで紹介してきた資料を含むジュリア・おたあのローマ字書簡など多数が紹介されている。編著者によれば、一六二二年二月十五日付のフランシスコ・パチェコ神父の書簡に記されている消息が「筆者が大田ジュリアに関して見出した年代的に言って最後の記録」であるという。

なお、同書に収められた各書簡、それに付されている著者の解説、付録の「韓国カトリック教会年代表」などによって、ジュリアの事蹟を年表風に跡づけると次のようである。

一五九六年（慶長元年）五月下旬、ジュリア、熊本の宇土でモレホン神父によって受洗（「私は初めて六十名の人々に洗礼を授けましたが、その中には高麗から来てアウグスチノ〔小西〕に仕えている身分の高い者もいます」一六九六年、ペトロ・モレホンの書簡）。

一六〇〇年（慶長五年）小西行長の死によって、ジュリア、家康の大奥に仕える。

一六〇六年（慶長十一年）ジュリア、江戸の宮廷に仕えている。迫害の噂を聞くと遺言を書き、財産と他の持ち物を貧しいキリシタンに分け与える。

一六一一年（慶長十六年）ジュリア、駿河でスペイン大使セバスチャン・ヴィスカイノを訪問する。

一六一二年（慶長十七年）三月、駿府の徳川家康の侍女になっていた高麗人ジュリアが棄教を拒んだため、大島を経て無人にも等しい神津島に流される。

一六一六年（元和二年）六月一日、徳川家康死去。

一六一七年（元和三年）ジュリア、神津島の流刑を終えて本州へ呼び戻された後、長崎で貧しい生活を送る。ドミニコ会管区長フランシスコ・デ・モラレス神父の仲介で、フィリピンのスペイン司令官ホアン・ルイズ・デ・イコアガより施しとして銀貨を受ける。

一六一九年（元和五年）フィリピンのイコアガ司令官は、大村の鈴田の牢にいるモラレス管区長を通して再びジュリアへ援助金を送る。

一六二二年（元和八年）長崎から逃れてきていたジュリア、この年大坂で極貧のうちに生活する。管区長フランシスコ・パチェコは経済的に出来るだけの援助を彼女におこなう。この前後から朝鮮の教会設立につくそうと、日本を脱して祖国に戻るキリスト教徒たちが多くなる。

ジュリアの事蹟をこうして年次順に並べてみると、家康死後に幕府からなんらかの赦免の沙汰があったのではないかと推測されるのである。いつであったか、テレビでおかしな情景を観た。ジュリアの墓というものは〝ジュリア祭〟が行われるようになった「十数年前に発見された」にもかかわらず、「島の人たちはジュリアの墓に線香を供える時、昔から十字の形にして供えてきた」などと、その場面を写し出して実《まこと》しやかにナレーターが解説していた（島の人から聞いた話では、そんなことは以前はしていなかったという）。こうしたにわかづくりの習俗も新たな伝説づくりへの架橋なのだろう。神津島におけるジュリア・おたあ殉教説は、〝ジュリア祭〟と共になお伝説として成長しつづけていくのかも知れない。

主要参考文献一覧

『キリシタン書・排耶書』(日本思想大系25、岩波書店)
『イエズス会士日本通信』上、下 (新異国叢書1、2、雄松堂)
『イエズス会日本年報』上、下 (新異国叢書3、4、雄松堂)
『十六・七世紀 イエズス会日本報告集』第Ⅰ期〜第Ⅲ期 (同朋社)
フロイス『日本史』(中央公論社)
「伴天連記」「吉利支丹物語」「長崎根元記」(海表叢書復刻版所収、成山堂書店)
林銑吉『島原半島史』(国書刊行会)
浦川和三郎『浦上切支丹史』(全国書房)
アビラ・ヒロン『日本王国記』(大航海時代叢書Ⅺ所収、岩波書店)
古賀十二郎『西洋医術伝来史』(形成社)
海老沢有道『切支丹の社会活動及南蛮医学』(冨山房)
同『地方切支丹の発掘』(柏書房)
同『切支丹史の研究』(人物往来社)
姉崎正治『切支丹伝道の興廃』(国書刊行会)
同『切支丹迫害中の人物事蹟』(同)
同『切支丹宗門の迫害と潜伏』(同)

田北耕也『昭和時代の潜伏キリシタン』（日本学術振興会）
高木一雄『明治カトリック教会史研究』（キリシタン文化研究会）
片岡弥吉『かくれキリシタン』（日本放送出版協会）
同『長崎の殉教者』（角川書店）
同『日本キリシタン殉教史』（時事通信社）
岡田章雄『キリシタン・バテレン』（至文堂）
三田元鍾『切支丹伝承』（宝文館出版）
竹村覚『キリシタン遺物の研究』（開文社）
岡本良知『十六世紀日欧交通史の研究』（同文館）
辻善之助『海外交通史話』（内外書籍）
川村恒喜『史蹟切支丹屋敷研究』（郷土研究社）
横山住雄『尾張と美濃のキリシタン』（中日出版社）
司東真雄『江戸時代における岩手県南の切支丹』（タイプ、自家版）
武藤鉄城『秋田切支丹研究』（翠楊社）
『切支丹風土記』九州編、近畿・中国編、東日本編（宝文館）
浜名志松『天草伝説集』（葦書房）
吉松祐一『長崎の民話』（同）
桂井和雄『土佐の伝説』（自家版）
「キリシタン文化研究会会報」（キリシタン文化研究会）
『民俗学資料集成』（雑誌「旅と伝説」を集成したもの。岩崎美術社）

雑誌「玫瑰」（〃秋田藩の切支丹〃号、昭和8年5月号）
『外海町誌』（長崎県外海町）
『南有馬町郷土誌』（南有馬町教育委員会）
林田第壹號『加津佐郷土史・加津佐史話』（長崎県加津佐町）
平野直『殉教』（国書刊行会）
紫桃正隆『仙台領キリシタン秘話』興隆篇、衰滅篇（仙台宝文堂）
山田野理夫『東北怪談の旅』（自由國民社）
畠山弘『東北の伝奇』（大陸書房）
武田芳満子『キリシタンと十三塚』（近代文芸社）
北野典夫『十字架の旗の下に』（みくに社）
中田秀和『隠れキリシタンから司祭に』（中央出版社）
谷川健一『魔の系譜』（紀伊國屋書店）
名越那珂次郎『趣味の史話』（積文館）
『キリシタン遺跡と巡礼の旅―大阪府・兵庫県・和歌山県』（愛心館）
『通航一覧』（鳳文書館）
『徳川禁令考』（創文社）
清水紘一「キリシタン関係法制史料集」（『キリシタン研究』第十七輯所収、吉川弘文館）
『日本昔話事典』（弘文堂）
『カトリック大事典』（冨山房）
『日本キリスト教歴史大事典』（教文館）

あとがき

本書は絶版となっていた『キリシタン伝説百話』（新潮選書一九八七年一月刊、ちくま学芸文庫一九九六年四月刊）を改訂、増補し、新版としたものである。収録した伝説の数は新たに数話加えて全一一〇話とし、各話の後に付した「注」の充実をはかり大幅に加筆した。

わが国の各地に伝わるキリシタンの伝説に興味を持ち始めた動機、本書の編集意図などについては、冒頭の「キリシタン伝説略史」に記した通りである。百話と表記したのは便宜的なもので、各地にはさらに面白い話や、キリシタン研究にとって重要なヒントが匿されていると思われる多くの伝説が残されているだろう。各地には地名やキリシタン遺物の由来話、あるいはマリア観音、キリシタン灯籠などにまつわる話が多くあるが、本書ではほとんど取りあげなかった。

一九八七年一月、新潮選書の一冊として本書をはじめて刊行した時、「あとがき」に「今後はさらに伝説の背後を探り、匿された事蹟の復元に迫りたい」と記したが、その意気込みは現在でも変わらず、同じ心境である。相変わらずキリシタン伝説や資料の探索・蒐集に興味を持ち、メモをとったり、ノートをとったりしている。

これまでに読者の方々から、手紙や電話などで多くの教示を受けた。旧著刊行後の各紙誌の紹介は、おおむね好意的なものであった。ことに映画「天草四郎時貞」の脚本を書いたシナリオ作家石堂淑朗氏が「新潮45」（一九八七年三月号）の「ミニ伝記」欄で、「とっておきのキリシタン伝説」の表題で拙著を取りあげてくれたことが忘れられない。石堂氏は著者が意図した本書の構成を明瞭に解説、紹介され、その上過分にも「かくれキリシタンたちの遠野物語」という評まで添えてくれた。

また旧版刊行後、こうしたキリシタンの伝説に興味を抱く読者が意外に多いことも知った。日本人ばかりではなく、「日本にこのようなキリスト教の伝説があるとは知らなかった」といって、本書のなかの話を母国へ紹介してくれたイタリア、スペインの人たちもいた。

九州の鹿児島からザビエルによって宣教がはじまったわが国のキリスト教は山口、九州一円、五畿内、都、東海、北陸、江戸、その周辺地そして東北各地の山間の町や村へと伝えられて歴史の表面から消えていった。その時代の変遷をなぞるように、伝説もまた宣教色の強いものから排耶蘇色の濃いもの、さらに荒唐無稽なキリシタン魔術、妖・奇譚的なものへと変化していった。厳しい禁教下潜伏しながらも自らの良心を強靭な意志でまもり通そうとした多くの無名の殉教者たちの動静、記録は近世庶民史のなかでも忘れられがちな一側面であるだろう。本書の新たな刊行によって、わが国のキリシタンの歴史や伝説に関心を抱く人たちがさらに多くなることを願うものである。

最後に、本書の新たな船出に好意を示してくださった梟社林利幸氏に、心からの謝意を表する次第である。

谷　真介

著者略歴

谷 真介（たに しんすけ）
1935年東京に生まれる。日本文芸家協会会員。編集者をへて、児童文学の分野で活躍する。この間、キリシタン史、沖縄史に関心を示してきた。1992年、巌谷小波文芸賞を受賞。
著書に、『沖縄少年漂流記』、『台風の島に生きる——石垣島の先覚者岩崎卓爾の生涯』、『失われぬ季節』、『みんながねむるとき』、『ローマへいった少年使節』『江戸のキリシタン屋敷』などの“キリシタン物語”全7冊の他、多数の絵本がある。

新版《しんぱん》　キリシタン伝説《でんせつ》百《ひゃく》話《わ》

2012年4月30日・第1刷発行

定価＝2200円＋税
著者＝谷 真介
発行者＝林 利幸
発行所＝梟　社
〒113-0033　東京都文京区本郷2-6-12-203
振替・00140-1-413348番　電話03(3812)1654　FAX 042(491)6568
発売＝株式会社 新泉社
〒113-0033　東京都文京区本郷2-5-12
振替・00170-4-160936番　電話03(3815)1662　FAX 03(3815)1422

印刷・製本／萩原印刷

神と村

仲松弥秀

四六判上製・二八三頁・写真多数
二三三〇円＋税

神々とともに悠久の時間を生きてきた沖縄＝琉球弧の死生観、祖霊＝神の信仰と他界観のありようを明らかにする。方法的には、南島の村落における家の配置から、御嶽や神泉などの拝所、種々の祭祀場所にいたる綿密なフィールドワークによって、地理構造と信仰構造が一体化した古層の村落のいとなみと精神史の変遷の跡を確定して、わが民俗社会の祖型をリアルに描き出す。伊波普猷賞受賞の不朽の名著。

うるまの島の古層

琉球弧の村と民俗

仲松弥秀

四六判上製・三〇二頁・写真多数
二六〇〇円＋税

海の彼方から来訪するニライカナイの神、その神が立ち寄る聖霊地「**立神**」。浜下りや虫流しなどの**渚**をめぐる信仰。**国見の神事**の祖型。南島の各地につたわる**オナリ神**の諸相――こうした珊瑚《うるま》の島の民俗をつぶさにたずね、神の時間から人の時間へと変貌してきた琉球弧＝沖縄の、村と人の暮しと、その精神世界の古層のたたずまいを愛惜をこめて描く。

十七年目のトカラ・平島《たいらじま》

稲垣尚友

四六判上製・二七七頁
二二〇〇円＋税

かつて放浪の旅のすえ、奄美大島で出会った風物と人間に金縛りにあったナオは、奄美の北、トカラ諸島の中ほどにある平島に住みつく。そこでの人と暮しを記録し続けて数年、思わぬ筆禍事件によって、追われるように島を離れてから十七年後、竹細工職人として一流をきわめたナオは、今浦島子のように、畏怖し愛執する島に戻る。巧まざるユーモア、人間味あふれる辺境の島の人と暮しを活写して、現代文明を鋭く照らしかえす会心の私記録。各誌紙絶讃。

密林のなかの書斎

稲垣尚友

四六判上製・三〇五頁
二五〇〇円＋税

『十七年目のトカラ・平島』で、二昔ぶりの帰島を果たしたナオは、その翌年、再び島にわたった。だが、あらためて見れば、かつてナオが、その前近代性を指摘して筆禍事件のもととなった島の古い体質は、この二十年の間に確実に変様し、一方で、ナオが原初を夢想した往時の島の活力もその面影を失ったかに見えた。ナオは、中央と辺境の差異を解体され、成熟は喪失の謂でもあった島のわが民俗社会の生きざまを新たに記録するために、密林の中に板切れ一枚の書斎をかまえる。

柳田国男と学校教育

教科書をめぐる諸問題

杉本　仁

A5判上製・四四五頁
三五〇〇円＋税

戦後日本の出発にあたって、次代をになう子どもたちの教育改革に情熱を燃やした柳田は、教科書編纂にも積極的に関与する。だが、判断力をそなえた公民の育成によって、人と人が支えあう共生社会を理想とした中学校社会科教科書は検定不合格となり、その他の社会科や国語教科書も数年のうちに撤退を余儀なくされる。戦後も高度成長期にさしかかって、教育界は受験重視の系統的な学習効率主義を優先し、柳田教科書は見捨てられていくのである。それから50年。私たちは豊かな経済社会を実現した。しかし、その一方で、冷酷な格差社会を出現させ、自由ではあるが、孤立し分断された無縁社会を生きることを強いられている。それは、共生社会の公民育成をめざした柳田教科書を見かぎった私たちの想定内のことだったのか？　本書は、柳田教科書をつぶさに検証し、柳田の思想と学問を通して、現代の学校教育に鋭く問題提起をするものである。

選挙の民俗誌

日本的政治風土の基層

杉本　仁

四六判上製・三一〇頁・写真多数
二二〇〇円＋税

選挙は、四年に一度、待ちに待ったムラ祭りの様相を呈する。たとえば、「カネと中傷が飛び交い、建設業者がフル稼働して票をたたき出すことで知られる甲州選挙」（朝日新聞07・1・29）。その選挙をささえる親分子分慣行、同族や無尽などの民俗組織、義理や贈与の習俗――それらは消えゆく遺制にすぎないのか。選挙に生命を吹き込み、利用されつつも、主張する、したたかで哀切な「民俗」の側に立って、わが政治風土の基層に光を当てる。

柳田国男研究❻

柳田国男　主題としての「日本」

柳田国男研究会編

Ａ５判上製・二九一頁
三〇〇〇円＋税

大正から昭和の時代に、柳田国男が新しい学問、「民俗学」を構想した時、彼をとらえた最も重い課題は、日本とは何かという命題だった。この列島に生きる人びとはどこから来たのか。我々の今につながる、生活文化の伝統や信仰の基層にあるものは？　そして何よりも、現在から未来へ、わが民の幸福はどう遠望しうるのか？　安易な洋学の借用や偏狭な日本主義を排して、柳田は日本人の暮らしと心意伝承のこしかたを、「民俗」の徹底した採集と鋭い直観、卓出した解読によって明らかにし、課題にこたえようとしたのである。本書は、本質的なるがゆえに、左右の誤読と誹謗にまとわれてきた柳田の「日本」という主題を検証し、真の「日本学」の現代的意義を問い直すものである。

柳田国男 物語作者の肖像

永池健二

A5判上製・三二二頁
三〇〇〇円+税

柳田国男の民俗学は、「いま」「ここ」を生きる人びとの生の現場から、その生の具体的な姿を時間的空間的な拡がりにおいて考究していく学問として確立した。近代国家形成期のエリート官僚として、眼前の社会的事実を「国家」という枠組みでとらえる立場にありながら、柳田の眼差しが、現実を生きる人びと一人ひとりの生の現場を離れることはなかった。「国家」や「民族」という枠組みに内在する上からや外からの超越的な視点とも、「大衆」や「民族」といった、人びとの生を数の集合として統括してしまう不遜な視点とも無縁であった。そうした彼の眼差しの不動の強さと柔らかさは、そのまま確立期の彼の民俗学の方法的基底となって、その学問の強靱さと豊かさを支えてきたのである。——日本近代が生んだ異数の思想家、柳田国男の学問と思想の、初期から確立期へと至る形成過程の秘奥を内在的に追究し、その現代的意義と可能性を探る。

伝説の旅

谷 真介

四六判上製・三〇〇頁・写真多数
一九〇〇円＋税

東北各地に点在し、津軽半島から北海道へと生きのびる義経伝説。壇ノ浦から沖縄先島まで落ちゆく平家の伝説ほか、キリスト兄弟、猫、てんぐのきのこ、鯨取り、キリシタン、津波と人魚、埋蔵金、環状列石、巨軀怪力の女酋長、ジュリアおたあ伝説など、各地につたわる伝説と歴史の真偽の検証、その光と影をたずね歩いた旅の紀行27篇。

シルクロード、ひと夏の旅

伊藤 実

四六判上製・三一五頁・イラスト多数
二〇〇〇円＋税

若き日にイタリア美術に魅せられて五年の長きをかの地におくった型破りの美術教師。同行するのは、テキスタイル工の青年と芸大志望の浪人生の若者二人――。三人は、ひと夏をかけて、西安の兵馬俑、大雁塔、酒泉、敦煌の莫高窟、鳴沙山、ウルムチのウイグル人街、南山牧場、カシュガルの職人街、そしてパミール高原を越えてカシミールからカラチへと、ユーラシア大陸の東西を結んだ古代交易路、かつて仏教や美術、さまざまな文物の往来によって隆盛を極めた絹の道《シルクロード》の興亡の跡をたずねる。